经理人的《孙子兵法》修炼

徐丁来 编著

经济管理出版社
ECONOMY & MANAGEMENT PUBLISHING HOUSE

图书在版编目(CIP)数据

经理人的《孙子兵法》修炼/徐丁来编著. —北京：
经济管理出版社，2008

ISBN 978-7-5096-0232-4

Ⅰ. 经… Ⅱ. 徐… Ⅲ. 孙子兵法—应用—企业
领导学 Ⅳ. F272.91

中国版本图书馆 CIP 数据核字（2008）第 053934 号

出版发行：**经济管理出版社**

北京市海淀区北蜂窝 8 号中雅大厦 11 层

电话：(010)51915602　　　　邮编：100038

印刷：北京银祥印刷厂　　　　　　　　　　经销：新华书店

组稿编辑：张永美　　　　　　　　责任编辑：张永美
技术编辑：杨国强　　　　　　　　责任校对：超　凡

720mm×1000mm/16　　　　　　　14.75 印张　　212 千字
2010 年 1 月第 1 版　　　　　　　2010 年 1 月第 1 次印刷

定价：33.00 元

书号：ISBN 978-7-5096-0232-4

前　言

　　21 世纪的商场越来越像活生生的战场，竞争异常惨烈，创新层出不穷，时时充满对抗，处处价格血战。适者生存、优胜劣汰，企业转瞬之间上演兴衰成败。在当今世界，随着"冷战"的结束，军事竞争逐渐减少，取而代之的是国家之间、企业之间的经济竞争，企业的发展因此成为"国之大事，死生之地，存亡之道"（《孙子兵法·始计篇》），受到各国政府的高度重视和关注，成为各国首脑外交的一项重要内容。

　　军队与企业、战场与商场、兵战与商战、兵法与商道是两组相互对应的不同范畴。两种结构既相似又有区别的组织，依据一定的竞赛规律，采取不同或相似的手段，为了既定的利益与目标，在各自领域进行激烈的竞争。商业竞争如同军事战争，也是意志与速度的竞赛，同样需要高效、充分地使用稀缺资源。二者的共性导致其"道"、"谋略"与"战术"具有相当程度的互通性，从而使得当今企业家和经营者可以从兵法中学习与领悟企业经营与商业竞争之道。

　　《孙子兵法》是我国古代最早的兵书战策，是解释战争规律的顶尖之作，具有卓越的军事思想和深刻的哲学智慧。其军争原则的实质是竞争哲学、战略哲学与领导哲学。经营企业正如治国用兵。《孙子兵法》的综合性、整体性、辩证性和高超奥妙的全方位理念、战略、战术、人才、环境与谋略等，无一不是企业经营与商业竞争的圣经和宝典。长期以来，世界各国都一直在努力研究和应用《孙子兵法》。号称"汽车大王"的美国福特汽车公司老板罗杰·史密斯公开断言："我成功的法宝是《孙子兵法》。"被称为日本"经营之神"的松下电器创始人松下幸之助说："《孙子兵法》是天下第一神灵，我们必须顶礼膜拜，认真背诵，灵活运用，公司才能发达。"

一、《孙子兵法》的战略、竞争与领导观

战略是组织根本性、长期性目标的定位和为实现目标而采取的资源配置与方法的组合。中国古人早在 2500 年前就开始运用宏观、整体和辩证的思维方法，以生动形象的比喻触及战略的本质，说明战略的深奥道理，深刻论述战略的功能、范畴、相关要素、逻辑展开以及战略实施的基本原则，形成至今仍然具有重大现实意义的战略思想、竞争理念和领导哲学。

《孙子兵法》所体现的战略思想具有高深莫测、高瞻远瞩的意境和风范。战略是将帅之道，"此兵家之胜，不可先传也"（《孙子兵法·始计篇》）。孙子把战争上升到"死生之地、存亡之道"的战略高度，从"道、天、地、将、法"和"主孰有道？将孰有能？天地孰得？法令孰行？兵众孰强？士卒孰练？赏罚孰明？"（《孙子兵法·始计篇》）的"五事七计"要素中洞悉竞争双方的全局和态势，从而通过"未战而庙算"做到"胜兵先胜而后求战"。在定位方面，孙子要求"涂有所不由，军有所不击，城有所不攻，地有所不争，君命有所不受"（《孙子兵法·九变篇》），做到有所为、有所不为。孙子明确指出战略的基本条件是"分数"、"形名"、"奇正"、"虚实"。在战略实施和效果上应追求"上兵伐谋"和"动于九天之上"的气势。在资源配置与力量对抗的规律上，孙子提出"度、量、数、称、胜"的概念。"地生度，度生量，量生数，数生称，称生胜。故胜兵若以镒称铢，败兵若以铢称镒"（《孙子兵法·军形篇》）。《孙子兵法》对战略实施过程中的原则和方法也多次给予高度的提炼，如"策之而知得失之计，作之而知动静之理，形之而知死生之地，角之而知有余不足之处"（《孙子兵法·虚实篇》）。在互动博弈上，孙子提出"其战胜不复，而应形于无穷"和"水因地而制流，兵因敌而制胜"（《孙子兵法·虚实篇》）的著名论断。孙子还特别注重创新的意义，强调"攻其无备，出其不意"（《孙子兵法·始计篇》）的效果和"善出奇者，无穷如天地，不竭如江河"（《孙子兵法·军势篇》）的神奇作用。在孙子看来，最好的战略是"夺气攻心"而实现"致人而不致于人"（《孙子兵法·

虚实篇》）。所以，真正的战略在中国。

《孙子兵法》也是一部完整的"竞争法则"。孙子通过揭示战争的客观规律，启示和引导企业将竞争提升到更高的理性层面，将竞争放在更大的战略范围进行认识、思考和运作。孙子关注使用力量的正义性，强调竞争的道德前提；不主张简单地以正面的直接对抗达到竞争之目的，而要潜在地或无形地使用力量，追求"上兵伐谋，其次伐交，其次伐兵，其下攻城"、"不战而屈人之兵，善之善者也"和"以全争于天下，故兵不顿而利可全"（《孙子兵法·谋攻篇》）的竞争之道，尽可能减少力量对抗的损害，尽可能以最小的代价获得最佳的竞争结果。孙子特别强调竞争策略的不可重复性，提出了"因敌而制胜"的竞争论断。这些理念把残酷的竞争导入理性的约束之下，将盲目的对抗规范在有序的框架之中。因此，《孙子兵法》形成了一个独具特色的竞争理论体系，其核心内容包括"修道而保法"、"不战而屈人之兵"、"以全争于天下"、"战胜不复、应形于无穷"、"因敌而制胜"。根据《孙子兵法》的竞争法则，企业可以正确地设定竞争的内涵、竞争对手、竞争手段、竞争的程度和竞争的谋略等，从而最大限度地减少竞争对企业、对产业、对社会造成的负面影响。《孙子兵法》通过对竞争规律的深刻论述，以其独特的凝练、抽象和意会的方式揭示竞争的本质及其普遍原则，给当代企业家以深刻的启迪和广泛的联想，为参与、主导现代商战的企业领导提供更为贴近实际的哲理式的方法和指导。

孙子多次揭示将帅的主观能动作用，明确提出只有"明君"和"智将"才能"以上智"知兵、察兵、用兵，做到取人、处军、料敌、伐谋，从而取得战争的胜利。"君"和"将"构成"道、天、地、将、法"战略"五事"中的两个重要方面。在孙子看来，"将者，国之辅也，辅周则国必强，辅隙则国必弱"（《孙子兵法·谋攻篇》）。"将者，智、信、仁、勇、严也"（《孙子兵法·始计篇》），企业领导也必须拥有这五种基本的成功素质，做到睿智卓识、诚实守信、仁爱宽容、勇敢坚毅与威严自律。将帅需要不断加强自身涵养的修炼，提高领导的性情和商数，努力避免孙子警示的"将有五危"的情形，即"必死，可杀也；必生，可虏也；忿速，可侮也；廉洁，可辱也；爱民，可烦也"（《孙子兵法·九变篇》)。所以，"将军之事，静以幽，正以治"(《孙子兵法·九地篇》)，就是要求将帅沉着冷静而幽邃莫测，公正严明而有条不紊，从而做到"进不求名，退不避罪，唯人是保，而利合于主，国之宝也"(《孙子兵法·地形篇》)。孙子特别要求，"主不可以怒而兴师，将不可以愠而致战。合于利而动，不合于利而止。怒可以复喜，愠可以复悦；亡国不可以复存，死者不可以复生。故明君慎之，良将警之，此安国全军之道也"(《孙子兵法·虚实篇》)。由此可知，《孙子兵法》又是一部完整的领导哲学。

二、"君"和"将"的企业主体

在《孙子兵法》中，"君"和"将"分别是国家的代表和军队的指挥与控制者。军事战争是"将受命于君，合军聚众，交合而舍"(《孙子兵法·军争篇》)与"相守数年，以争一日之胜"(《孙子兵法·用间篇》)的过程，需要"君"和"将"的相互协调与共同促进。企业和军队在组织结构与运行机制上有很大的区别。从所有权和经营权、企业制度与企业结构等方面确定企业中"君"和"将"的相应主体，对于明晰相关主体的责、权、利及其自身的准确定位具有重大的现实意义。

现代企业制度的主要形式是公司制，一般包括有限责任公司和股份有限公司。国有资本在企业中存在四种情况：一是国有全资公司(100%国有资本)，二是国有资本绝对控股公司（国有资本比例超过50%），三是国有资本相对控股公司（国有资本比例低于50%，但为第一大股东），四是国有资本参股公司（国有资本比例低于50%，非第一大股东）。前两种是真正意义的国有企业，包括中央企业和地方国有企业，后两种实际上已成为民营企业或非国有企业。在企业所有权与经营权分离的法人治理结构中，无论是国有企业还是民营企业，企业的最高权力机构都是股东大会或董事会，企业的根本大法是"公司章程"。所以，"主"、"君"在公司中直接指的是企业所有者，即股东及其代表，如股东大会主席、董事、董事长、董事会主席等。国有企业的"君"则是国家，代表国家作为出资人的机构或代表、国有企业的董事会成员等。企业中的"将"、"帅"通常是主导企业日常经营的职业经理人，即企业领导，其一般的职位是企业的首席执行官（CEO）、总裁或总经理等。一般地，企业所有者及其代表不直接参与公司日常的经营管理活动，而负责对经理人员进行业绩考核、决定经理人员的薪酬、选聘经营人员、决定公司重大经营方针与战略决策等。企业领导则需要遵守公司章程的各项条款，落实与执行董事会的各项决议和决策，开展具体的经营活动。在中国，企业领导一般是指企业的法人代表，即公司的"一把手"。

在现代企业运行与竞争环境中，企业除受公司章程和内部规章制度制约以外，还必须受公司法、合同法、环境保护法、消费者权益保护法等国家法律、法规、政策规定的限制和约束；企业特别是国有企业必须承担社会责任，维护企业职工和广大消费者的合法权益；牢固树立科学发展观，为建立和谐与创新型社会，保证国家利益，实现国民经济安全、又好又快发展作出贡献。所以，当代企业"君"与"主"的主体并不限于企业所有者，其外延需要扩大到企业职工、广大消费者、供应商、合作伙伴甚至竞争对手。实践表明，企业股东利益不能与这些利益相关者的权益相违背。勇于承担社会责任、做诚信的"企业公民"是企业培育核心竞争力的一项重要手段。

三、《孙子兵法》与企业领导的修炼

仔细研究《孙子兵法》的战略思想与竞争理念，深刻领悟其领导哲学的精髓，在企业经营与商业竞争中加以巧妙运用，企业领导就能创造经营与竞争的重大成就。然而，这不是件很容易的事。许多文献都按兵法十三篇的顺序逐篇给予翻译和解释，并列举大量战争和商业案例来阐述《孙子兵法》的军事谋略、从政谋略、领导艺术、处世之道和经商技巧。有些学者以孙子论述的"知、计、智、力、数、奇、险、道、心"等字来编排《孙子兵法》的核心理念，联系现代管理经验加以解读，并透彻地分析企业战略。这些努力都是积极的和有意义的。但是，分散在《孙子兵法》中言简意赅的箴言名句所揭示的道理是宏观的、辩证的和全方位的，将其按照系统的理论体系加以融会贯通则具有更加积极的意义。《孙子兵法》的领导哲学在企业中的应用，就是现代企业领导的四大修炼，即"知彼知己"、"择人任势"、"修道保法"、"正合奇胜"。当今企业，任何战略都是从"知"开始，由"人"执行，因"势"利导，从"道"和"法"中积累竞争实力，通过"正"与"奇"的谋略运用，达到竞争制"胜"的终极目标。企业领导通过修炼《孙子兵法》"由知至胜"的"十六字"精髓，就一定能够在企业竞争、经营管理中立于不败之地，将企业做强、做大、做久。

"知彼知己"：知彼知己是贯穿整部《孙子兵法》的核心理念。从开篇以"道、天、地、将、法"和"主孰有道？将孰有能？天地孰得？法令孰行？兵众孰强？士卒孰练？赏罚孰明？"的"五事七计"预知战争胜负开始，到结束篇"明君贤将，所以动而胜人，成功出于众者，先知也"为止，一直都在深刻地论述"知"的内涵、意义和方法。知彼知己是决定企业竞争成败的关键，是企业领导把握行动方向的依据，是检验企业领导核心能力的标准，是有效化解竞争对手优势的有力武器。

孙子告诉我们，做到知彼知己需要从客观实际中认知、从竞争对手和客户中获知、从考察研究中确知。"先知者，不可取于鬼神，不可象于事，不可验于度，必取于人，知敌之情者也"（《孙子兵法·用间篇》），"策之而知得失之计，作之而知动静之理，形之而知死生之地，角之而知有余不足之处"（《孙子兵法·虚实篇》）。企业领导万事始于"知"。调查研究是企业领导的基本功，是管理企业、决战商场的基础，是"庙算诛事"、科学决策、民主决策的重大依据，是构建企业信息安全的重要环节。

"择人任势"：就是选择人才去利用和创造有利的态势，为企业战略服务。人是企业最关键的资源，择人任势是实施战略制胜的重要组成部分，是企业领导核心能力的修炼。企业领导必须重视班子团队建设，以"智、信、仁、勇、严"五项基本素质去要求和选拔优秀人才。企业领导必须具有良好的心理素质，这样才能避免"将有五危"

的重大性格缺陷，即"必死，可杀也；必生，可虏也；忿速，可侮也；廉洁，可辱也；爱民，可烦也"《孙子兵法·九变篇》，努力提高领导的性情和商数。除此之外，孙子还生动地阐述了中层领导与下属的最优化配置问题，提出要极力避免"将有六败"的情形《孙子兵法·地形篇》。

势是事物内在的力量及其发展的态势。"激水之疾，至于漂石者，势也"、"善战人之势，如转圆石于千仞之山者，势也"《孙子兵法·军势篇》。所以，企业领导必须懂得和利用事物固有的能量，达到为企业所用的目的；准确预测事物发展的趋势，在强大的势力面前做到机智权变。"势者，因利而制权也"。"计利以听，乃为之势，以佐其外"《孙子兵法·始计篇》。可以说，企业领导关键在"料敌、并力"。其成败在择人，力量在任势。

"修道保法"：修道保法是《孙子兵法》的一项极其重要的原理。孙子从"先为不可胜"、"修道而保法"到"令之以文，齐之以武"层层深入，丝丝相扣，形成一套完整的以竞争实力制胜的理论体系。在企业经营中，强化内部管理，修明政治，确保法制，苦练内功，杰出经营，增强企业核心竞争力，建立完善的可以制胜的内部机制，就是创造不被战胜之道。在商业竞争中，就要做到"不可胜在己"、"胜兵先胜而后求战"，避免"败兵先战而后求胜"《孙子兵法·军形篇》的被动局面。

企业领导要"施无法之赏，悬无政之令"、"令素行以教其民，则民服；令不素行以教其民，则民不服。令素行者，与众相得也"《孙子兵法·行军篇》。"文"就是关怀与教育，"武"则是纪律与规则。确保法制可以增强企业的凝聚力和战斗力，实现"上下同欲者胜"《孙子兵法·谋攻篇》。

"正合奇胜"：正合奇胜是企业领导在实战谋略和战术方面的修炼。"三军之众，可使必受敌而无敌者，奇正是也"。所以，"凡战者，以正合，以奇胜"《孙子兵法·军势篇》。企业竞争也是以"正兵"合战，用"奇兵"取胜。"奇正"的内涵十分丰富，奇正的关系是常与变的关系，常法为正，变法为奇，奇正是相互转化的。"奇正相生，如循环之无端，孰能穷之"《孙子兵法·军势篇》。

　　孙子在兵法中列出了大量正合奇胜的具体战术谋略，其中包括"拙速胜巧久"、"兵以诈立"、"避实击虚，以众击寡"、"攻其无备，出其不意"、"夺气攻心"、"利而诱之，趋利避害"、"以迂为直"、"焚舟破釜，死地求生"、"深入则专"等。这些战术谋略无不体现了高超的智慧和奇正相生的实质。正合奇胜就是要求企业领导根据临战的客观环境、条件及其变化，适时地运用和调整变法与常法的不同组合，不断创新，达到克敌制胜的目的。

　　《孙子兵法》是祖先留给我们的宝贵财富，其蕴藏的智慧取之不尽、用之不竭。《孙子兵法》"由知至胜"的修炼过程既是周而复始的循环过程，也是阶梯式上升的过程。在循环修炼中，企业领导能够不断锻炼和提高其领导力，增强与环境的沟通能力，持续改善企业经营水平和竞争效力。每一次循环都不是简单的重复，而是在竞争制胜的基础上，从更高的起点再出发，不断实现进步和再进步。因此，《孙子兵法》的修炼是个长期推陈出新的过程，也是企业领导持续修炼、不断收获、逐渐提高的大环带小环、小环促大环的动态过程。

人、势

知

道、法

胜

正、奇

人、势

知

道、法

胜

正、奇

再进步

人、势

知

道、法

胜

正、奇

进步

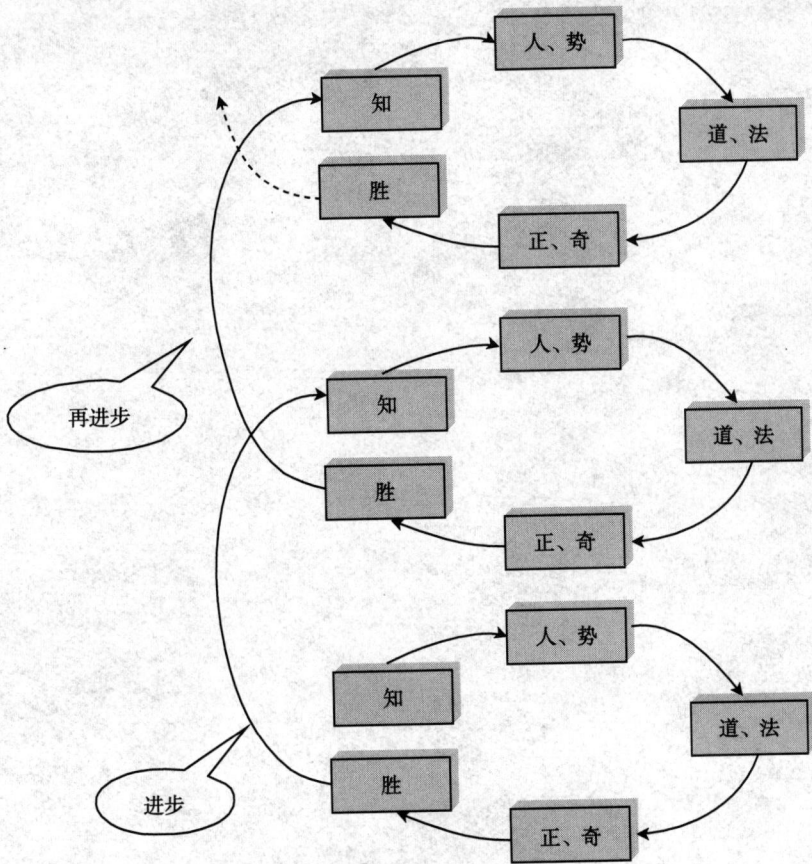

《孙子兵法》"由知至胜"修炼的循环图

目　录

第一章 知彼知己

"知彼知己，百战不殆"是名传千古的至理名言，也是贯穿整部《孙子兵法》的核心理念之一。从开篇"吾以此知胜负"开始，到结束篇"无所不用间"为止，一直都在论述"知"的内涵、意义和方法。书中所说的"知"相当于现代人们所使用的调查、了解和熟悉，即通过亲知、闻知和推知对事物进行客观观察与研究，从而得到对各种情况的全面掌握。企业领导万事始于"知"。调查研究是企业领导的基本功，是经营企业、决战商场的基础。所以，企业领导必须立足实际，深入联系群众，掌握和分析新形势下出现的新情况与新问题，做到知彼知己、知天知地。

在经济全球化的浪潮中，企业将变得动作更加迅速，行动更加灵敏，而竞争更加激烈。企业竞争已不仅仅限于资金、人才和规模，而是对市场信息的及时收集和正确的分析与判断，信息成为企业继人、财、物之后的第四大要素。越来越多的企业纷纷设立情报网站及专门人员，利用"市场间谍"及信息咨询机构，从各种渠道收集有价值的市场信息。信息争夺战在各种经济领域全面展开。商战离不开竞争，竞争离不开信息。对信息的实时掌握为企业应用各种竞争策略提供了更为广阔的空间。

第一节 知彼知己的内涵

孙子多次详细论述了"知彼知己"的科学内涵，从"五事七计"、"知胜有五"到"知天知地"，构成"知己"、"料敌"与"知彼"的核心。现代企业领导需要具有高度敏锐的眼光，利用信息管理的技术和方法，从包括市场需求、工艺技术、创新设计在内的大量信息中把握企业方向和脉搏，进而提高"知彼知己"的主动性和科学性。

一、知悉企业的战略态势

在兵法开篇中孙子就明确指出，将帅首先必须从"五事七计"的比较中了解敌我双方的胜负态势。"经之以五事，校之以计而索其情"（《孙子兵法·始计篇》），就是通过敌我双方"道、天、地、将、法"的五事对比和"主孰有道？将孰有能？天地孰得？法令孰行？兵众孰强？士卒孰练？赏罚孰明"（《孙子兵法·始计篇》）的七计相较，可以预知战争胜负的状况和道理，"以此知胜负矣"（《孙子兵法·始计篇》）。"道者，令民与上同意也，故可以与之死，可以与之生，而不畏危。天者，阴阳、寒暑、时制也。地者，远近、险易、广狭、死生也。将者，智、信、仁、勇、严也。法者，曲制、官道、主用也"（《孙子兵法·始计篇》）。战略五事就是人和、天时、地利、将帅与机制，七计则是指政治清明、将帅有能、天时地利、令行禁止、装备精良、训练有素、赏罚分明。在古今中外的战争中，"五事七计"都是决定战争胜败的基本条件和关键因素。通过仔细对比战争双方在这些方面的区别和优势，精明的将帅从一开始就把握战争的主动权。

在企业竞争态势的考察分析中，同样存在"五事七计"的对比。任何一个企业都是由人、财、物、信息四大要素构成经营活动的全部，而企业领导通过计划、组织、指挥、协调、沟通、控制等职能管理经营活动。这些因素与企业软、硬条件的不同组合无不体现在"五事七计"中，从中可以判断企业的现状和未来，可以比较企业的竞争态势，从而进一步预知企业在竞争中的胜负结果。在企业经营与竞争中，经营思想、发展战略、企业文化、管理团队、激励机制与组织建设等都是决定企业兴衰存亡的关键。比较竞争各方的差别，练好"五事七计"的基本功，企业才能在激烈的市场竞争中立于不败之地。

在冷饮与乳品市场上，蒙牛从一开始就与伊利形成竞争对手关系。1999 年 7 月，时任伊利集团副总裁兼冷饮事业部总经理的牛根生，因为性格差异和管理方式、为人处世等与伊利总裁郑俊怀相左，两人最终分开。牛根生带着从伊利分得的一笔资金及冷饮事业部 9 名核心人员，另起炉灶，共同以 1000 万元注册成立了"蒙牛"公司。当时伊利的固定资产已经是几十亿元，两者在实力上根本就不可同日而语。但是仔细比较两家公司在人和、天时、地利等方面的不同，蒙牛能够后发崛起，最终得以与伊利抗衡并瓜分乳品市场，完全是可以预知的。第一，牛根生的管理风格比郑俊怀开明，懂得用人、容人。牛根生离开伊利就是因为其复杂的人际关系。熟知这一切的牛根生显然不会在蒙牛中犯同样的错误。第二，牛根生从一个洗碗工到副总，能力方面绝对不差。第三，因为牛根生的父亲是养牛的，自己又从事了几十年的乳品业务，对周围的环境相当熟悉，资历不比郑俊怀差。第四，牛根生知道"散财"之道，所以在很短的时间里就吸引了来自伊利的三四百名有 15 年以上经验的乳业专门人才。蒙牛中层 90%以上的员工都是从伊利过来的，对伊利的"一举一动"都了解得非常清楚，寻找伊利的"软肋"易如反掌。但蒙牛的运作模式，伊利却毫不知情。第五，蒙牛的人才在薪酬和待遇方面远远超过伊利，而且只要有能力很快就能得到提拔。第六，在蒙牛初创过程中，牛根生尽量避免了制度方面的不完善，结合自己的经验教训，使得蒙牛自身的发展绕开了伊利当初的许多弯路，企业的各项制度非常先进和完善。所以，除了资产方面蒙牛和伊利当时不能相比之外，其余方面蒙牛均超过伊利。

因此，规模、实力大小与强弱并不是决定竞争态势和结果的绝对因素。三国时期，曹操势力远远没有袁绍强大，但谋士郭嘉就通过曹操拥有"道胜、义胜、治胜、度胜、谋胜、德胜、仁胜、明胜、文胜、武胜""十胜"的优势，从而断定曹操一定能够击败袁绍。刘备戎马半生，一事无成。徐州一战，与关羽、张飞兄弟失散，又被吕布追杀。走投无路，只得投奔曹操。曹操与刘备煮酒论英雄，说天下英雄只有曹操和刘备。为什么？"夫英雄者，胸怀大志，腹有良谋，有包藏宇宙之机，吞吐天地之志者也。"企业竞争也一样。蒙牛起步时的实力远远落后于伊利，但比较二者竞争的基本态势，预知蒙牛势头超过伊利，又是一种必然的结果。牛根生利用自己地域、人力、能源等成本的相对低廉，以低价与伊利竞争并获得成功。所以，精明的企业领导首先必须预知企业这种竞争态势，从而做到在企业弱小时能够树立必胜的信心，强大时也要谨小慎微、矜持勿喜。知悉企业的战略态势，加以正确的分析是企业领导必备的能力，是竞争制胜的开始。因此，"凡此五者，将莫不闻，知之者胜，不知者不胜"（《孙子兵法·始计篇》）。

二、预知竞争成败

"知彼知己"的第二层次内涵是将帅预知胜利的条件。"故知胜有五：知可以战与不可以战者胜；识众寡之用者胜；上下同欲者胜；以虞待不虞者胜；将能而君不御者胜。此五者，知胜之道也"（《孙子兵法·谋攻篇》）。所以，将帅预知胜利的情况有五种：知道可以打与不可以打的，能够胜利；了解多兵和少兵的不同用法的，能够胜利；全军上下意愿一致的，能够胜利；自己有准备来对付无准备的敌人的，能够胜利；将帅有才能而国君不加掣肘的，能够胜利。这五条就是预知胜利的方法。

企业领导预知在激烈的市场竞争中能否取得胜利，同样需要分析五种情况：一是了解企业所在行业的态势和未来准备进入行业的前景，做到有所为和有所不为，不打无把握之仗；二是正确分析企业自身和竞争对手的实力、优势、能力和条件而加以正确运用；三是上下一心，同心协力，朝共同的目标锲而不舍；四是企业随时以充分的准备应付各种复杂的市场环境，在合适的时机果断出击；五是企业领导精通业务，善于权变，充分授权并发挥能力超强的下属的工作积极性和创造性，得到股东或董事会的充分信任而不被掣肘。一个企业能够做到这些就一定能够成功。如果一个企业在这些方面做得不够，或存在严重的缺陷，企业发展就必然受到极大的影响，在商场竞争中往往处于不利地位而错失发展的良机，甚至影响企业生存。

企业扩大规模，实施相关多元化经营，常常需要进入新的市场和新的产业。为了获胜，企业领导必须尽可能全面地了解竞争对手的情况，包括其人员、产品、渠道、文化和思想等。要了解竞争对手对企业进攻的反应。在对竞争对手所具有的优势、劣势、能力等一无所知的情况下与之较量，甚至自以为"熟悉"而盲目地开始进攻性竞争，常常会与对手的强势发生碰撞，必然浪费公司资源而失去战胜对手的机会。所以，想赢得竞争，就必须了解竞争对手，了解自己，了解市场。缺乏这些客观实际的分析和认知，再好的企业也会犯错误。这方面的教训非常多，惠普公司应对 IBM 公司的"AS/Aault"计划的失败和巨人集团的倒闭就是这方面的典型案例。

1994 年 9 月，惠普公司宣布实施"AS/sault"计划，这是一场针对 IBM 公司成功的 AS/400 中型计算机的市场营销行动。其目标是运用价格折扣的方法将 IBM 的 AS/400 计算机顾客吸引到惠普公司的 HP9000 系列产品上，这是对 IBM 公司这个极其重要的高利润产品的直接攻击。惠普公司的经营团队显然没有充分了解由刘易斯·郭士纳（Louis Gerstner）所率领的 IBM 公司的新管理团队。自从郭士纳于 1993 年加入 IBM 公司以来，他的一个主要的优势就是使企业更加积极地面对竞争。惠普公司也没有考虑到 IBM 最近对 AS/400 进行宣传的新能力，这些宣传已经使它成为一个非常有吸引力的产品。当惠普公司的直接攻击来临时，IBM 的反击迅速而有力。结果惠普公司抢走 IBM 顾客的努力效果非常有限。主管惠普公司 AS/sault 行动的执行官最后不得不承认，惠普公司无法将 AS/400 挤出市场，惠普公司对 AS/400 的观念是错误的，这导致惠普公司对其 HP9000 系列产品的优越性能具有不公正的和盲目的自信，而 AS/400 却是中型机中最大的、最受欢迎的产品。

在这个实例中，惠普公司犯了一个战略性的错误：它们与最大的竞争对手进行正面较量，并且是非常公开的较量。惠普之所以犯错，是由于没有花时间去了解对手产品的实力、对手管理团队的思想，甚至没有考虑对手可能作出的反应。相反，在这场竞争中，惠普公司使 IBM 更加警醒到了惠普公司的威胁，增加了 IBM 优先处理这个威胁的紧迫感。在这次直接攻击之前的几年中，惠普公司一直寻求 AS/400 最重要的商业伙伴的支持。这些企业向 IBM 提供支持 AS/400 运行的重要应用软件，这使得消费者只购买 AS/400 而不去购买其他计算机。惠普公司已经设法同 AS/400 的 15 家最大的合作伙伴中的 11 家建立了业务关系。惠普公司应该默默地继续实行这种巧妙的、间接的方法，而不应当和 IBM 公司进行正面较量。

巨人集团以 4000 元起家，在"汉卡"的开发与销售上取得极大的成功。1992 年，公司销售额达到 1.6 亿元，利润超过 1 亿元。史玉柱因此获得珠海市政府科技重奖，并被《福布斯》列为大陆富豪第 8 位，风光无限。但世界计算机发展日新月异，"汉卡"逐渐失去其存在的必要。考虑到盗版猖獗，硬件上缺乏核心技术，经过专家论证，史玉柱决定放弃 IT 行业，转而从事保健品经营。通过健康品和医药产品的多元化经营，巨人再次高速扩张并达到巅峰。1992 年，巨人集团决定盖一座 38 层的巨人大厦作为自己的办公大楼。当时盖一座 38 层的大厦大约需要 2 亿元，这并非当时的巨人不能承受之重。但在 1992 年下半年，巨人大厦的设计从 38 层升到了 54 层。1994 年初，有人建议史玉柱为珠海争光，建全国第一高楼，54 层就变成 64 层。后来准备宣布把楼层定在 64 层时，史玉柱却头脑一热，竟对外宣布，巨人大厦要做到 72 层。72 层大厦的预算陡增到 12 亿元。

巨人投资房地产和生物工程的盲目扩张导致集团陷入了重大的财务危机，资金枯竭，公司现金流出现严重问题。经媒体曝光后，讨债者蜂拥上门，资金周转失灵。1997 年，名动全国的巨人集团在巨人大厦不断攀高的过程中，突然间轰然倒塌，宣告破产。巨人集团第一次从 IT 到医药保健品的转型是成功的，也是及时的，企业因此实现了高速扩张而达到巅峰。集团第二次向房地产行业的多元化转型，是在对自己的实力和能力缺乏全面了解的情况下进行的。盲目扩张，超越资金承受能力的现实而投入房地产业务，是巨人集团最终破产的重要原因。

三、知悉企业和对手的人员与状况

"知彼知己"的第三层次内涵是知人。孙子指出，"知吾卒之可以击，而不知敌之不可击，胜之半也；知敌之可以击，而不知吾卒之不可以击，胜之半也"（《孙子兵法·地形篇》）。所以，只了解自己的军队可以打，而不了解敌人不可以打，取胜的可能只有一半；只了解敌人可以打，而不了解自己的部队不可以打，取胜的可能只有一半。因此，将帅在作战中正确指挥，取得胜利，不但要了解与知悉敌人的部队，而且必须了解自己部属的作战能力，加以正确运用。三国时期，诸葛亮错用马谡，导致街亭失守。蜀军伐魏的有利战局立刻发生逆变，诸葛亮只得靠"空城计"偶尔弄险，利用司马懿的谨慎才得以将军队安全撤回汉中，首次伐魏在大好的形势下遭遇失败。诸葛亮想起刘备在白帝城临危之时"马谡言过其实，不可大用"的告诫，悔恨不已。所以，马谡失街亭，其真正的原因是诸葛亮知人、用人的失误。

人是企业最大的和最宝贵的创造性资源。一个成功的企业领导需要具备的才能很多，其中重要的一条就是要对企业职工的能力、禀性、需求、情感等方面有透彻的了解，并根据公司发展与业务的需要对员工进行培训与技能开发。企业领导只有清楚地知道企业与竞争对手双方人员的精神状态、素质状况、业务能力和学习培训情况，才能有效地激励自己的员工，把握时机适时地调整经营战略和竞争策略。缺乏对员工的全面了解就盲目使用，会产生用人不当的问题，严重的会给企业带来重大的经济损失。这方面的典型案例是新加坡中航油事件，其直接原因之一就是因为中航油集团错用陈久霖为新加坡航油公司总裁。

2004 年 11 月 30 日晚，在新加坡上市的航空燃料供应商中国航油（新加坡）股份有限公司（以下简称中航油）发布了一条震惊世界的消息：该公司因石油衍生品场外交易，总计亏损 5.5 亿美元。净资产不过 1.45 亿美元的中航油（新加坡）因严重资不抵债，向新加坡最高法院申请破产保护。

事件发生后，中外媒体对直接责任人中航油（新加坡）总裁陈久霖进行了大量的追踪调查，发现陈久霖的个人秉性就是"狂"，性格特征是"争强好胜，挑战极限，投机、专横、迷信《周易》"等，归结起来就是"赌徒文化"。陈久霖出任中航油（新加坡）总裁之后共进行了四次大收购。有人将其戏称为陈久霖的四次"豪赌"。陈久霖自己也说:"赌可能是人的天性,我经常会以某种'赌'的精神,致力于公司的发展。收购本身就是一种赌。"就是在这种赌徒心理支配下,赌红了眼的陈久霖竟然利用手中掌握的巨额国资在风险极高的石油衍生品场外交易中再次进行豪赌。

众所周知,赌徒在疯狂的时候会置一切于不顾,这在陈久霖身上更是得到了突出的表现。据了解,中航油(新加坡)公司设有风险委员会,有一个由专职风险管理主任和风险控制专家组成的队伍,并制定了事前、事中和事后的一整套交易对策,有完善的风险管理手册。但中航油这一机制对陈久霖无法起到应有的作用。在"赌徒文化"的支配之下,权力掌控者的赌博冲动根本不受制衡与遏制,令制度黯然失色。由"赌徒文化"导致的中航油国资巨额损失的教训是惨痛的。更大的教训是中航油集团公司对陈久霖投机与赌徒性格缺乏"知",未加以应有的防范,反而"看中了他有股执著的闯劲"选派赴新加坡担任总裁。正是这一举措才导致后来一连串的"失察"与"失控"。

四、知悉企业的外部环境

在孙子看来,仅知悉企业内部人员和竞争对手内部人员的状况和能力是不够的。孙子说,"知敌之可击,知吾卒之可以击,而不知地形之不可以战,胜之半也"(《孙子兵法·地形篇》)。既知道敌人可以打,也知道自己的部队能够打,但是不了解地形不利于作战,取胜的可能仍然只有一半。孙子进一步说,"九地之变,屈伸之利,人情之理,不可不察也。……不知诸侯之谋者,不能预交;不知山林、险阻、沮泽之形者,不能行军;不用乡导者,不能得地利。四五者,不知一,非王霸之兵也"(《孙子兵法·九地篇》)。用今天的话说,九种战略地域的不同举措,攻防进退的利害得失,全军上下的心态情绪,都是将帅不能不仔细观察并认真研究的。不了解各诸侯国的战略图谋,就不要贸然与之结交;不熟悉山林、险阻、沼泽等地形,就不要盲目行军;不雇用向导,就得不到地利。以上各项,只要有一项不知道,就成不了王霸之国的无敌军队。

孙子指出，"夫地形者，兵之助也。料敌制胜，计险厄远近，上将之道也。知此而用战者必胜，不知此而用战者必败"（《孙子兵法·地形篇》）。一般说来，地形是用兵的凭借。料敌制胜，考察地形险易，计算道路远近，是高明的将领必须掌握的方法。懂得这些道理去指挥战争的，必然会取得胜利；不懂得这些道理就指挥战争的，必然要遭到失败。毛泽东对"知彼知己"的内容也做了深刻的论述。他明确指出将领要虚心学习，摸熟自己部队的脾气（指挥员、战斗员、武器、给养等及其总体），同时摸熟敌人部队的脾气（指挥员、战斗员、武器、给养等及其总体），摸熟一切和战争有关的其他条件如政治、经济、地理、气候等，指导战争或作战就比较有把握，比较能打胜仗。

孙子在兵法《军争篇》和《九地篇》中多次反复强调"不知诸侯之谋者，不能预交；不知山林、险阻、沮泽之形者，不能行军；不用乡导者，不能得地利"，并说只要不知道其中的一条，就不能取得战争的成就。在企业经营和商场竞争中，这些对应所指的就是竞争对手战略举措、天与地的自然环境和专家咨询的作用。"天"和"地"是指企业所面临的自然条件、地理环境和宏观环境等，包括能源资源状况、经济、社会、金融、政治、环境保护、法律等各个方面。有些企业所在地拥有丰富的矿产资源，如煤炭、石油、铁矿、非金属矿等。有些企业则位于科技力量雄厚、大专院校、科研机构云集的地方，如北京的中关村。在市场竞争中，企业需要巧妙地运用天时、地利的优劣条件，因地制宜、因时制宜地选择经营行业，参与市场竞争，攫取尽可能多的利润。如何及时地掌握环境的变化，并巧妙地应对环境变化，是企业得到长足进步和增长的关键。

20世纪50年代，当时的世界主要计算机生产厂商尤尼瓦克公司推出了第一台通用计算机。所有早期的计算机设计都是单一目的的机器。IBM的两台计算机分别设计于30年代末和1946年，仅仅用于天文学计算。当IBM得知尤尼瓦克的设计后，立即放弃了开发先进的单一目的机器的战略，转而安排最优秀的工程师专攻尤尼瓦克的设计，进一步完善它，并由此设计出第一台可供生产和服务使用的通用计算机。三年后，IBM 成为世界计算机主导厂商和计算机工业标准制定者。从计算机开始出现，IBM 就确信，计算机一定会飞速发展。当时的 IBM 还坚信这样的一个电脑发展趋势，即未来将会与中央工作站和大型主机联系在一起，终端用户将会通过这些大型机连接在一起。

到了 20 世纪 70 年代，个人电脑的出现使 IBM 关于中央工作站和大型主机联网的假设失效了。IBM 很快接受了个人电脑的现实。几乎在一夜之间，IBM 把那些业已证明并经过时间考验的政策、规则和规定都放在一边，立即设立了两个互相竞争的开发小组，从事设计更为简单的个人电脑。两年后，IBM 成为世界最大的个人电脑制造商，并由它来制定工业标准。2004 年，当 PC 机业务利润开始下降，市场进入相对饱和状态时，IBM 重新作出了决策，出售其个人电脑事业部，回到大型机和服务器上来，并大力发展 IT 服务业务。这次提出的假设是：IT 服务将更深层次嵌入到公司经营中，具有不断上升的市场空间。

IBM 在 20 世纪 50 年代、80 年代和 21 世纪初作出的几次重大调整，都是因为其所处的环境发生了巨大的变化，与其当初对环境的假设完全不符。因此，一旦原来公司所赖以生存和发展的环境假设出现变化，公司的经营战略就必须随之进行适时的改变。IBM 公司正是通过这种对环境及其变化的实时认知，做到及时准确地调整经营与竞争战略，使企业一直处于电脑制造行业的领先地位，成为行业标准的制定者。

第二节　知彼知己的重大意义

知彼知己是将帅的重要职责。企业领导在市场竞争中的成功战术是无穷无尽的，而这些都来自于对知彼知己和知天知地的全面掌握。无论是军事战争，还是商业竞争，都是耗资巨大的长期性系统工程。孙子指出，"凡用兵之法，驰车千驷，革车千乘，带甲十万，千里馈粮。则内外之费，宾客之用，胶漆之材，车甲之奉，日费千金，然后十万之师举矣"（《孙子兵法·作战篇》）。"凡兴师十万，出征千里，百姓之费，公家之奉，日费千金；内外骚动，怠于道路，不得操事者，七十万家。相守数年，以争一日之胜，而受爵禄百金，不知敌之情者，不仁之至也，非人之将也，非主之佐也，非胜之主也"（《孙子兵法·用间篇》）。所以，对于耗资巨大、决定企业前途命运与兴旺发达的企业经营和商业竞争，准确获知情报、做到知彼知己意义非常重大。

一、决定企业竞争的成败

"知彼知己者，百战不殆；不知彼而知己，一胜一负；不知彼，不知己，每战必殆"（《孙子兵法·谋攻篇》）。意思就是说，既了解敌人，又了解自己，百战都不会有任何危险；虽然不了解敌人，但是了解自己，那么有时能胜利，有时会失败；既不了解敌人，也不了解自己，那么每次用兵都会有失败的危险。所以，知彼知己决定战争的成败，正如孙子所说，"将莫不闻，知之者胜，不知者不胜"（《孙子兵法·始计篇》）。作为将帅，不能不做到知彼知己。做到充分了解就能打胜仗，不了解情况就打不了胜仗。

21世纪是战略制胜的时代，战略继生产、销售和营销之后成为当代企业竞争的关键因素。制定正确企业战略的困难在于缺乏充分与完全的市场信息。企业经营战略因"企"而异，制定战略不能照搬照抄，必须体现差异化和做到不可模仿，从而体现企业独特的价值与核心竞争力，让企业上下所有人员都感受到战略所带来的影响与推动力，感受独特的企业文化对企业战略的巨大影响。行业不同，战略各异。即使在同一个产业里，不同企业的战略也会有很大的差别。

这种差异化战略从何而来？这就要求企业领导对企业自身、竞争对手、市场环境等各个方面做到"知彼知己"和"知天知地"，要求企业领导知道和掌握企业内部和外部的环境。外部环境就是指企业的"彼"、"天"、"地"，包括自然条件、政治动态、资源禀赋、社会风尚、经济状况、科技信息、市场需求、竞争对手的状况、行业状况与动态等。内部环境则是企业的"己"，包括企业所具有的物质条件、销售状况、经营管理水平、企业应变能力、企业人员状况等。只有对上述各个方面、各个环节都做到了如指掌，才能按照企业战略的规划程序和方法制定切实可行的企业战略，才能将企业战略付诸实际，切实高效地执行。在知彼知己基础上的企业战略一定是正确的、可行的，应用起来一定能够取得竞争的胜利。只知己而不知彼的企业战略，有时凭借企业自身的实力也可能取得竞争的胜利。但不知彼、不知己的企业战略是注定要失败的。

华旗资讯从国际象棋文化中汲取大量西方文明的精华，使其成为企业文化的一部分。"卒"攻到底意味着只要坚持不断的努力，就可以得到晋升和发展的机会，实现自我价值的最大化。从基层逐步依靠实干成为企业的骨干甚至进入管理层，可以真切地知晓企业最基本的情况。这种认知程度对正确决策具有重要的意义。"王"和"象"可以任意驰骋则代表企业决策层不再囿于狭隘的空间里，可以深入到企业任何角落，体察下情，做到知己知彼，为企业量身订制发展的策略。通过这种上下结合的机制，华旗管理层对企业运作和国际化的深刻领会就促使他们不断地严格要求，做到最大程度的知彼知己。因此，华旗资讯 11 年间从中关村练摊到 5A 写字楼，从 IT 行业的激烈竞争中脱颖而出，成为数码影音领域令国人骄傲的民族企业代表。

二、把握企业行动的方向

"知兵者，动而不迷，举而不穷。故曰：知彼知己，胜乃不殆；知天知地，胜乃不穷"（《孙子兵法·地形篇》）。所以，懂得用兵的人，行动起来不会迷惑，其作战措施变化无穷。因此，了解对方，了解自己，争取胜利就不会有危险。懂得天时，知晓地利，胜利就可以永无穷尽。

企业在发展过程中的趋势预测非常重要，只有准确预测、未雨绸缪才能使企业尽早地预知危机和风险，从而预先采取必要的措施，及时转型，避免危机或风险事实到来时措手不及而失去主动应对的先机，便于企业领导清楚地把握企业行动的方向。

我国国有专业外贸公司是在计划经济条件下建立起来的，专门从事政策规定范围产品的进出口贸易，属于垄断外贸的窗口。自 1978

年改革开放以来，进出口经营权逐渐放开，生产企业、部门企业纷纷参与外贸行业，专业外贸公司在失去了政府保护的种种特权之后，不得不与所有的生产企业、外资企业、合资企业竞争。我国加入世界贸易组织后，外贸进出口经营权登记备案制从国有大型工业企业推广到所有生产企业和贸易企业，不受所有制类型的限制，国内所有企业都享有同等待遇。专业外贸公司逐渐失去其买断经营和代理经营进出口的业务条件和基础，业务不断流失而急剧萎缩。专业外贸公司越来越真切地感受到其竞争优势越来越少，利润空间越来越小，规模和利润双双大幅度下降，面临生存与发展的困境。大量专业外贸公司，包括省级外贸企业实行了关、停、并、转，很多面临倒闭的命运。

但是，有些专业外贸公司在预知我国外贸格局变化之际，果断采取措施，开展工贸一体化、内外贸一体化、产品多样化、经营多样化、资本多样化等一系列改革措施，及时转业、转型，企业得到了更好的发展。以山东新华锦为例。新华锦前身是一家国有大型专业外贸企业，2005 年 10 月改制为民营股份制企业，买壳上市后，彻底改变专业外贸公司的形象，转型为一家多元化的实业公司，实现了企业快速、健康发展。

所以，从专业外贸公司来看，出现关、停、并、转的命运主要是看企业领导能否及时预测到我国对外开放、经济改革带来的冲击。在出现重大的政策性改变和市场环境变化之前，采取积极有效的措施，强化企业转型，使企业立于不败之地，从而得到更加蓬勃的发展。当然，这种准确预测是以知彼知己和知天知地为前提条件的，只有知彼知己才能做到准确预测、行动及时。

三、检验企业领导能力的标准

孙子把知彼知己作为将帅英明贤良的标准。在《用间篇》中，孙子指出，"明君贤将，所以动而胜人，成功出于众者，先知也"（《孙子兵法·用间篇》）。英明的君主和贤良的将帅，之所以一出兵就能战胜敌人，功业超越普通人，就在于能够预先掌握敌情。"昔殷之兴也，伊挚在夏；周之兴也，吕牙在殷。故惟明君贤将，能以上智为间者，必成大功。此兵之要，三军之所恃而动也"《孙子兵法·用间篇》）。殷商的兴起是在于重用了曾在夏朝为臣的伊尹，他熟悉并了解夏朝的情况；周朝的兴起，是由于周武王重用了了解商朝情况的吕牙。所以，明智的国君和贤能的将帅，能够任用智慧高超的人充当间谍，就一定能建树大功。这是用兵的关键，整个军队都要依靠准确的情报才能开展军事行动。对于企业领导而言，知彼知己是制定正确的企业战略、开展经营管理活动的开始。没有对自己与竞争对手以及市场客观环境的了解和洞察，而妄谈战略与管理，其基础是不牢靠的。所以考察企业领导的综合素质，能否做到"以上智用间"，能否做到知彼知己，是检验其能力的一项重要标准。

2006 年中国加入世界贸易组织保护期结束，外资扫荡式并购中国企业。中国市场竞争规律发生了重大变化，竞争方式也发生了根本性转变，由产品竞争、营销竞争、品牌竞争、研发竞争到人才竞争，进而转向最高形式的竞争——战略决策竞争。战略决策是企业领导的任务和责任，企业决策水平的高低直接关系到企业的生死存亡。据美国兰德公司估计，世界上破产倒闭的大企业，有 85%是决策失误造成的，中国企业更是如此。德隆董事长唐万里、飞龙总裁姜伟等在反思企业失败的原因时，无一不深刻检讨自己的决策失误。企业领导最困难的工作就是决策。根据一位美国科学家对企业的调查，90%企业家认为"最难的工作是决策"。因此，对中国企业领导来说，科学决策和实现决策制胜是非常关键的。1993 年，一家国有企业领导因为决策失误，进口 3 万吨钢坯在张家港和大连港之间往返和滞留达半年之久，最后不得不将板坯切割成方钢坯使用，直接亏损金额达 6000 万元人民币。

管理的关键是决策，决策的依据是预测，而预测的根据则是充分和完全的信息。因此，企业领导的核心能力就是知彼知己的能力和水平。企业领导不善于进行调查研究，不能摸清实际情况，不能清楚事物发展的趋势，而擅自和盲目决策，势必陷入主观主义的危险境地。决策失误造成的危害是企业领导的最大危害，决策的难度和造成决失误的最大原因就是在于缺乏对信息的全面掌握和了解。因此"知彼知己"和"知天知地"是准确决策和决策实施的强有力的保障，是检验企业领导能力的重要标准。

20世纪90年代后期，"爱多VCD"红遍大江南北，一度成为中国家电行业最成功的品牌之一，爱多公司也成为当时民营企业的光辉典范。爱多从无到有、从小到大、从辉煌走向破灭，仅仅用了四年的时间。1995年，年仅26岁的胡志标受一首流行歌曲的启发，成立爱多公司。在他非同寻常的运作下，1996年爱多开始崛起，1997年其销售额就达到16亿元，并一度成为央视的标王。但好景不长，1998年爱多便开始出现财务危机，到1999年上半年，公司危机终于爆发。胡志标因涉嫌经济犯罪被拘捕。爱多商标被拍卖，公司走向彻底的失败。

一个企业从兴起到衰落所经历的时间如此之短，实在让人不易理解。研究爱多的发展史，总结其经验教训时，人们都会发现，爱多的成功是偶然的，但失败却是一个必然。爱多的命运紧紧地与其领导人胡志标的成败联系在一起。爱多的成败很典型地反映了企业的领导人对企业命运的决定性影响。爱多失败的原因除了制度缺陷、管理缺陷、任人唯亲不唯贤外，最重要的就是决策机制不科学。决策力是一个企业领导人必须具备的重要能力之一。领导人的决策从来就是一件风险极大的事情，建立科学的企业领导人决策机制可以有效降低企业失败的风险。爱多的决策多数是胡志标的即兴决策，他从不认真研究分析实际情况，而靠拍脑袋作决策。决策过程不够理性，缺乏科学的决策机制，是引发爱多危机、使爱多陷于困境的关键。

决策制胜是企业领导的重要职责。企业在快速发展与扩张过程中，信息量越来越大，信息的扭曲越来越多。知道的越来越多，不知道的更会越来越多。知己不易，知彼更难。不知道的往往比知道的更重要，这是正确决策的陷阱和潜在危险。在红军长征中，毛泽东等中共中央领导就充分了解国民党及军队内运行的潜规则和思路，从而突破了封锁。在近年的市场竞争中，许多跨国公司下大力研究中国市场潜规则，研究中国企业运行的潜规则，研究投资对象的运行潜规则和隐性信息，从而多次取得了决策的成功。

四、化解对手优势的有力武器

孙子指出，"知战之地，知战之日，则可千里而会战；不知战地，不知战日，则左不能救右，右不能救左，前不能救后，后不能救前，而况远者数十里，近者数里乎？以吾度之，越人之兵虽多，亦奚益于胜败哉？故曰：胜可为也。敌虽众，可使无斗"（《孙子兵法·虚实篇》）。意思是说，能够预知交战的地点，预知交战的时间，那么即使跋涉千里也可以与敌人会战。不能预知交战的地点和交战的时间，那么就会导致"左翼不能救右翼，右翼救不了左翼，前面不能救后面，后面救不了前面"的局面，何况要在远达数十里，近在数里范围内做到应付自如呢？越国军队虽多，但对于决定战争的胜负又有什么益处呢？所以说，胜利是可以创造的，敌人虽多，可以使他们失去战斗力，无法同我较量。

这里提出了一个面对优势敌人如何战胜对手的问题。在企业面对强大的竞争对手时，仍然可以创造胜利的条件，这就要求"知战地、知战日"。做到"形人而我无形，则我专而敌分；我专为一，敌分为十，是以十攻其一也，则我众而敌寡；能以众击寡，则吾之所与战者约矣"（《孙子兵法·虚实篇》）。使敌人显露真情而我军不露痕迹，这样我军兵力就可以集中而敌人兵力却不得不分散。我们的兵力集中在一处，敌人的兵力分散在十处，这样我们就能以十倍于敌的兵力进攻敌人，从而造成我众而敌寡的有利态势。

企业竞争中也常常发生弱小企业遭遇强大对手竞争的状况。面对强大竞争对手的优势时，弱小企业通过知彼知己，了解竞争的态势和细节，"形人而我无形"，同样能够化解对手的实力，达到战胜对手的目的，以弱胜强。这是因为强大企业的实力一般都暴露在外，且容易轻视或忽视弱小企业的存在与威胁，给弱小企业生存、发展与壮大的机会，并使其找到强大企业的漏洞和克敌制胜的机会，以我之"无形"给"形人"的优势企业以致命的打击而获得成功。

沈阳远大集团原是一家只有 450 万元资产、三十几名员工的小企业，在短短的十几年时间里，一跃成长为一个拥有 17 家全资子公司、几十亿元资产，并开始在世界大舞台上驰骋的国际化大公司。今天的远大，位居沈阳市民营企业十强之首，有员工 7000 多人，年销售收入达 51 亿元。但创业初期，和所有的企业一样，远大面临缺资金、少人才、研发能力弱等多重困难，根本不具备市场竞争优势。但远大提出，闯市场要立足关键，抓住要害。满足市场需求是关键，创新是要害。只要打破常规，努力在市场的关键环节上取得突破，最大限度地满足客户要求，就一定能在强手如林的竞争中实现以小搏大。

1994 年，远大刚刚成立一年，是一个名不见经传的小民营企业，就参与东北地区最大的幕墙装饰工程——沈阳市某银行大厦的工程投标。这个工程采用的饰面材料是当时国内还很少应用的铝复合板。初出茅庐，如果按照常规打法，比拼企业的规模、实力和业绩，远大很难中标。正是因为看清了这一点，他们没有按照常规的思路去投标，而是避其锋芒，独辟蹊径，以年薪 200 万元的重金聘请了一位德国资深设计师，目的就是要以世界上最先进的设计理念和施工工艺击败竞争对手。实践印证了他们的市场策略。德国专家带来世界先进的管理理念和设计技术，不仅让年轻的远大在竞争中脱颖而出，夺得了这次竞标的胜利，更为重要的是，这为远大构建了一整套逐渐与国际接轨的企业管理制度，带出了一支具有创新能力的研发队伍，展示和传播了企业大手笔的经营策略，推动了企业与世界先进经营管理理念的接触和融合。

1995 年，远大挑战国内外多家优势企业，竞标天津某网管中心工程。这个工程以其高难的金属双曲面造型引起业内的高度关注。远大在竞标中再次绕过与国内外一流大公司比业绩、拼实力这一传统竞争方法，而是紧紧抓住工程中难度最大的关键技术环节，创造性地把飞机制造的蒙皮拉伸技术应用到建筑幕墙金属板的双曲面制造上。这一大胆创新，让远大把强大的对手远远地抛在了后面，并高质量地完成了这个当时国内施工工艺最复杂的建筑幕墙工程。避开正面对攻，实施局部领先，在关键环节打开市场缺口，使幼年的远大能够以小搏大，以弱胜强，快速成长。

第三节 知彼知己的途径

知彼知己是一个知易行难的复杂过程，存在大量主观和客观上的认知障碍。如何突破认知障碍，从而获得客观正确的认识，是对企业领导的重大挑战。孙子强调需要从客观实际中认知，从客户和对手中获知，从考察研究中确知。

一、从客观实际中认知

孙子说，"先知者，不可取于鬼神，不可象于事，不可验于度，必取于人，知敌之情者也"（《孙子兵法·用间篇》）。这里强调的是要从客观实际中认识事物，不可以用求神问鬼的方式，不可以拿相似的事情作类比推测，不可以用日月星辰运行的位置去作验证。一定要取之于人，从那些熟悉情况的人中获取真实的信息。然而，很多事物并不是那么明显易知的，需要透过现象才能认清其背后的本质，需要谨察其形而知其实。只有通过对产生现象的原因进行深入分析，去伪存真，去粗存细，由表及里，才能作出关于敌情、环境的正确判断，做到不被假象所迷惑。

为此，孙子详细列举了"相敌"的种种情况。"敌近而静者，恃其险也；远而挑战者，欲人之进也；其所居易者，利也。众树动者，来也；众草多障者，疑也；鸟起者，伏也；兽骇者，覆也；尘高而锐者，车来也；卑而广者，徒来也；散而条达者，樵采也；少而往来者，营军也。辞卑而益备者，进也；辞强而进驱者，退也；轻车先出居其侧者，陈也；无约而请和者，谋也；奔走而陈兵车者，期也；半进半退者，诱也。杖而立者，饥也；汲而先饮者，渴也；见利而不进者，劳也。鸟集者，虚也；夜呼者，恐也；军扰者，将不重也；旌旗动者，乱也；吏怒者，倦也；粟马肉食，军无悬缸，不返其舍者，穷寇也。谆谆翕翕，徐与人言者，失众也；数赏者，窘也；数罚者，困也；先暴而后畏其众者，不精之至也；来委谢者，欲休息也。兵怒而相迎，久而不合，又不相去，必谨察之"（《孙子兵法·行军篇》）。这里从敌方安营扎寨、战场周围环境、地理状况、对阵的心理和敌方士兵的日常表现等方方面面进行分析，为将者要善于从这些现象和敌人布置的假象中，识破其阴谋诡计，不被其所迷惑。在商业竞争中，也常常出现大量迷惑对手的竞争手段，如市场的暂时撤退、在某些市场上的虚张声势等。这就要求企业领导能够亲知各种状况，从客观事实中搜集信息，通过人工的排列、组合、联系、对比，加上逻辑分析与合理推断，透过表面现象甚至假象去推知事物的本质。

"无约而请和"、"见利而不进"是一些反常现象，孙子透过表象而窥其本质，将其归结为"阴谋"和"疲劳"的表现，同时这也揭示出"反常"是人为预谋和客观存在的两种现象。"反常"都是指一些与众不同、不规范、与正常思维和理性判断不一致的现象，如个别顾客的特殊偏好、个别员工的怪异行为或公司在某个地区的市场份额不寻常地大于其他地区等。反常可能是一次随机的或偶然性的事件，也可能是一种趋势或流行的先兆，可能反映了顾客的实际需求，甚至可能是揭示问题或引导企业发掘业务增长的契机。商机往往隐藏在某些第一眼看上去和战略、业务以及经营没有任何关系的反常事情中。乔·吉拉德被吉尼斯世界纪录评为世界最伟大的汽车推销员，其成功推销的法宝就是由他发现的"吉拉德250法则"，即世界上任何一个人都至少能对周围250个人产生不同程度的影响。乔·吉拉德的"250法则"就来自他在底特律参加一次葬礼时发现的"反常"。在葬礼时，每个哀悼者都收到一张祷告卡。与他以前参加的葬礼不同，这次发的卡上印有去世者的照片。吉拉德思考，这些卡的成本明显高于没有照片的普通卡，也不能重复使用。他想了解葬礼安排人如何确定卡片的准确数量，以避免过少出现尴尬，又防止过多而引起浪费。原来葬礼安排人这些年为很多人承办了各种葬礼，通过多年观察他总结出每一次出席葬礼的人几乎都在250人左右。祷告卡这一"反常"现象给吉拉德很深的启发，由此推断：如果有250人来参加某个人的葬礼，说明死者一定曾对这些人产生过不同程度的影响，这种影响足以使他们决定购买哪种类型的车以及在哪儿买车。

人为预谋的"反常"是很容易被发现的，从而易于采取应对措施。现实生活中很多自然的"反常"却常常被人忽视，没能引起足够的重视，人们试图隐瞒、排斥甚至禁止这种反常，因为反常通常背离常规、破坏标准与流程。然而，有组织、有针对性地寻找反常、发现反常对认识事物的本质具有极其重要的意义，从中可以分析反常的客观原因，从而开发和利用反常中所隐藏的机会，取得经营与竞争的胜利。商业竞争的最大胜利就是竞争对手不能立刻辨识出的一种胜利，甚至还被对手视为失败的胜利。所以，利用"反常"而取得的胜利是无形的，可以达到"因形而错胜于众，众不能知"（《孙子兵法·虚实篇》）的神奇效果。

在现代企业管理中，企业领导需要注重信息来源的真实性和客观性，善于从各种渠道客观地获得对企业发展具有重大意义的信息和情报。只有对数据、资料、消息加以由表及里、去伪存真的客观分析与筛选，才能提高信息的客观性和准确性。目前，在我国公共管理领域和国有企业经营中，一些虚假的信息给企业和社会大众的决策与判断带来严重的误导。例如，某上市公司 2005 年年报披露，公司 2005 年度营业额为 660 亿元，税后净利润为 3.33 亿元。如果仅以此而断定这是一家状况良好的上市公司，显然是不全面的和误导的。进一步综合分析该公司的利润率、期末库存和现金流等指标就可以发现，公司的盈利性是值得推敲的。因为其净利润率仅为营业额的千分之五，而同期期末库存高达 145.7 亿元，跌价准备金仅为 1.04 亿元，折合其主营产品的库存数量高达 410 万吨，公司现金流为 -120 亿元。所以，决策所依据的信息如果出现错误或误导，其严重性是可想而知的。企业的制度和管理运作是以基础秩序为依据的，信息的真实性就是基础秩序中的一个重要因素。虚假不实的统计数据、文件公文中大量与实际状况不符或严重背离的报告、下级部门的虚假信息等必然导致基础秩序出现问题，决策和制度执行因而就达不到预期的效果，甚至危害企业的竞争态势。

　　进入信息化社会，企业内外部信息数据浩如烟海。海量数据和情报丰富了信息分析的来源，也增加了信息提取和分析的难度。如何将企业外部、内部不同部门中孤立、散落的数据和资料按照高效、易于使用的方式进行存储、提取、筛选、多维度分析等，从而帮助企业领导从纷繁复杂的数据海洋中找出所需的真实数据，从中清晰地洞察企业现状和发展方向，并据此作出有利于企业发展的决策，需要借助现代信息处理技术和工具，如商务智能系统（BI）。某移动通信公司采用业界领先的多维分析数据库和报表分析软件，建立强大的商务智能（BI）平台。将存放在20多个本地网BOSS、OA、网管、客服等业务管理系统的信息，通过BI进行统计、查询、分析、信息发布、信息定制等，充分满足了公司在应用海量数据、庞大用户群和高性能等方面的要求，实现了公司整个范围内自上而下的分析、管理和决策支持。在信息化和科技化社会的今天，面对爆炸的信息量，企业领导必须依靠先进的科学技术进行信息的处理，提高信息获取与处理的速度与准确性，为提高决策能力和决策水平奠定基础。一个善于管理的人，一个优秀的企业领导总是善于在变化中抓住信息，加以概括和总结，提取精华，随时掌握最新的信息技术和应用系统，利用现代科技为企业发展服务，增强企业对市场的认知水平，提高认知的准确率和快速反应能力。

二、从客户和对手中获知

　　客户和竞争对手的信息与知识是绝大多数公司市场开拓和创新所需要的最重要的知识，最有可能为公司决策和竞争带来直接利益和帮助。竞争制胜的一个潜在关键因素，就在于能否充分收集和利用客户与对手的知识与信息。如果企业能够同客户建立密切的知识交流与共享机制，及时了解对手的情况及其所掌握的知识，有效地获取、发展与维系相关的知识与经验，无疑会使企业更紧密地贴近市场，大大提高企业决策的准确性和在市场上的竞争能力。所以，企业领导应加强客户知识管理、客户关系管理和竞争对手的管理，从客户和竞争对手中获取大量应知的信息。

从客户和对手中获知信息，就是《孙子兵法》中强调的"用间"。"凡军之所欲击，城之所欲破，人之所欲杀，必先知其守将、左右、谒者、门者、舍人之姓名，令吾间必索知之"；"乡间者，因其乡人而用之。内间者，因其官人而用之。反间者，因其敌间而用之"（《孙子兵法·用间篇》）。所以，攻击敌人，占领敌人城池，必须首先用"乡间"、"内间"和"反间"获知敌方信息。"乡间"、"内间"和"反间"均存在于敌人内部，给我们的启发就是从客户和竞争对手的渠道直接获得其产品和市场的准确与可靠信息，这是克敌制胜的一个重要法宝。从客户和竞争对手中获知信息，现代管理上属于"知识管理"的范畴，也是商业间谍的核心内容。企业领导必须最大限度地近距离观察和了解客户与对手，与最不满意的客户会面，亲耳聆听最不满意顾客的心声，这样可以冲破认知上的障碍，从而体验到最严酷的现实以及对企业、产品和市场最准确客观的认识。

面对当今市场的激烈竞争和客户需求的多样化，只有具备智慧经营、反应灵活、行动敏捷、不断创新等特点的企业，才能立于不败之地。知识管理正是解决学习能力、应变能力和业务创新能力不足的有效途径。通过推动企业内、外部知识资源的采集、学习、交流、应用和创新，可以不断提高认识水平和经营决策的正确性与灵活性。敏捷型企业具有发达的感觉器官和认知系统，无论是对外部环境还是企业内部资源，都有良好的认知能力、学习能力和敏捷的信息沟通机制，能够与变化的外部环境保持动态适应性。

知识管理的核心是构建学习型组织，加强企业内部知识的学习、企业间知识的交流以及企业与环境的相互适应。知识管理其实就是利用最先进的信息技术手段，快速地记录和传播这些学习成果，并将它们应用到企业的业务和产品开发中。以固网运营商为例，实施知识管理可以集中关注与获取顾客、竞争对手和环境方面的信息，其中包括：①规章制度、组织结构、员工手册、数据库、OA系统、门户网站等；②专家头脑中的智慧、经验、专业技能等；③国内外标杆运营企业的业务流程和管理流程，与电信设备商、SP、终端厂商、系统集成商等公司的合作、经验和创造性知识；④环境层面的知识，主要关注建设以数据挖掘、商业智能为手段的电信经营分析系统、竞争环境监测及预警等；⑤企业通过动态监视行业的 KPI 指标，实时分析客户流失、财务账务、销售管理、成本摊销、投资与收益、资源配置、网络负荷与性能等情况。通过以上知识的学习和掌握，结合企业内、外部环境因素以及顾客和竞争对手的变化，企业领导可以科学智慧地作出决策，使企业立于不败之地。

孙子非常重视间谍的作用，认为"用间"是作战取胜的一个关键，军队总是依靠间谍提供的情报而采取行动。孙子认为，那些重"厚禄百金"而不重视使用间谍的将帅，是"不仁之至也，非人之将也，非主之佐也，非胜之主也"（《孙子兵法·用间篇》）。就是说，如果吝惜爵禄和金钱，不肯重用间谍，就是不仁慈到极点了，这种人不配做军队的统帅，称不上是国君的辅佐，也不是胜利的主宰。"故三军之事，莫亲于间，赏莫厚于间，事莫密于间。非圣智不能用间，非仁义不能使间，非微妙不能得间之实。微哉微哉！无所不用间也"（《孙子兵法·用间篇》）。所以，在军队中，没有比间谍为更可亲信的人；给的奖赏，没有比间谍更为优厚的；没有什么比间谍之事更为秘密的。不是才智超群的人不能使用间谍，不是仁慈慷慨的人不能指使间谍，不是谋虑精细的人不能分辨证实间谍提供的情报。所以，现代企业领导对知识管理必须予以高度重视而智慧地加以充分利用。

三、从考察研究中确知

认知和获知是信息管理的一个重要方面，但如何确认信息的准确性和有效性，往往需要考察、验证。早在 2500 年前，孙子就提出了很好的考察验证方法，即"策之而知得失之计，作之而知动静之理，形之而知死生之地，角之而知有余不足之处"（《孙子兵法·虚实篇》）。所以，孙子强调用"策之"、"作之"、"形之"、"角之"等各种手段来探悉和确认敌情。通过认真的筹算来分析敌人作战计划的优劣和得失，可以做到因敌制胜；通过挑动敌人来了解其活动规律，可以帮助制定相应的作战策略；通过佯动示形来试探敌人生死命脉的所在，可以确认我方计划的可靠性；通过小型交锋来了解敌人的兵力强弱，可以集中兵力避实击虚。这些手段的运用都是为了了解敌人、确知敌情。

进入 21 世纪后，国际形势与环境瞬息万变、错综复杂，国内改革开放不断向纵深挺进，市场经济蓬勃发展。市场信息具有多样性、复杂性、易变性和爆炸性等特点，新现象、新问题、新产品与新的信息来源不断涌现，真真假假、虚虚实实的信息满天飞，时时处处布满信息陷阱。在企业竞争中，如何获取真实有效的信息，在大量数据和资料中加以去伪存真，获得准确、可靠的信息是企业领导的重大挑战，直接关系到企业经营和商业竞争的成败。企业领导同样需要通过类似"策之"、"作之"、"形之"和"角之"的方式来验证市场状况。必须发扬实事求是的工作作风，深入实际、联系群众，搞好调查研究，避开认知模式僵化的陷阱，善于分析市场动向，把握市场动态，从而根据市场需要来制定企业的经营战略，作出符合客观事物发展规律、符合职工意愿与要求的正确决策，推动企业各项工作，促进事业的进步与发展。

首先，调查研究是企业领导的基本功。正确的决策不是从想象中来，只能从社会实践中来，从调查研究中来，从问计于群众中来。只有准确掌握全面的实际情况，才能确保决策的科学周密；只有充分了解真实的基层民意，才能知道企业员工的所想、所急、所盼。所以，调查研究始终是决策的前提和基础，是得到群众支持和拥护的良策，是寻求治企、兴业良方的重要途径。其次，调查研究是解决各种新问题的迫切需要。客观事物是多变的和不断发展的。企业领导必须着眼于不断变化的实践，在调查研究中发现新问题、研究新问题、解决新问题。只有通过广泛的学习借鉴和深入的调查研究才能获得正确的方法。调查研究越充分，就越能知己知彼。最后，调查研究是改进领导作风建设的需要。改进和加强作风建设，直接关系到企业的形象和战斗力。为此，必须经常深入到基层，深入到职工内部，从群众中汲取营养，从基层取得第一手资料。只要企业领导真正把调查研究这一基础性的工作做深做透，就可以始终保持同群众、同实际生活的密切联系，防止和减少工作中的官僚主义、形式主义、主观主义；使企业班子增加共识，减少分歧，从而有利于统一认识、步调一致；为企业领导的决策提供充分真实的材料，从而有利于作出切合实际的科学分析和判断，形成正确的方针政策，减少和避免决策失误。

知彼知己的确知途径分析，就是确保企业领导能够获取正确、充分与有效的信息。然而，在对信息的掌握和认知上，企业领导常常会陷入认知模式刚化甚至僵化的陷阱，从而严重影响决策的正确性，降低决策质量。相关研究的结果显示，在企业领导任职周期中，一般都会经历受命上任、探索改革、形成风格、全面强化和僵化阻碍这五个阶段，业绩往往也随之出现始于上升、继而持平、终于下降的周期状态。当企业领导进入僵化阻碍阶段时，企业就容易进入衰退期。企业领导独断专行的错误决策常常带来惊人的破坏力。

专家分析，形成企业领导这种任职周期现象的最关键原因是认知模式的刚化和信息质量的下降。由于企业领导的背景不同，对管理、营销、技术、生产、财务与资本运营等侧重程度就不一样，构成了企业领导认知模式的差异。其认知模式必然经历从形成到固化、从模糊到明确、从试探摸索到坚定不移的发展过程，认知状态的刚性随之不断加强。在成功的基础上，形成被企业员工、社会和公众所认可的思维与行为定式难以得到根本性改变。权威式独裁、不愿放弃过去的认知"沉锚现象"和信息质量下降等因素将进一步强化企业领导认知模式的刚化效果。随着任期的延长，企业领导的信息源变得日趋同一化，导致企业领导对外界信息主动收集的机会大幅度减少，而周围的人会逐渐摸清企业领导的信息偏好，"报喜不报忧"的选择性信息上报现象日益严重。

有效防止企业领导进入任职周期的"僵化阻碍"阶段，主要靠制度和企业领导本身两个方面。建立标准的董事会和明确的决策流程，可以在一定程度上确保信息的充分性和正确性，使得决策不出方向性错误。但是，根本性的因素还是靠企业领导自己，因为没有人可以超越其上，任何制度只有得到有效执行才能产生效果。所以，企业领导需要加强知彼知己的修炼，提高信息来源的多样性，时刻进行调查研究，"兼听则明，偏信则暗"，实事求是，努力避免认知和思维模式的刚化。

知彼知己需要提倡企业领导实事求是的精神。企业领导很容易依赖他人经过验证的经验，将企业引向歧途。企业越是成功，企业领导越是优秀，出现这种非实事求是现象的可能性就越大。企业成功延续的时间越长，要改变这种非实事求是思维心态的难度就越大。没有遭遇过失败的企业领导很容易产生不切实际的认识，总以为了解的很多、很彻底。所以，有时需要一个外人来驾驭泰坦尼克号才能脱离冰山。失败是企业领导积累经验的宝贵财富。一贯不实事求是的态度所造成的代价是巨大的，所以与这种态度的斗争有时必须成为改变领导作风的一个首要任务。没有人能够创建一个让所有人在任何时刻都保持实事求是精神的企业，但是实事求是必须是企业领导尽可能接近和追求的目标。

所以，实事求是是企业领导修炼知彼知己的关键。企业领导需要以实事求是的态度弄清公司自身的文化和能力，从而制订正确的计划，设定可行的目标。信息必须是统一的、真实的，反映企业领导对商业模式的把握，包括其中的缘由、外部环境、财务目标、战略、人员和组织机构之间的关联性等。基本信息必须保持条理清楚、前后一致、清晰简明。一个企业的优秀程度，要看其对话与沟通的质量。从正式的到非正式的交流都必须坦诚、直率，摒弃政治上的腐朽和偏见，只有这样才能产生实事求是的态度。企业领导必须通过以身作则和积极参与来培养实事求是的思维和态度，通过奖励实话实说、惩罚假话连篇的方法来巩固。以身作则方能做到求真务实。如果自己不能以身作则，企业领导就无法期待他人做到实事求是。

最后，企业领导在"善知"的同时还必须做到"有畏"，保持对制度的敬畏和对决策过程及其影响的小心谨慎。知少而谋大是灾难的开始。在企业经营中，"有知"是基础，"有畏"是保障。"无知"、"无畏"是盲目的，其成功只是偶然的。"有知"而"无畏"往往导致失败，所以，企业领导"谋定而后动"，就必须做到有知有畏。在日趋复杂的市场环境中，最终的胜利者不是看其现在规模或实力的大小，而在于其是否能够做到知彼知己，主动地适应竞争环境，迎接挑战。同样，一个好的企业领导就是要看其有知有畏的管理运作是否顺畅，是否能够有效地控制风险，从而实现基业长青、永续经营。

第四节 庙算与诛事

从以上分析可以看出，知彼知己是科学与正确决策的基础和前提。孙子指出，"夫未战而庙算胜者，得算多也；未战而庙算不胜者，得算少也。多算胜，少算不胜，而况于无算乎？吾以此观之，胜负见矣"《孙子兵法·始计篇》。就是说在开战之前就预计能够取胜的，是因为筹划周密，胜利条件充分；开战之前就预计不能取胜的，是因为筹划不周，缺乏胜利条件。依据这些来观察，胜负的结果就很明显了。"是故政举之日，夷关折符，无通其使；厉于廊庙之上，以诛其事"《孙子兵法·九地篇》。因此，在决定战争方略的时候，就要封闭关口，废除通行符证，不允许敌国使者往来，要在庙堂里反复秘密谋划，作出战略决策。

所以，"多算胜，少算不胜"是孙子告诉我们的一个深刻道理，即做任何事之前，必须先仔细盘算策划，切忌盲目冲动和贸然行事。企业领导在推行竞争战略时一定要做到在知彼知己基础上的"庙算"与"诛事"，做到"胜兵先胜而后求战"，避免"败兵先战而后求胜"的被动局面。"庙算与诛事"是决策过程，也是知彼知己的直接应用。

一、周密筹划可行性

在企业经营与管理中，庙算与诛事首先就是要进行可行性研究和不可行性研究。"夫未战而庙算胜者，得算多也；未战而庙算不胜者，得算少也。多算胜，少算不胜，而况于无算乎？"《孙子兵法·始计篇》企业领导需要反复思虑，周密推算，把各种可能的客观情况、市场条件、竞争双方的优势与劣势、客户反应、应对措施等进行仔细的列举、思考，进行反复的推演和准确的预测，作出周密计划。如果计划不周、战略偏失，肯定还未出手就注定要失败。

毋庸置疑，现实中并非一切都在可计算与掌握之中。也许最初的力量动员、资源集中、竞争对手的反应等都是可以计算和预测的，但在战略活动或竞争行为的实际执行中，事后的变化有时超出预期。这就需要根据最新的情况作出动态的调整，重新计算与策划，这是合理分配有限资源的一种办法，也是博弈理论的基本要求。"五谷道场非油炸"方便面就是一次非常成功的市场策划与庙算案例。

中国巨大的市场需求，造就了"康师傅"等一些强大的方便面企业。自 20 世纪 70 年代进入中国以来，方便面始终延续着油炸的工艺，以至于消费者普遍认为，方便面只能是油炸的。对很多人来说，吃方便面往往是不得已的选择。随着生活水平的不断提高，人们的健康意识越来越强烈。可以说，非油炸方便面是一个空白，并且蕴藏着巨大的消费需求。这一点大型方便面企业并非没有意识到，只不过他们在油炸方便面市场中获得的既得利益太大了。几大巨头分别以 40%、30%、20%的占有率，控制着 90%以上的油炸方便面市场份额，每年拥有几十亿元、上百亿元的销售收入。

"康师傅"在中国早已根深蒂固，试图觊觎它的领导地位是徒劳的，除非有超过它一倍、两倍甚至三倍以上的实力。"五谷道场"正是因为意识到了这一点，所以，一开始就确立了"跳出方便面圈子来审视它"的企划思想，走差异化道路。"五谷道场"正是看到了这个巨大的潜在而又现实的市场机遇，透彻地分析了方便面市场的竞争态势，适时研发和推出了非油炸型方便面，不仅填补了中国方便面市场的空白，而且引领了一场面制品行业的"绿色革命"。经过一系列精心的策划与谋算，产品投放市场后，在短时间内就获得成功。

营销界时下正流行"决胜终端"的说法。但是，与其讲"决胜终端"，不如说"决胜开端"，似乎更能揭示营销的精髓。一切竞争从起点开始。起点决定"基因"，执行促成"壮大"；"良好的开端是成功的一半"。在起点阶段就寻找到产品的创新点和新概念，寻找与众不同的"基因"，哪怕是"一点点形式上的不同"，也能帮助企业达到成功。事实上，奥运会冠军与亚军的差别就是那关键的"一点点"，大儒与腐儒之间的差别也就是那关键的"一点点"，营销高手与普通营销人员之间还是差那么"一点点"。所以，在竞争的起点进行周密细致的策划具有极其重大的意义。

二、争取更多的取胜条件

"多算胜，少算不胜"的第二层含义是要尽量争取尽可能多的取胜条件，调动一切可以制胜的因素，为我所用，为企业战略的实现服务。孙子指出，"善战者之胜也，无智名，无勇功。故其战胜不忒。不忒者，其所措必胜，胜已败者也。故善战者，立于不败之地，而不失敌之败也。是故胜兵先胜而后求战，败兵先战而后求胜"《孙子兵法·九地篇》。其意是说，善于打仗的人打了胜仗，既不显露出智慧的名声，也不表现为勇武的战功。他们要取得胜利，是不会有差错的。其所以不会有差错，是由于其作战措施建立在必胜基础上，能战胜那些已经处于失败地位的敌人。善于打仗的人，总是确保自己立于不败之地，同时不放过任何击败敌人的机会。所以，胜利的军队总是先创造获胜的条件，而后才寻求同敌人决战；而失败的军队，却总是先同敌人交战，而后企求侥幸取胜。

企业对每一场商业竞争都必须花费大量的时间和资源进行筹备。而很多的竞争对手都是在没有做充分准备，资源配置不足，甚至不能提供最起码资源的条件下盲目出击"求战"，这样的企业竞争必败无疑。网络游戏行业就上演着很多这样的故事。曾经有一段时间，国内外企业相继投入网游市场。但多数企业半途而废，甚至铩羽而归，其中只有10%成功盈利，却有90%亏损或业绩平平。游戏米果就是因为"先胜而后求战"而获得成功。多家国内企业来势汹汹地直闯网游市场，眼中只有"战"。但是，一个游戏的成功绝对不仅仅取决于游戏本身，还取决于技术力强、结构稳定的开发团队，以及具备优秀管理能力的运营商。由于市场上各款游戏本身的品质、内容差异不大，运营企业的规划管理能力就成为其成败的关键。唯有全方位的服务、技

术、市场、行政运营准备与科学化的规划、执行及监控，才能成功地
运营一款网络游戏。

中国玩家对于网络游戏的最大不满在于"服务"。游戏米果是在
充分做到"先胜"后才进入市场的。在盈利之前，米果的服务部门已
经先期规划投资呼叫中心多媒体服务，所有的服务人员都必须经过长
达一个月的专业客户服务技巧培训。配合专业设备方面，米果服务团
队的成员是由一批平均拥有两年以上客服、游管、品管和培训经验的
人员组成，服务团队的工作流程全部按照国际标准 ISO 9000 认证体系
的规范来进行操作。

技术管理是游戏运营公司坚实的内核。过去许多游戏不是不受玩
家的欢迎，而是失败在服务器罢工、黑客攻击、外挂猖獗、数据丢失
等技术管理失误上。游戏米果的所有硬件设备均由公司自行出资、独
立采购，采用国际顶级软硬件设备，例如 HP 服务器、Net Screen 安全
设备、CISCO 网络设备；紧密结合系统集成商、网络安全及计费系统
提供专业技术管理服务。

市场营销是运营团队中攻城略地的先锋，营销团队也是游戏米果中
攻击力最强的团队之一。自成立以来，米果根据巴托尔的游戏性理论，
执行了超过 50 款国内外热门的网游评测。巴托尔将网游的游戏性分为
四个方面：杀戮感（Killing）、成就感（Achievement）、冒险性
（Exploring）、交友性（Social）。巴托尔理论被认为是网络游戏界的马斯
洛需求模型。游戏米果是业界第一家运用此专业理论架构、配合标准的
分析数据而作出科学评测的企业。游戏米果凭借这些权威、可靠的评测
数据，得以准确选择代理游戏，并能够精确分析出竞争者游戏的优劣。

在"先胜"观念下，米果还建立了中、英、韩、日四国语言的公
司网站，目前业界仅有韩国的 NC Soft 一家做到如此规模的四语网站。
米果公司网站不仅版本齐全，而且业界资讯及时、透明、全面、翔
实，以一个业界前瞻者的角度提供了翔实的市场资料，曾有许多业内
同仁误将 Gamigo 当做专业的游戏咨询公司。除此之外，早在 2003 年
尚未确定代理游戏前，米果市场部就根据龙与地下城、卡通、武侠三
大类游戏，制定了三套风格迥异的游戏网站模板。在细致的策划准备

之后，米果代理任何一款新游戏，都只需追加 20%的人力、物力即可完成整个游戏官网的制作。同时，按照此三项分类，市场部预先制定了中、日、韩、英四国语言游戏词汇对照表，并制定了数据库和自动翻译软件。

游戏米果以超前的眼光，在市场中先知先觉，以科学的手段和创新的理念，经过至少 500 项的前期准备工作，在商战中大开大阖。一系列巨细无遗的规划筹备，使得游戏米果在正式进入网游战场前即达到了"胜兵先胜而后求战"的效果。所以，米果游戏的成功是建立在周密筹划和争取更多取胜条件基础上的，其成功是必然的。

三、集体决策与专家咨询

世界上没有不存在问题的企业，也不存在不需要作出决策的企业领导。发现问题、分析问题、解决问题、作出决策，是企业领导每天都需要面对的简单而固定的流程。高效、正确地完成决策流程的每一个环节，不是件容易做到的事情。实践证明，科学分析问题与正确决策的能力能够帮助企业领导全方位提高日常管理效率，引导个人职业生涯与企业持续发展的双重成功。

集体决策是"庙算""诛事"的一项重要原则。集体决策就是要求在策划决策过程中实行民主集中。充分发扬民主是过程，实行高度集中则是决策的目标。企业领导在决策过程中必须充分听取意见，包括不同意见，甚至反对意见。设法调动班子成员甚至普通员工参与集体决策的积极性，对决策讨论中意见相左的成员或员工，应充分表现出宽容与鼓励，吸取其中的合理部分。对于不成熟或片面的部分，必须予以理解，鼓励其继续参与的积极性和创造性。集体决策并不意味着附和或一味地举手同意。参与决策的成员可以提出具体分析和见解，说明支持或反对的理由，分析利或弊的方方面面，指出解决问题的方法或手段，把真知灼见毫无保留地贡献出来。既要迎合上司的长处，也要尽量避免上司的短处；既要看到上司见解中的精彩，也要弥补其方案中的不足。决策成员可以"关在屋子里争吵"，需要清醒地思考，独立地判断，丢掉依附心理，达到"理越辩越明"的境界。但发扬民主不能只议不决，必须综合各方的利益和意见，最终以投票方式通过主导意见，再由企业领导做最后决策。集体决策可以吸收众人的智慧，在更大程度上保证了企业领导决策的科学性、正确性和安全性。对于集体讨论的结论，企业领导应该有一票否决权，但不能有一票肯定权。

集体决策必须与个人负责紧密结合。发扬民主、集体决策不能等同于集体负责，企业领导个人必须勇于承担责任。经过民主讨论的结论性意见和结果一旦形成决策，企业领导同样需要承担个人责任。在任何情况下，企业领导都不能独断专行，形成"个人决策、集体负责"的不良局面。虽然"高层重大决策从贤不从众，而真理往往掌握在少数人手中"，但在实际执行中，这种做法往往会产生偏差，容易被一些不良的企业领导利用而推行个人专断。所以，在国有企业中，要尽量避免"从贤不从众"的个人英雄主义心态。"中航油事件"的根本原因就是出现在决策程序上，是缺乏集体决策的咨询和制衡机制，最终造成管理失控的结果。

在集体决策和领导作用方面，日本企业不喜欢武断专横，企业内的重大问题一般都由集体商议决定，形成一套决策期长、相对烦琐的民主决策制度。而很多中国企业往往做不到这一点。要解决中国企业决策独断的问题，需要加强职工民主监督、厂务公开、重大工程项目公开招投标等，进一步建立健全企业管理监督和制约机制，有效地实现管理监督、机制制衡和权力制约。强调集体决策和意见一致，决策过程就会变得缓慢。所以，在企业经营与管理中，需要把日常决策和重大问题决策区分开来。日常决策由企业领导根据公司的规章制度、管理流程、董事会决议等自行决策，在涉及企业战略与"三重一大"（重大决策、重要干部任免、重要项目安排、大额资金使用）等重大问题上则实施集体决策。对企业领导决策权力的限制不是制约其领导行为，而是为了避免盲目决策或决策失误给企业带来不可估量的损失。企业领导不能因此不作为，从而影响企业的发展与壮大。所以，集体决策和领导作为都是领导能力的修炼，前者是保证决策的科学性与正确性，避免企业不可挽回的损失，后者是体现业绩的基本要求，企业发展、壮大、竞争制胜是二者殊途同归的共同目标。

一个企业不能同时有两个领导核心。这是一条显而易见的原则。所以，在实施重大问题集体决策的同时，不能削弱领导权力，而需要坚定地树立企业领导的核心地位和权威。通过会议方式进行领导，必须由企业领导作出决策，而班子成员仅仅是企业领导的顾问和参谋。

实际上，企业领导的知识和能力是有限的，其决策支持的信息也是有限的，不可能在企业经营、战略管理的各个方面做到面面俱到，因此需要借助"外脑"和专业咨询机构的辅助作用。孙子也特别强调专家咨询的重要作用。他在兵法《军争篇》和《九地篇》中反复强调指出，"不用乡导者，不能得地利"（《孙子兵法·军争篇》）、《孙子兵法·九地篇》）。这里，乡导就是现代语言中的专家，乡导因为熟悉当地的地理情况，就可以为军队得到地利的优势而提供帮助；专家也因为其透彻地了解某一专业领域的知识与战略而为企业提供咨询服务。在现代商业交往中，情报与信息对企业经营的重要性日益增加，智囊团和咨询机构越来越以其专业性、科学性、信息的充分掌握等为企业提供广泛的决策服务。由三人或三人以上组成的专家团参与决策必须做到两点：一是避免专家"先入为主"的主观判断。决策者不能事先表示任何意见，也不能作任何相关的暗示，而由专家们自己根据第一手材料，独立地作出评估。二是专家之间不能互相影响。参与决策的各位专家在发表自己的意见时，要尽量不受来自其他专家意见的干扰，而能保持自己的独立批判意识。做到这两点，就能在无形中抵消或减弱某些个人的刻板印象或"沉锚"效应对决策的影响，使结论变得客观和公正。在评议过程中，由于不同意见多次反复交流、交叉与交锋，专家们的意见就容易在智慧的碰撞中趋于一致，提高结论的客观性与正确性。

第五节　现代企业的信息安全

"知彼知己"包含两方面的基本内涵：一是最大限度与尽可能地

"知"；二是努力做到"隐蔽"，不为所"知"。二者是相辅相成、具有同等重大意义的。延伸开来，"知"和"蔽"就是指企业信息化建设与企业信息安全防范。信息技术是人类社会有史以来发展最快的高新技术，引发企业经营与竞争方式的深刻变革，印证知彼知己的高度重要性。在信息化和科技化高度发达的社会中，面对海量的信息，企业领导必然需要依靠先进的信息分析和处理技术，为决策提供依据。ERP、CRM、BI 等 IT 技术的有效实施，可以使企业工作规范化、管理方式有效化、组织结构扁平化、业务流程标准化、业绩考核透明化。同时，企业信息化必然带来财务、业务、客户、供应商和管理数据与商业数据及信息的全球联网与统一，由此而导致的商业和技术机密外泄、恶意攻击、情报窃取等信息安全问题越来越多，严重威胁着企业的核心利益，企业的信息安全形势日益严峻。

一、孙子关于隐蔽及其重大意义的论述

孙子在强调知彼知己与设法了解敌人的活动规律、生死命脉、虚实强弱等情况的同时，也高度关注隐蔽与保守机密的重要性，最大限度地避免自己的意图、优劣条件、虚实情况为对手所掌握。在兵法十三篇中孙子多次论述了隐蔽对战争胜利的重大意义。孙子指出，"形兵之极，至于无形；无形则深间不能窥，智者不能谋"（《孙子兵法·虚实篇》）。佯动示形进入最高的境界，就再也看不出痕迹。看不出痕迹，那么即使是深藏的间谍也窥视不了底细，老谋深算的敌人也想不出对策，从而隐蔽自己的实力，为出其不意、攻其不备创造条件。"善守者，藏于九地之下；……故能自保而全胜"（《孙子兵法·军形篇》）。善于防守的将帅，隐蔽自己的兵力如同深藏地下，这样就能做到在保全自己的同时夺取胜利。所以，善于隐蔽是保全自己、战胜对手的重要手段。

孙子说，"善攻者，敌不知其所守；善守者，敌不知其所攻。微乎微乎，至于无形；神乎神乎，至于无声。故能为敌之司命"（《孙子兵法·虚实篇》）。善于进攻的将帅，能使敌人不知道该如何防守；善于防御的将帅，能使敌人不知道该怎样进攻。所以，这样的将帅能够成为敌

人命运的主宰。为做到战胜对手，成为竞争中的主宰，就需要隐蔽自己，使对手找不到我方的弱点而采取任何进攻手段；攻击对手，使他们不知道我们在哪儿进攻、他们该在哪儿防守，则"难知如阴……此军争之法也"《孙子兵法·军争篇》。隐蔽时如同浓云遮蔽日月，这是夺取胜利的重要原则。可以说，隐蔽在商业竞争中同样具有非常强大的威力。任何竞争手段，在公开之前都具有相当的威力和实力，是竞争牌局中的牌，一旦隐蔽得不好，信息被公开，这些牌的力量就会消失，成为无用之牌。

"是故政举之日，夷关折符，无通其使"《孙子兵法·九地篇》。在决定战争方略的时候，就要封锁关口，废除通行符证，不允许敌国使者往来。这就是防止泄密、保证信息安全的重要手段，对现代企业的信息安全建设具有现实的指导意义。

二、企业信息安全的重大意义

孙子所论述的隐蔽即保密，是企业信息安全的核心内容。快速高效的信息化可以极大地促进企业经营与管理，使沟通更加便捷，成本低廉，效率日益提高，资金流动不断加快，从而丰富与开阔了企业竞争的方法和手段，推动企业又好又快的发展。很难想象，如果不能上网，当今企业的业务活动与日常经营将是个什么样子。但信息化是把"双刃剑"，也可能给企业带来巨大风险。据有关统计，2006年3月全球被篡改的网站数量超过3万个，平均每1.5分钟就有一个网站被篡改。"垃圾邮件"在电子邮件通信总量中所占比例由2001年的7%上升到2006年的50%~80%。"垃圾邮件"每年给全球造成的损失高达500亿美元以上，我国每年因此而造成的经济损失超过60亿元。系统故障、病毒侵扰、黑客攻击以及商业间谍与竞争对手刻意获取公司资料等所造成的业务中断和商业情报与技术信息的泄密事件，严重影响着公司的客户声誉、品牌公信力和企业形象，企业往往因此受到毁灭性打击。一家经济效益和发展前景良好的医疗设备生产企业因为内部员工另起炉灶，通过多种途径将公司储存在电脑里的资料窃走，最终导致这家公司在由此带来的恶意竞争下濒临倒闭。某企业负责销售的员工被开除，在离开企业前，为泄私愤，他把客户数据全部删除，虽然最后通过数据恢复操作恢复了相关的数据，但还是给公司造成了致命的损失。

2005年6月18日，《洛杉矶时报》等媒体报道，为万事达、VISA和美国运通卡等主要信用卡服务的一个数据处理中心网络被黑客侵入，约4000万账户的号码和有效期信息被恶意黑客截获。安全专家确信，已有20万个账户信息被转移出去，可能被恶意黑客出售或盗用消费，因而处于"高度危险"状态。目前，盗窃信用卡号和充值卡密码等的黑客攻击每年增长150%左右。以金融欺诈和盈利为目的的恶意黑客长期耐心地"盯"着类似"卡系统"公司或通信公司的高价值目标，一旦发现安全漏洞就渗透。2005年3月，某软件研发工程师利用其曾为西藏移动做技术研发时使用过的密码，轻松地进入西藏移动服务器，并通过此服务器顺利地跳转到北京移动数据库，取得数据库的最高权限，最后通过读取数据库日志文件，反推破译出密码。在此后的4个月中，该软件工程师先后四次侵入北京移动数据库，修改充值卡的时间和金额，将已充值的充值卡状态改为未充值，共修改复制上万个充值卡密码。他将盗出的充值卡密码通过淘宝网出售，共获利370余万元。2007年春，海南香蕉种植户因为香蕉含有"蕉癌"和类似SARS病毒的信息传闻而损失惨重，整个行业几乎遭遇毁灭性打击。一些农户由于不掌握市场供求和销售渠道方面的信息，盲目耕种往往使一年的辛勤劳动付诸东流，如媒体曾报道的"北京农民在白菜地里放羊"和"西安瓜农用拖拉机糟蹋自家瓜地"的悲剧。

由此可知，企业的信息建设多么重要，企业信息安全形势多么严峻。信息安全严重阻碍了电子商务的发展，威胁企业的生存，不能不引起企业领导的高度重视。目前，企业信息安全的发展趋势和存在问题包括：一是由技术炫耀为主的攻击发展到利益驱使性的攻击和窃密，网络黑客日益专业化、利益化。二是公司规模越大，受攻击的可能性越高，企业乃至国家所遭受的损失就越大，后果更加严重。三是信息安全风险不仅是人为造成的，也有软硬件、系统和环境等技术原因。很多企业动用大量资金和技术打造的网站和信息化工程，却往往不堪一击，主要原因是网站建设方面的不足和网络与工程验收的马虎。四是信息安全问题无处不在，网络无处不在，漏洞无处不在，攻击无处不在，使得企业防不胜防。有分析指出，到2010年每5分钟就能发现一个新的漏洞。因此，在网络安全威胁得不到有效控制的情况下，可以认为，全世界的计算机都面临着遭受病毒攻击以致瘫痪的风险。五是造成信息安全事故的根本原因是内部管理不善、制度不健全、操作不规范、员工网络安全意识与防范意识淡薄。相当多的企业对于设计图纸、开发文档以及客户信息等机密文件尚没有系统有效的保护措施。大多数企业现有的保密措施和技术严重不足，重点体现在信息共享范围控制不够细致，缺乏信息分级管理措施。六是防外为主、防内不足，不符合新形势的变化与需要。由企业内部发起的攻击，或内外勾结的攻击往往具有更大的威胁，并逐渐成为企业信息安全的重灾区。七是事后审计为主，事前有效防范和事中控制力度不够。新技术带来的安全问题越来越多，企业一般缺少完善的整体信息保密解决方案与相应的工程建设和制度规划。

三、有效促进企业信息安全建设

信息化使企业不可避免地要面对信息安全问题，管理和规划企业的信息安全，是当今企业追求永续发展时必须面对和需要逾越的难题，有效促进企业信息安全建设对于企业竞争制胜具有极其重大的意义，成为决定企业成败与兴衰的关键因素之一。目前，国家对信息安全提出了更严格的要求，将企业信息安全提高到与政治、经济、国防同等重要的国家安全层面。企业领导必须高度重视信息安全建设，采取等级保护制度，实施"谁主管，谁负责；谁运营，谁负责"的责任追究制度。从根本上转变信息安全的淡薄观念，强化风险意识和危机意识，将信息安全风险纳入企业整体管理战略与风险防范中，将其与企业的基本规章制度和业务流程紧密结合。从网络建设、软硬件管理、运行维护以及健全组织、强化制度、规范操作、全员安全意识等各个方面加强信息安全建设与管理，从而保障企业健康、稳定发展。

企业信息安全首先是对信息的保密性、完整性和可用性的保护。企业常常需要投入大量的资金、建立健全的组织以及执行严格的制度来保证主机房、硬件、办公场所、会议室等重要领域的安全防范，使用"防火墙"、"杀毒软件"等措施确保 IT 技术的软、硬件及系统的安全及正常运行。由于竞争对手和商业间谍对情报和资料的窃取是无孔不入的，所以，以往面向单机、面向数据、面向间谍的信息安全观念对今天的信息安全建设仍然是必要的和有积极意义的。

然而，进入 21 世纪以来，互联网发展迅速，信息化进程突飞猛进。到 2006 年 11 月，中国网民总数已经超过 1.2 亿，居世界第二位，其中宽带上网超过 7000 万，网站总数近 80 万家，上网计算机超过5000 万台。计算机已从专用机房分散到办公桌面和家庭，由于用户/网络结构比较简单而又对称，每个用户都可以连接、使用乃至控制散布在世界各个角落的上网计算机。在这个崭新的世界里，人与计算机的关系发生了质的变化。企业经营、管理与业务的电脑化、信息化和网络化使得互联网时代的企业信息安全发生了根本性的变化，企业信息安全既要依靠技术措施进行保护，又要从制度上加强安全建设与防范。当代企业信息安全的一个极其重要的方面就是需要实现从"面向网管、面向规约、面向连接、面向用户"的飞跃。信息安全建设必须相应地从"杀毒软件"、"防火墙"等转移到关注不同网络层次、应用层次和传输层次的深度安全。

在互联网的复杂系统中，用户（"人"）是以资源使用者的身份出现的，是系统的主体，处于网络系统的主导地位。而系统的资源则是指其软硬件、通信网、数据、信息内容等，是客体，是为用户主体即"人"服务的。而作为主体的"人"，能够或不得不对作为商业机密和技术机密的信息资源、数据和内容进行使用、转移和控制。在信息化时代，这些主体的范围不可避免地要从企业内部人员扩大到企业外部人员，其中包括供应商、客户、政府机构甚至竞争对手中的人员。企业内部人员操作和使用网络资源的地点也不可避免地要从固定的公司办公场所扩大到员工家庭、宾馆、客户办公室等不固定的公司外部场所。这使得信息安全的形势更加严峻，信息安全建设更加复杂。所以，信息安全建设的重点必须转移到企业内、外部的用户（"人"），转移到面向系统使用者的安全控制，包括鉴别、授权、访问控制、抗否认性和可服务性等，从而构建信息安全体系结构中的安全服务功能，依靠密码、数字签名、身份验证技术、防火墙、安全审计、灾难恢复、防病毒、防黑客入侵等安全机制与措施全面启动信息安全建设。密码技术和管理是信息安全的核心，安全标准和系统评估是信息安全的基础。

从大多数信息安全事故的原因分析，大部分 IT 系统故障和信息安全事件都与企业内部人员和管理制度缺陷有密切的关系，网络黑客的外部入侵常常是因为得到内部配合而获得成功的。专家分析美国信用卡数据处理服务中心网络被黑客侵入事件时认为，该案件的主要原因是"卡系统"公司的信息安全措施不到位。这家公司为超过 10 万家企业处理信用卡信息，每年的业务金额超过 150 亿美元，但它的数据安全检查措施明显有疏忽。例如，万事达卡公司等信用卡发行机构要求"卡系统"公司处理的数据不得过夜保存，但这家公司为进行市场研究，自己保存了所有经手的账户信息，而且这些数据不加密、不保护就存储在公司电脑中。公司的网络建立在经常暴露出安全漏洞的"视窗 2000"操作系统之上，没有及时更新升级，让恶意黑客有机可乘。北京移动充值数据中心卡密码被盗事件，则是因为软件研发工程师曾为西藏移动做技术研发时所使用的密码在该工程师离开后一直未做更改。很多企业尽管制定了相应的制度，保护客户记录、技术资料及其他专有的商业信息，但制度与措施得不到有效执行同样导致企业面临来自内部和外部攻击的威胁。所以，解决问题的最根本的办法是提高企业的内控力度。信息安全的根本是内控而非外防，其核心是对软件、硬件、工作人员和信息安全流程与制度的内控。

当今的企业信息安全是个人权益、企业生存、金融风险防范、社会稳定和国家安全、物理安全、网络安全、数据安全、信息内容安全、信息基础设施安全与公共、国家信息安全的总和。信息安全系统是一个多维、多因素、多层次、多目标的系统。所以，企业领导需要采取综合措施重视和加强企业信息安全建设。一是制定企业信息安全政策。有效的安全管理首先要有成文的安全政策，规定企业信息安全目标、标准及制度要求。信息安全政策可作为管理工具，从组织上落实企业的安全规则。二是落实安全职责。企业有必要在内部指定人员，在管理团队中专职负责并不断提高组织内部的信息安全。三是筛选关键人员。防范内部安全威胁与避免受到外部攻击同样重要。预防性措施包括对访问敏感文件的员工进行背景调查，制定相关政策避免员工有意或无意破坏关键系统及数据。四是实行有效的网络管理，制定正确的计算机系统操作制度。当 IT 人员更换时，关键信息必须与新员工交接，以免造成系统故障、数据丢失或破坏保密性。五是制定新系统与应用软件的安全措施。如果安装新系统与软件，一定要保证与现有系统兼容，以免发生故障，同时配置相应的安全级别，从而不留下任何新的攻击隐患。六是采用有效的安全监控系统，对易出现问题的人群进行有效的监控。

第二章 择人任势

孙子说，"善战者，求之于势，不责于人，故能择人而任势"(《孙子兵法·兵势篇》)。善于用兵打仗的将帅，总是努力创造有利的态势，不对部属求全责备，从而能够选择合适的人才，形成强大的势力。企业是人的集合体，人是企业中最关键的资源，是先进生产力和先进文化的重要创造者和传播者，是生产要素中最活跃、最积极的成分，是企业发展的第一推动力。"企"字是"人在上，止在下"。择人得当，企业就不会停止从而发展壮大；择人不当，企业就会随时停止而失败。所以，择人任势是孙子兵法的核心内容之一，是实施战略制胜的重要组成部分，是企业领导核心能力的修炼。企业领导只有不断提高自身素质，加强领导商数的修炼，避免重大的性格缺陷，才能增强择人任势的本领，及时把握商场之"势"，抓住商机，从而取得企业经营与商业竞争的胜利。企业领导成败在择人，力量在任势。在孙子看来，"势"与"人"的关系是强调"人"在前，即由善于用兵打仗的人去发现或创造有利的态势和机会；依据不同的形势去选用合适的人才，来掌握和利用态势与机会。只有择人恰当，才能正确任势，才能使事业成功。

"择人"说到底是贤能人才的选择与使用，具有三个方面的内涵：一是人才基本素质的要求、领导性情和领导商数；二是股东素质与股权结构对企业领导经营企业的影响；三是企业领导的人才选择，即将优秀与合适的人才选拔到班子中，配备到中层，安排到基层，并使得他们在工作中相互配合，发挥合作、互补、团队精神。古人云，"贤主劳于求贤，而逸于治事"。孙子在兵法中提出了择人任势的重要理念，但对择人的直接论述则比较少。然而，通过仔细阅读并理解整部兵法，可以发现孙子对这三方面的阐述深刻而丰富。

第一节　企业领导的素质与性情

　　战胜攻取，将帅将起到决定性作用。"千军易得，一将难求。""将"是构成"道、天、地、将、法""五事"中的一个重要方面，也是"七计"中的一项重要内容。在整部兵法中，孙子非常系统地论述了将帅在战争中的地位和作用。在孙子看来，战争是"将受命于君，合军聚众，交和而舍"（《孙子兵法·军争篇》）与"相守数年，以争一日之胜"（《孙子兵法·用间篇》）的军争过程。将帅的权力来源是国君；将帅的功能是组织军队，安营扎寨，开赴战场与敌对峙；将帅的最高目标是与敌相持数年，进行军争，最后取得决定性胜利。企业所面临的环境与目标比军队更加复杂、多样，变化更加迅速。企业的目标不是一时、一地的得失，而是永续经营、基业长青，不断地做强做大。企业领导的权力来自董事会或股东大会，受董事会或股东会的任命而负责企业的日常经营与管理，实现股东和董事会确定的目标。企业领导的权力受企业章程、董事会决议决策、公司规章制度的约束，受国家法律、法规、政策规定、社会道德与社会责任的制约。在这种情况下，提高企业领导素质，增强其驾驭企业的能力显得更加重要和迫切。因此，对企业领导素质与性情的要求较将帅更加严格而复杂。

一、企业领导与企业的强弱兴衰

　　孙子指出，"夫将者，国之辅也，辅周则国必强，辅隙则国必弱"（《孙子兵法·谋攻篇》）。也就是说，将帅是国君的助手，辅助周密，国家就一定强盛；辅助有缺陷，国家就一定衰弱。对一个企业来说，企业领导是企业的经营者，是企业兴衰成败的关键。好的企业领导是企业在市场竞争中"攻城拔寨"的利器，而不称职的管理者则往往导致企业走向衰败。通用电气公司是世界上最大的多元化服务性公司，它之所以能够保持基业长青，主要与其连续拥有像雷洁·琼斯、杰克·韦尔奇、杰弗里·伊梅尔特等具有核心能力的企业领导紧密相关。相反，王安电脑公司虽然显赫一时，却因缺乏合适的继任领导者而破产倒闭。在浩瀚的企业世界里，有些经营良好、蒸蒸日上的企业因为失去主帅而开始走下坡路；有些长期亏损、奄奄一息的企业因为换帅而获得新生；有些企业因用人失误而招致整个企业破产倒闭。所以，企业领导在企业持续发展中起着主导性、方向性、根本性的作用。企业领导的性格就是企业的性格。企业品牌与企业领导的声誉密切相关。一项研究表明，企业领导是否有名及其名望的程度对企业声誉的贡献度高达50%。所以，企业文化归根结底就是企业领导的文化，企业领导常常决定企业的生死存亡。"知兵之将，生民之司命，国家安危之主也。"（《孙子兵法·作战篇》）所以，懂得经营之道的企业领导，是企业生死的掌握者，是企业安危存亡的主宰者。企业领导决定企业的强弱兴衰。

"英国美洲虎汽车公司"是深受英国人钟爱的名牌轿车，在20世纪50年代曾享誉全球。但是，到了70年代末，美洲虎汽车的质量急剧下降。当时曾经流传一个关于美洲虎质量问题的笑话：如果你有一辆美洲虎牌轿车，就必须另外准备一辆同样的车子，这样才能凑够零件使其中的一辆跑起来。1980年初，一度享誉全球的"美洲虎"沦为英国兰利汽车公司的修配厂。一向颇享盛誉的"美洲虎"轿车和赛车如同废物，再也无人问津。公司连续更换了六任总经理，经营与管理仍然没有任何起色，"美洲虎"处于垂死的边缘。

1980年上半年，兰利公司新任董事长为了寻求美洲虎公司的转机，决定挑选足智多谋、曾在美国通用汽车公司供职的伊根出任美洲虎公司总经理。伊根接手"美洲虎"第七任总经理后，大力提高生产力，加强与配件供应商的密切合作，激发员工追求优质质量的信心，"美洲虎"的质量与可靠性很快就得到了极大的改进。在销售上，伊根让所有的高级经理都走出去，重新建立起一个阵容强大的销售网。经过两年的持续努力，"美洲虎"的销售奇迹般回升，在欧美市场的销量直线上升。公司也重新雇用了数万名职工。重新站立起来的美洲虎汽车公司在股票市场上成了一家独立公司。它的股票上市发行不到两年就翻了两倍，成为华尔街最看好的英国公司股票之一。目前，美洲虎汽车公司就设备和质量而言，是英国同行中的领先者，有实力与日本、德国、美国所生产的最好汽车一争高下。伊根的出现，无疑给"美洲虎"注射了一剂强心针，使一度恹恹待毙的"美洲虎"焕发了昔日的雄威。

梅格·惠特曼（Meg Whitman）是美国电子商务巨擘 eBay 公司的总裁兼首席执行官。在她的成功领导下，eBay 成为全球性的在线市场和世界最大的消费者电子商务网站。1998 年惠特曼加入成立刚三年的 eBay 时，公司只有 30 多个人和一间办公室。惠特曼凭借品牌建设方面的专门技能和丰富的消费者技术经验，使 eBay 公司在新经济中把握正确的方向，培育了真正的全球市场。到 2005 年，仅在美国就有超过 43 万人全职以 eBay 维持生计，eBay 平台上有 1.47 亿真实用户从事最现实的生意。eBay 这家特殊商店的产品从邮票到飞机，门类众多，应有尽有，其中包括一部价值 490 万美元的私人喷气式飞机。当时 eBay 在全世界范围内的雇员已经超过 9000 人，在 32 个国家有公司和业务。2005 年，公司营业收入达到 45.5 亿美元，净利润为 10.8 亿美元。2006 年，营业收入达到 59.7 亿美元，净利润为 11.3 亿美元。2005 年，美国市场用户的商品交易总额达到 150 亿美元。惠特曼 2006 年的个人总薪酬也因为业绩突出而高达 1110 万美元，其中股权奖励 795 万美元。

类似"美洲虎"和 eBay 的案例很多，从中可以清楚地看出企业领导对企业发展、企业战略的实施以及企业在困境中反败为胜的重大作用。伊根是在前后六任总经理均失败的情况下，将濒临倒闭的"美洲虎"起死回生，并使其成为世界汽车行业中的一面旗帜。惠特曼使 eBay 公司抓住新经济的机遇，在决策和执行中都能把握正确的方向，从而获得成功。美国管理专家吉姆·考林称梅格·惠特曼是"第五代管理者"，具有谦卑、平易近人的性格特征和果断坚决、把成绩归于下属的优良品质。企业领导对企业强盛兴衰的关键作用突出体现在，优秀的企业领导一般具备科学的世界观和方法论，凡事总能够抓住事物的根本，在不断变化的形势中把握正确的方向，在纷繁复杂的矛盾中抓住要害，从而促进事业发展，开创新局面。所以，企业领导要在有所作为的前提下"做正确的事"和"正确地做事"。著名管理学家彼得·德鲁克曾说过一句名言："管理者最大的危险就是在错误的问题上，做正确的决定。"所以，企业的强盛兴衰取决于其领导是否具有科学的理论思维，有透彻的研究能力和分析能力；是否具有全面的眼光，从全局角度审视和把握企业根本性工作；是否做到统筹兼顾，坚持方方面面的协调统一。专注于顾客、专注于团队建设、专注于长远战略，企业领导就能在团队中起精神领袖的作用，就能成功地组织和带领高效团队，使企业做强、做大。

二、企业领导的成功素质

"将者，智、信、仁、勇、严也。"（《孙子兵法·始计篇》）当代企业领导也必须拥有将帅所具备的基本成功素质，即睿智卓识、诚实守信、仁爱宽容、勇敢坚毅、威严自律。这是领导才能的基础，是恰当地实施领导、控制企业、发号施令、开展商场竞争的基本条件。优秀的企业领导必须拥有这些特定的性格特质和优良品德。

"智"属于个人能力的范畴，是"胆识"中的"识"，即智力、知识、学历、才干、能力和专长等基本条件的综合体现。能否担任企业领导职务必须以"智"为基础。"智"就是睿智卓识，体现为分析问题、解决问题、判断和决策能力的基础。企业领导和将帅一样，必须聪明、有智慧。智慧产生创意，有创意的领导就会勇敢地打破习惯思维和思维定式。企业经营环境比军事作战更加复杂、多样、瞬息万变，面临更多未知因素。因此，睿智卓识是企业领导能否清楚地明辨制定战略所必需的公司优势、劣势以及机会与环境等基本条件。聪明智慧的企业领导能够综合企业的产品、技术、营销、财务、信息等各种资源，进行合理配置，制定正确的战略，达到企业的目标。

从汉字分析中可以看出，"智"是建立在日积月累的知识基础之上的。所以，智慧是广泛学习、反复实践、多重借鉴、掌握与运用知识乃至学以致用的结果。企业经营与竞争的各项活动，包括人、财、物、信息的组合与调配、各种战略的选择与实施等，无不是企业领导智慧的体现。因此，现代企业领导必须坚持不断地学习，积累睿智卓识所需要的知识基础。必须借鉴我国古代文化的智慧、西方管理科学的智慧、政治军事智慧和中国共产党多年所积累的政治智慧，在总结前人和他人智慧的基础上实现持续创新，必须在实践中学习，实践是企业经营管理智慧的最根本来源。

"信"就是诚实守信、赏罚分明、自尊自信，这是企业领导的职业素养，也是其极其重要的道德范畴。"信"是权力的基石，更是安身立命的保障，"人无信则不立"。在现代中国社会的时代背景下，诚实守信具有崭新的内涵：一是真实无妄的精神。企业领导必须尊重客观规律，树立求真务实的作风，坚持实事求是的思想路线。二是公平、公正的价值观念。企业领导必须建立公正、合理、不偏不倚的管理制度和业务流程，以公平、公正的处事态度和大公无私的道德观念为企业员工树立行为典范。三是守法遵规的行为态度。企业领导必须树立起适应市场经济体制和法制经济的价值观与道德观，对规则和法律保持高度的畏惧心理，严格遵守法纪，有所为、有所不为。企业领导必须以诚信为本，在实际行动中建立与员工的相互信任关系，切忌失信，"己所不欲，勿施于人"，"自立立人，自达达人"。善于运用管理法则中的"刺猬法则"，与下属保持一定的距离，才能更好地指挥监督下属的工作，更好地做到赏罚分明。和下属走得太近，惩罚性管理就做不好，个人情感因素也常常使管理工作和赏罚变得困难。

企业领导必须做到自尊自信，有正确的判断、独到的主见。自信是成功的秘诀，成功的欲望是创造的源泉。自信心能够激发潜意识，释放出无穷的热情、智慧和力量，进而实现事业上的成就与成功。每一个成功者背后，都有一股巨大的力量——自信心支持和推动着人们不断向目标迈进。所以，自信是"不可能"的解药，是"我能"的钙片。但是，在自信的同时千万不可自大、盲信。曹操是三国时代的枭雄，从小就以"有权谋、多机变"而闻名。由于过于自信而犯多次关键性的错误，如中途释刘备、错用蒋干、得意忘风患、错待张松等，曹操至死也无法消灭刘备和孙权而统一天下，成为终身遗憾。所以，企业领导在修炼自信的同时，要虚心学习，加强沟通，努力避免过于自信而犯致命的错误。

"仁"就是仁爱宽容、关爱下属，属于人际关系的范畴。"海纳百川，有容乃大。"胸怀是现代企业领导大智慧的体现，是其立志建业的抱负，会左右企业的战略。在企业管理与竞争活动中，有了心胸才能容纳思想，有了思想才有智慧，有了智慧才有战略，而战略决定企业成败。企业领导只有拥有宽广的胸怀，才能收揽人心，聚集优秀人才；才能使人心悦诚服、同心协力；才能站得高，看得远，拓展见识胆识；才能成就远大的事业，为谋求更大的发展奠定基础。

企业领导对下属要有仁爱之心，关心尊重员工，诚挚对待他人。"视卒如婴儿，故可与之赴深溪；视卒如爱子，故可与之俱死。"（《孙子兵法·地形篇》）对下属要尽量多鼓励、多支持、多爱护，多发现下属的优点。要从员工的角度了解其想法和需要，缩短与员工之间的情感距离，建立企业内部高效沟通机制和员工参与的氛围。摒弃个人英雄主义，分担下属的艰辛，激发员工的工作热情和积极性，建立仁厚的企业文化，实现"上下同欲者胜"（《孙子兵法·谋攻篇》）。

"勇"就是勇敢坚毅，是"胆识"中的"胆"，即胆量，体现为企业领导的决断力、魄力、勇气和决心。在竞争激烈的商战中，企业领导常常面对易逝的机遇、严峻的挑战、复杂的问题、重重的矛盾。胆量不够，勇气不足，就必然缩手缩脚，瞻前顾后，犹犹豫豫，结果是错失企业发展的良机。企业领导必须勇于承担责任，不转移批评，不推卸责任，不文过饰非。只有勇敢地扛起职责范围内的责任，敢于面对失败，才能积极地寻找并把握谋求企业利益的机会；才能主动反思、发现缺陷，从而避免问题的重复发生，从失败走向成功。面对危险和困难时，企业领导必须做到不退缩，不逃避，以身作则，敢为人先。如果缺乏勇气，企业领导就无法在时机来临时，以高超的智慧和大胆的行动果断决策，为企业获取优势。但是，"勇"不是盲目的，勇与畏是相辅相成的两个方面，缺一不可，在企业经营和商业竞争中需要根据具体情况加以正确的应用。

选择和放弃都是企业领导的大智慧。眼光敏锐地发现机会，捕捉稍纵即逝的市场机遇，需要企业领导的果敢才能赢得竞争的胜利。然而，放弃或舍弃更加考验企业领导勇敢坚毅的品质。当一个产品趋于失败，或一种商业模式不适合企业发展需要，或企业多元化经营显示出弊端并严重阻碍或限制公司发展甚至分散公司的主营业务资源时，企业领导必须敢于放弃，要像扔掉即将爆炸的炸弹一样迅速抛弃，大胆收缩经营范围，出售效益差的副业，加强具有竞争优势的主业，把纵深度加大。不舍则不得，大舍才能大得。

"严"就是威严自律，强调制度与法治，是针对管理制度的规范和企业执行力而言的。"严"就是要求企业领导必须以严谨而科学的管理方法，建立严格的管理制度和严密的流程与工艺管理体系。在市场竞争中，企业必须保持"严整"，具备整体战斗力，一致行动、纪律严明、令行禁止才能威武有势，进攻才能锐不可当，防守则使对手无隙可钻。企业领导必须树立威严的纪律，才能有效地驾驭下属和员工，才能提高执行力。有正确企业战略的指引，有严格的法令、制度和纪律的推动，企业就一定具有旺盛的生命力。对敢于以身试法者，必须严惩不贷，以整肃人心。爱护员工、尊重员工并不等于放纵员工。领导一个团队、部门、分支机构或者公司都意味着要通过他人来达到成功。只有严明纪律才能确保战略成功的执行。

严于律己是企业领导所必备的素质之一，是形成自身影响力和领导威信的基础，也是企业制定严格的制度和纪律并确保严格执行的前提条件。企业领导只有严于律己，率先垂范，才能通过自己的影响和管理，教育和引导员工为企业尽职尽责。企业领导的责任就是执行管理和监督的职能，代表企业整体的利益。因此，企业领导的威信就建立在履行职能的过程中，建立在严于自律、率身为正、身体力行地维护企业制度之上。

三、领导素质的关系和发展

"智、信、仁、勇、严"是企业领导基本的成功素质要求，是一种强有力的、积极的、充分发展的性格表现。只有真正做到和具备这五项素质要求的企业领导，才能在市场竞争中做到"运筹帷幄之中，决胜千里之外"。分析这些素质之间的相互关系，可以发现它们之间是相辅相成、互为促进、缺一不可的。其中"智"是关键，位于各项素质之首。但只有智是不够的，如果有智无勇，也很难成事。虽然分析准确，思考周全细致，但常常是"等等看，跟着别人干"，无创新的精神和勇气，面对发展机遇犹豫不决，裹足不前。这样的企业领导空有一番学识，干不得大事，终究成为庸才。同样，有"勇"而无"智"的企业领导则胆大妄为、乱为，常常少分析、乏思考、乱拍板，脱离实际蛮干，对企业也是极其有害的。所以，企业领导有智有勇才有为，有信有仁才能凝聚企业发展所必需的人才，有勇有严才能提高执行力。想问题、办事情、做决策时，举轻若重，做到准备充分，思考周全，抓住要害，分清主次；应对突发事件，破解工作难题，举重若轻，做到从容镇定、沉着冷静、有章有法、张弛有度。这样的企业领导才能举大策、干成事、有作为。

一个企业是否优秀，是否具有市场竞争力，关键在于企业领导及其高层团队是否优秀，是否具备五项基本素质，从而能够克服素质缺失而导致的企业劣根文化。任何行业、任何类型的企业都可能存在这样或那样的劣根文化，国有企业尤其明显。以某中央企业为例，1998~2004年，公司在用人政策上的一个突出特征是缺乏公平、透明、公正的用人机制，在干部责任追究政策上存在严重的双重标准。处在中层岗位的一些干部，甚至有些负责干部有不同程度的亏损记录，有的亏损庞大，达到上亿元人民币；有的涉及内外勾结，库存货物被监守自盗；有的盲目决策，对国有资产极端不负责任；有的讲哥们儿义气，拉帮结伙，搞宗派；有的为掩盖重大问题，竟然毁灭大量财务凭证。这些干部有的被异地提拔使用，有的转换岗位继续担任领导工作。这种对"带病"干部和问题干部不调查、不追究责任的区别对待现象导致了严重的后果：一是形成非常不好的先例，弱化了领导干部的责任意识，权责严重分离，并产生不良示范效应，恶性循环。二是引起群众的高度不满，领导威信受到威胁，从而产生位权型领导独裁，产生一言堂的严重现象。三是难以激发干部对亏损控制的主观意识，将继续造成新的亏损，使在岗干部无所作为，或亏损干部为所欲为而公司无法正常追究。四是领导个人的决策失误或恶意行为给公司造成重大损失和极其不良的后果。一家业绩优良、风气纯真、管理完善的二级公司由于一位"问题"干部的存在，出现了严重的经营后果。2005年，公司亏损6亿多元，还不包括120亿元库存、60亿元预付账款所隐藏的潜亏，资产负债率高达98%。不良的公司风气和岌岌可危的财务状况长期内难以得到根本性改善。

由此可见，产生企业劣根文化的根源在于企业领导，在于企业领导缺乏"智、信、仁、勇、严"等基本素质。根除企业劣根文化，创造良好的内部经营与管理环境，需要企业领导加强基本素质的修炼与提高；需要企业领导秉持开诚布公的心态，不断开阔视野，以最大的智慧加强对经济环境和市场形势的研究；需要形成科学的决策机制，民主讨论，高度集中，责任分明；需要彻底根除帮派思想，以班子团结为第一要务；需要减少对人性的主观判断，确立客观、公正和科学的绩效标准与测评方法；需要以身作则，高度遵守企业纪律与规则。只有以五项基本素质为标准来选择和要求企业领导，打造一批智勇双全、言而有信、公正严明、尊重员工、熟悉现代企业制度和经营管理的职业管理团队，企业才可以发展壮大，才可以建立世界级的跨国公司。

需要特别指出的是，任何一个期望能够在新环境中生存并得到长足发展的现代企业需要不断提高其领导能力的标准，领导素质要求必须反映时代的变化。有些领导素质永远是关键的，但有些过去可以容忍的缺陷现在却成为领导力的头等条件，如商业头脑和知识渴求就是两项当今世界必不可少的领导素质。商业头脑就是孙子所说的"智"，是所有领导素质的基础。具有商业头脑的企业领导对外部环境有本能的感觉，能够发现将影响企业的商业模式和趋势，熟悉企业内部的优势和劣势，致力于解决问题，寻找机会，实现企业既定的财务目标。对知识的渴求则是修炼领导力的手段和条件。企业领导通过知识的积累，可以做到保持对新鲜事物的好奇心，拥有足够的自信作出艰难的判断。具备这种素质的企业领导能够眺望企业未来的趋势，又能及时回顾可能正从后面赶上来的竞争对手，从而避免企业遭受措手不及的打击，牢牢控制企业的前途和命运。

近年来频繁出现的一种现象是，有些在连续获得成功的基础上逐步成长而晋升起来的企业领导，在到达顶峰时却失败了。"彼得原理"告诉我们，领导职位愈往上，其愈可能不胜任。"帕金森定律"是指，为了统御的便利，领导者常常喜欢任用才能不如自己的下属。一些拥有辉煌历史的优秀企业领导就是因为"彼得原理"和"帕金森定律"的作用而产生这样或那样的问题，其根本原因是放松了成功素质的继续修炼，不重视根据环境的变化修订领导能力的标准，不具备当今领导力所需要的商业头脑和渴望知识的素质，企业也就无法在快速变化环境中实现及时转型而取得新的胜利。所以，企业领导必须不断提高自身的基本成功素质，永远寻求新的信息及新思路、新观点、新理论和新设想。必须聆听客户、供应商和行业之外的声音，不能依靠过去的假设来指导当前和未来。只有这样，企业领导才能够更加清晰地看到现实，不死守现状而墨守成规。

四、企业领导的性情与商数

孙子指出，"将有五危：必死，可杀也；必生，可虏也；忿速，可侮也；廉洁，可辱也；爱民，可烦也。凡此五者，将之过也，用兵之灾也。覆军杀将，必以五危，不可不察也。"（《孙子兵法·九变篇》）意思就是说，将帅有五种重大的险情，只知道死拼蛮干，就可能被诱杀；只顾贪生活命，就可能被俘虏；急躁易怒，就可能中敌人轻侮的奸计；一味廉洁好名，就可能入敌人污辱的圈套；不分情况"爱民"，就可能导致烦劳而不得安宁。这五点是将帅的过错，也是用兵的灾难。军队遭到覆灭，将帅被敌擒杀，都一定是由这五种危险引起的，这不可不予以充分的重视。

将帅的"五危"之情反映的就是企业领导的性情与商数。在现代领导艺术的修炼中，性情与商数是高超领导力的综合体现。领导商数主要包括道德商数、胆识商数、情绪商数、智力商数、逆境商数、志向商数、健康商数、财产商数等。企业领导一定要有理性、高商数。

"将军之事，静以幽，正以治。"（《孙子兵法·九地篇》）意思是企业领导在经营和管理企业时，要做到考虑谋略沉着冷清而幽邃莫测，公正严明而有条不紊。真正做到"进不求名，退不避罪，唯人是保，而利合于主，国之宝也"（《孙子兵法·地形篇》）。企业领导同样需要做到进不谋求成功的名声，退不回避违命的罪责，心中只考虑维护职工的合法权益，符合企业利益。这样的企业领导才是企业的宝贵财富。

当今中国最受欢迎的培训师、实战型培训专家余世维先生在其《领导商数》一书中系统地论述了领导素质概念。他提出，作为领导者，要提高自己的管理能力和管理技巧，就需要提高自身的知识、技能和素养等，并把它们概括为领导者的"4Q"，即智慧商数（IQ），是指领导者所具有的智慧的多少以及对科学知识的理解、掌握程度；情绪商数（EQ），是指领导者对环境和个人情绪的掌控能力；逆境商数（AQ），是领导者面对困境时缓解压力、渡过难关的能力；领导商数（LQ），是领导者领导团队，激发团队相互协作以共同实现目标的能力。要成为优秀的领导者，企业领导就必须努力提高自己的"4Q"水平。如果IQ不高，说明知识水平和学习能力比较差，需要完善自己的知识结构和专业技能。如果IQ很高，但EQ很低，就表明他不能很好地控制自己的情绪和周围环境的氛围。作为领导，要创造良好的工作环境。如果IQ、EQ都很高，但AQ低，就表明不能很好地面对困境，不能很好地应对挫折和压力，不能很好地化解压力，激励自己和团队奋发向上，那么就要想办法改善自己的工作方法，变压力为动力，激发自己以更积极的状态去面对和解决各种问题。如果IQ、EQ、AQ都很高，但LQ不高，就说明领导没有把团队带好，没有发挥团队整体的效力，那么就可以通过学习，对症下药，提高自己的领导商数。

有一位企业领导，年轻时在两个岗位上都给公司造成了巨额亏损，并因此得到了"走到哪儿亏到哪儿"的名声，一直抬不起头来。沉寂多年以后，在退休前被总公司派往国外子公司担任总经理。履新后这位总经理一心要做大生意，赚大钱，洗刷恶名。于是他不顾客观条件和市场趋势，大肆向银行借贷。在国家宏观经济调控的市场大跌中仍然大量进口原材料和半成品，期待此逆向思维能使公司业务规模和利润双丰收。在公司上下普遍都不看好的窗帘进口代理业务中，他我行我素地以"韩国窗帘好、中国市场大"为唯一思考进口了大量窗帘，库存待售。结果造成1100多万美元的损失和大量库存积压，多家银行上门逼债。所以，为将的"五危"情形就是企业领导的大忌。企业领导必须提高性情和商数，加强素质的修炼，做到"非利不动，非危不战。主不可以怒而兴师，将不可以愠而致战。合于利而动，不合于利而止。怒可以复喜，愠可以复悦；亡国不可以复存，死者不可以复生。故明君慎之，良将警之，此安国全军之道也"（《孙子兵法·火攻篇》）。用现代的语言来说，就是要求企业领导做到修身养性，不能因一时的愤怒或愤懑，也不能因为个人私利、私欲或盲目自信而固执地坚持错误的观点，贸然或不计后果地出击竞争激烈的市场，给企业造成无法挽回的损失，致使企业走向生存危机。良好的素质和健全的心智与心态是明智的企业领导时时处处所要保持的素质，决策上、竞争上、择人上、谋略上要做到谨小慎微，保持高度的警惕性，这是安定企业、保全企业的根本道理。

第二节 股东素质与股权结构

孙子说，"君之所以患于军者三：不知军之不可以进而谓之进，不知军之不可以退而谓之退，是谓縻军。不知三军之事，而司三军之政者，则军士惑矣；不知三军之权，而司三军之任，则军士疑矣。三军既惑且疑，则诸侯之难至矣。是谓乱军引胜"（《孙子兵法·谋攻篇》）。也就是说，国君危害军事行动的情况有三种：不了解军队不能前进而硬使军队前进，不了解军队不能后退而硬使军队后退，这叫做束缚军队；不了解军队的内部事务，而去干预军队的行政，就会使得将士迷惑；不懂得军事上的权宜机变，而去干涉军队的指挥，就会使得将士产生疑惑。军队既迷惑又心存疑虑，那么诸侯列国乘机进犯的灾难也就随之降临了。这叫做自乱其军，徒失胜机。

由此可知，企业股东对企业经营和竞争同样具有极其重大的影响。一个好的股东或合伙人将为企业的经营管理与市场竞争奠定坚实的基础。无数实践表明，企业合伙人或股东结构关系到企业法人治理体系的建立和运行，是企业成败的重要因素之一。作为职业经理人的企业领导，首先必须谨慎地选择所要服务的企业，考察股东的素质与股权结构。古人云，"良禽择木而栖，良臣择主而事"。企业领导需要从股东和合伙人的品格、诚信、素质、合作能力、默契配合等各个方面考察合伙人或股东，从而最终选择将要为之奋斗拼搏的企业或公司。

一、股东素质与股东制度

在现代企业的生存与发展过程中，常常要面对企业转型、并购、转让、合作与国际化经营。在这些过程中，除了要严格考核企业所具有的本质因素以外，最重要的就是要考察并购或合作对象的合伙人、股东甚至企业员工的结构与素质。有时有良好的市场前景、有较大发展潜力的企业常常会因为合伙人或股东的先天不足而导致经营困难，致使合作失败，甚至企业倒闭。由此导致的企业失败会给企业领导带来很大的压力和挫折。

近年来一个很普遍的现象是在企业取得成功、需要向更高的发展阶段迈进的时候，合伙人之间常常发生矛盾、纠纷、冲突。昔日的患难知交与战友成为水火不相容的仇敌，分道扬镳，甚至夫妻反目、兄弟对簿公堂，企业因此一蹶不振。一般地，合伙人在创业、求生存阶段能够刻苦勤奋，和谐相处，为共同的命运奋斗、拼搏。这时一些先天性的矛盾可能在企业面临生存危机时被掩盖，或被主要矛盾所替代。一旦企业度过生存危机而发展到一定的规模，取得相当的成绩，股东或合伙人的心态会产生变化，在权利、地位和利益方面的先天矛盾就会暴露出来，出现经营理念、经营方式的矛盾、分歧，企业难以突破发展的"瓶颈"，停止在股东的纷争之中。所以，选择合适的创业伙伴，建立良好的公司治理结构，是保障企业长期稳定发展的制度措施。选对创业伙伴，企业领导就可以发挥专长，专心应对日益复杂的市场环境，取得企业经营和竞争的胜利。否则，企业领导将陷入与公司股东之间的内耗而使个人失去职业生涯的机遇，企业也注定走向失败。

华帝之所以取得企业成功，关键得益于其7个老板的良好个人素质和他们之间的密切合作。2005年8月1日，"飞天英雄"杨利伟在北京航天城点燃十运会火炬——"中华复兴之火"。该火炬是中山华帝燃具股份有限公司独家研制、赞助的。华帝用13年专业制造燃气灶具的实力做"燃料"，加上成功研制九运会火炬的经验，在十运火炬上，演绎了科技与人文相结合的精彩乐章。在技术水准上和设计理念上均有质的突破，是迄今为止我国科技含量最高的火炬。华帝公司是7个年轻人咬牙凑足100万元起家的。1992年，中山市小榄镇没有任何背景、出身穷苦又想干大事的7个青年，怀着纯粹的理想凑钱创办了华帝公司。创业之初，7名老板订下一个对日后稳定发展起至关重要作用的"君子协定"：在股权分配上，开发区所在村占总股本的30%，余下的70%7人平分，每人拥有10%。他们对一些具体事务进行了磋商，并达成了共识：决策高度民主，求同存异，少数服从多数；年终分红一样多；不许亲戚进厂；不向妻子谈及企业的事；不准家属到公司来……这样，在国内许多企业看来最伤脑筋的股权问题上，华帝在创办阶段就轻松地跨越了。

在中国企业尤其是股份制民营企业中，"职场政治"弥漫其间，为了一点蝇头小利、利益分配的不均衡，或沟通不畅，都会造成深深的隔阂，最终结伙创业的股东以分道扬镳收场，严重的甚至由伙伴演变为仇敌；更有甚者，在家族式企业内，"兄弟阋于墙"的不幸也屡屡上演。内部倾轧的代价令人痛心不已。弹指十多年，华帝的年销售额已超过10亿元，连续十年稳坐灶具龙头老大的位置。随着华帝在行业内的地位和影响越来越大，7名老板的创业故事经社会的传播，具有了强烈的传奇色彩。他们故事的传奇性不仅在于共同创业，芸芸众生更多的是惊叹于他们的协调能力和沟通能力。

据知情人士分析，华帝7个老板除了都有为共同的事业奋斗的信念之外，权力和金钱方面的制度高度制衡也是维系他们和谐关系的重要纽带。在权力方面，最初他们各自负责一个部门的事务，在董事会里虽有董事长和董事之分，但在决策上高度民主，求同存异，少数服从多数，谁也不能大包大揽；不允许亲戚进入公司，基本上杜绝了扶持个人势力的可能。在财务方面，公司成立初期，7个人均以企业为重，每月都只拿400元的工资，好几年没有分红，把所有的资金用到企业的滚动发展上；个人的所有费用不得在公司财务上报销，老板们从公司预支的款项，在年终分红中扣除；2万元以上的开支，须经其他两位董事签字认可，5万元以上由董事长签字。

华帝之所以能连续多年稳坐灶具行业龙头地位，最根本的原因是得益于7个股东共同的理想和信念、创业初期的股权安排、彼此之间的协调与沟通，使得他们能够和谐相处。尤其可贵的是，在企业成功发展之后，他们仍然能够做到不居功自傲，不计较个人的权利和得失，在决策上高度民主，求同存异，靠制度制衡和维系相互之间的和谐关系，从而使企业更加成功和辉煌。

二、绝对控制和高度分散的股权结构

华帝是靠股东们的良好素质和股东层面的先天制度安排保证了企业经营的连续性成功。但是，很多创业伙伴却没有华帝的股东们那么幸运。河南国信药业股份有限公司失败的案例说明，再优越的公司治理结构如果缺乏正确的理解和有效的执行，股东之间的合作也将以失败告终。贤能的企业领导必须注意其中巧妙的制度安排、经营运作和高效率的执行，选择股权结构由单一股东绝对控制或股权结构高度分散企业，股权结构影响着企业的发展模式。国信药业在成立仅4年后就死在"襁褓"之中而进入清算程序，一个根本原因就是其股权结构不合理。在国信药业的股权结构中，5家股东的股份差别不大。第一大股东拥有25.68%的股权，其他4个股东的份额分别为21.62%、20.27%、20.27%和12.16%。股权多元化，且相对控股较弱，意味着如果想通过一个决议，大股东必须获得两家股东的支持。在实际运行中，由于各股东出于自身利益的考虑，达成一项决议非常艰难。

2000年下半年，国家药监局提出"整顿流通秩序、改革流通体制"，拟在全国重点扶持 40 家年销售额超 20 亿元的区域性核心企业，5 家年销售额超 50 亿元的重点企业，以做大规模，应对加入世界贸易组织的挑战。以此为契机，国内医药企业联合重组风起云涌，迅速出现了一批大企业，如华东的"上海医药"、华中的"九州通"等。而此时的河南医药流通领域，有近 1800 家药品批发企业，数量占全国的 11%，但当年销售额为 41.7 亿元，仅占全国的 3%，平均每家 200余万元，最多的也不足 4 亿元，全省医药流通行业连续多年行业性亏损。在这种形势下，市场看好医药市场整合的良机，欲与厂商联手打造一个大型医药流通平台。

既有知名度较高、实力较强的上市公司加盟，又有民营企业做大股东，还有拥有现成市场渠道的国有医药公司参与，这样的股东搭配得到了河南省政府相关部门的大力支持，在政策方面一路绿灯。然而，国信药业成立之日，也是股东纷争开始之时。由各家公司老总组成的董事会如何高效运作，董事会文化如何建立，是必须认真考虑的问题。国信药业"散伙"最明显的原因是，股东间缺乏相互沟通、信任，制衡的力量太强，发展的力量太弱。代表不同利益"板块"文化的冲突非常明显。国信药业的五大股东中，上市公司、民营企业、国有企业和风险投资机构各有各的运行轨道，各有各的企业风格，股东们因利而聚，既是优势所在，也潜伏着危机与冲突。

万科是股权极度分散的案例，其股权分散程度在整个中国证券市场中是比较特殊的。1993~1997 年，其最大股东的持股比例始终没有超过 9%。1998 年前 10 名股东持股比例总共为 23.95%。在传统公司治理结构理论中，往往是大股东与小股东进行博弈，管理层通常不参与博弈，只是负责忠实地执行博弈的结果。但在现代企业制度下，企业所有权与管理权处于分离状态。在公司的日常运作中，企业领导往往具有更大的声音。特别是在股权高度分散的情况下，经理层拥有很大的发言权。这样博弈模型变为三头博弈：大股东、中小股东和职业经理的企业领导。经理层的角色就是公平地对待全体股东，尤其是弥补中小股东的天然弱势。企业领导在接受制度均衡的同时，均衡着大股东和中小股东之间的利益博弈。所以，在高度分散的股权结构中，企业领导可以发挥更大和更突出的作用，企业能够得到健康快速的发展。

引进现代企业制度和科学的管理模式不能只是停留在口号上，若不能准确地理解和坚决地执行，那么再好的制度恐怕也不能阻止类似悲剧的发生。由此，如何解决外来的企业制度在本地"水土不服"的问题，不仅仅是某一家企业需要面临的课题。合伙创业一般都是出于资金、交情、资源、专业能力等方面的因素。股东拥有共同的知识背景、工作经历、理想与信念和创业激情，不同专业、不同经验则具有一定的互补性。合伙创业具有非常明显的优势，可以共担风险，决策上群策群力，可以集聚丰富的资源。创业者选择高素质的人作为合作伙伴是事业成功的重要条件。合伙人或股东之间要形成民主的气氛。相互间可以坦率地争吵，但要保持结构平衡。不争吵是没有战斗力的，而只争吵是无法形成战斗力的。

公平是合作的基础，制度是合作的前提。在合作的当初就需要制定一些利益均衡、彼此都从内心接受的职责、制度和利益分配方案，以及决策程序与议事规则。缺乏这些预先的架构设置将会为企业未来决策、经营管理及执行效率等埋下隐患，最终造成你不成功我也失败的合作破裂的结局。选择合伙人或股东是企业领导必然要面临的重大问题，选择华帝和国信药业，企业领导必然面临不同职业生涯的结果和命运。因此，企业领导必须时刻保持清醒的头脑和充分的自信。孙子指出，"将听吾计，用之必胜，留之；将不听吾计，用之必败，去之"（《孙子兵法·始计篇》）。意思就是说，若能听从我的计谋，用兵打仗就一定胜利，我就留下；假如不能听从我的计谋，用兵打仗就必然失败，我就离去。在企业经营与竞争中，能否听从企业领导的计谋，发挥其专业智慧，企业股东素质与股权结构是其中的关键因素。企业领导对此必须予以高度重视。

第三节 企业领导的择人要务

　　一个成功的企业领导，其高明之处就在于如何挖掘所有人员的潜能，选用有责任心与敬业精神、道德品质好、善于沟通、自我定位准确、反应能力强、团队合作好、创新意识强、求知欲望高、能适应环境变化的优秀人才。企业领导工作的实质就是寻找正确的人，摆在正确的位置，协助他们做正确的事。正如杰克·韦尔奇所说的，"我既不会制造，也不懂设计。我唯一能做的就是打造一个 256 位高阶经营团队，并确保高阶经营团队之有效性"。

一、企业领导班子的团队建设

　　在现代公司治理结构条件下，企业的所有权和经营权是分离的。合伙人或股东是企业的所有者，而企业经营好坏的责任则在于企业经营负责人，即企业领导。企业领导在进行企业经营和商业竞争时，最关键的责任就是班子成员的选择与搭配，企业领导择人的首要任务是搞好班子建设。即使是世界级的企业领导，他们之所以能够叱咤风云、呼风唤雨，并不是其智慧超人、无所不能，而是他们能够体会到自己的渺小和团队的伟大。企业领导必须专注于团队建设和长远战略，准确地把握公司发展的脉络和状况，并且对公司现状与发展前景有一个清晰的理念。其他则依赖经营团队的总体表现，发挥乘数效应，确保经营团队的一致性与有效性。企业领导的主要工作就是找正确的人，摆在正确的位置，协助他们做正确的事。因此，企业经营好坏、盈利能力的强弱，领导班子或领导集体是关键。企业领导班子的团队建设和延续过程就是企业保证持续发展和增强企业竞争力的过程。企业班子团队是由三名以上成员组成的共同体，合理利用每个成员的知识和技能协同工作，通过定位、授权与计划，发扬团队精神，达到共同目标。团队精神就是团结、互补、沟通和团队执行力，是在加强企业领导班子团队建设的长期过程中逐步实现的。

　　新加坡前总理李光耀曾说："只要留下265位卓越的官员，四年后我们依然能建设一流的新加坡国家。"虽然建立一个卓越的经营团队是个长期的过程，但缺乏高效团队的企业发展是不可能的。因此，一个团队的实力对于组织、机构、企业乃至国家都非常重要。目前，在国有企业开展的"四好"班子建设就充分体现了团队建设的精髓和孙子兵法的重要思想。国有企业领导因为"政治素质好"而入选，依靠"团结协作好"、"作风形象好"最终实现"经营业绩好"。所以，国有企业"四好"班子建设就是造就企业坚强的领导集体，其主要内容包括：坚持用邓小平理论、"三个代表"重要思想和科学发展观武装国有企业领导人员的头脑，不断提高其思想政治素质。进一步优化领导班子结构，发挥领导班子的整体功能，不断提高领导班子决策的科学化、民主化水平。大力加强领导班子的能力建设，切实提高坚持科学发展的能力、战略决策和经营管理的能力、带领企业自主创新和参与市场竞争的能力、应对复杂局面和处理各种矛盾的能力。进一步加强和改进作风建设，树立国有企业领导班子和领导人员的良好形象。可以说，"四好"班子建设对团队建设具有十分重要的借鉴意义和非常现实的指导意义。

　　首先，企业领导班子建设是要在共同事业目标的基础上，发扬奉献精神与团结协作精神，实行集体领导，充分发扬民主，达到高度集中。班子成员必须是各方面的专才和将才，是"智、信、仁、勇、严"的集中体现。在班子集体中，需要做到性格互补、知识互补、合作共赢，这样才能形成合力，而不是内耗。优秀人才的合力是巨大的，而能人之间的内耗所形成的杀伤力则是致命的。用中航集团总经理兼国航股份董事长李家祥的话说，"一套班子共事就像共演一台戏，互相护台好戏台，互相补台都登台，互相搅台乱了台，互相拆台都垮台"。一个企业有许多风险，李家祥把班子不团结看成是重大的风险之一。团结是前提，盈利是使命，思路是关键。李家祥总结了班子的三条关键要求：一是要有思路。没有思路就没有出路，思路正确打胜仗，思路错误打败仗，没有思路打乱仗。二是要有眼力。没有眼力就不能识人断事。三是要有基础。没有群众拥护、上级认可，权力就失去了基础。

所以，班子最重要的就是团结和互补。孙子指出，"古之善用兵者，能使敌前后不相及，众寡不相恃，贵贱不相救，上下不相收，卒离而不集，兵合而不齐"（《孙子兵法·九地篇》）。意思是说，从前善于指挥作战的人，使敌人前后部队不能相互策应，主力和小部队无法相互依靠，官兵之间不能相互救援，上下之间无法聚集合拢，士卒离散难以集中，交战时阵形不整齐。反向而思之，就是在企业内部要极力避免这些情况的发生，做到相互策应。企业领导在加强自身建设的同时，还需要加强班子的团队建设。只有做到班子团结，才能在企业上下形成步调一致、协同合作的局面，以应付激烈的市场竞争。

其次，班子建设需要提高团队执行力。执行力是企业成功的一个必要条件，企业的成功离不开好的执行力。当企业的战略方向已经确定或基本确定时，执行力就变得最为关键。团队执行能力是组织能力或制度性能力，而非管理者或企业领导的个人执行力。缺乏组织执行力的团队就必然蜕变为群体或"一盘散沙"式的团队，这样的团队是缺乏战斗力的。蚂蚁军团来临的时候，成百上千的狮子和大象都得集体逃命，这就是团队执行力和由此而产生强大战斗力的效果。提高团队执行力，一是设立清晰的目标和实现目标的进度。目标一定要可衡量、可检查，不能模棱两可。目标一经确定，必须层层分解落实。二是必须找到合适的人，充分发挥其潜能。执行的首要问题是人的问题，最终是人在执行企业战略，并反馈企业的文化。三是完善规章制度，健全组织结构。组织行为必须通过规则来约束，规则是一个组织执行力的保障。四是倡导真诚沟通的工作方式，发挥团队合力。一项调查显示，组织内存在的问题有70%是由于沟通不力造成的，而70%的问题可以通过充分沟通得到解决。诺基亚公司就非常重视团队合作与沟通，"分享"是其企业管理中非常重要的方面。公司鼓励领导带动团队参与决策过程，在主要环节上取得一致，并将最终决策及其原因在公司不同层面和部门间进行充分沟通。诺基亚老板鼓励公司的所有员工在任何时间与任何地点就任何问题与企业领导沟通。这种分享的流程为相关人员积极沟通、共同探讨最佳可行性方案留出了充足的空间，打破了公司固有组织结构的限制，使大家相互支持，共同进步，增强了团队在受到冲击时的抵抗力与聚合力。五是关注细节，不断跟进。执行力在很大程度上是认真第一，认真与细节决定成败。六是建立起有效的绩效激励机制。管理理念在某种程度上就是人的管理，而人力资源管理的关键则是绩效管理，要管理情绪和员工的利益。七是营造执行文化。建立执行文化需要从速度、团队协作、责任导向和绩效导向等方面着手。速度所要求的就是崇尚行动，雷厉风行。要提倡"领导问责"，出了问题需要找出原因并分清主要责任，只有这样才能更好地树立起责任心，没有责任心的团队是不可想象的。绩效导向就是拒绝无作为或不作为现象，需要做到赏罚分明与及时。八是要有坚韧的情感强度。企业领导需要有坚强的事业心，认准的事无论遇上多大的困难，都能忍受压力、自我调节、自我激励。

最后，企业领导班子建设还必须突出核心领袖的魅力和作用，维护企业领导为提高团队效力所必需的影响力和决断力。没有核心领袖的班子是不可想象的，是谈不上效率和凝聚力的，也不会有真正的团队战斗力。领导中心的"双核心"模式虽然被视为减少风险、加强内控的利器，但也只是阶段性的产物，容易造成失衡，消弱企业的领导力，成功的实践并不多。企业核心竞争力的因素很多，但从国内外无数企业兴衰更迭和强弱变迁的事实中可以看出，企业领导作为团队核心所表现出的综合素质和能力才是构成企业核心竞争力的核心因素。有企业实践型学者指出，政治辨别力、工作推动力、持续创新力和自我提升力构成了企业领导的核心能力。政治辨别力就是从总体上把握政治形势和宏观经济走势的能力，工作推动力即控制与管理企业的能力，自我提升力就是不断提高自身素质和修养等方面的能力。政治辨别力决定领导方向，工作推动力决定领导进程，持续创新力决定领导层次，自我提升力决定领导形象，四者相辅相成，构成了核心能力体系的四个维度。企业文化与战略实质上就是"一把手"文化和战略。在企业管理实践中，不少企业都自主或不自主地建立以企业领导为核心的有效运行机制。一个从真正意义上发挥作用的企业家团队可以促进企业的高速、健康发展。

所以，企业领导想要取得企业的成功和竞争的胜利，必须重视和规范团队建设。一个企业的核心竞争力取决于企业管理者的核心能力。一个企业管理者的核心能力又取决于企业领导的核心价值观和思维模式。因此，作为团队核心的企业领导，首先必须有思路，即核心价值观和思维模式。需要有明确可行的战略目标，包括短期目标、中期规划、远期战略。关键要提高团队执行力，核心是需要展现企业领导作为团队领袖的品格素质和综合魅力。企业领导既要懂得"推功揽过"，让每一位团队成员都觉得有安全感，同时也需要有一定的霸气和威慑力，即影响力和决断力，就是恩威并重的民主式"独裁"，提高团队成员的责任感。非常强势的"狮子型"企业领导和过于软弱的"绵羊型"企业领导最终都可能导致无法掌控团队。

二、精干的中层及其最优化搭配

对企业领导来说，"择人"极其重要的一环是企业中层干部的选择与调配。无论是李光耀说的"265位卓越的官员"，还是杰克·韦尔奇提出的"一个256位高阶经营团队"，其中绝大多数都是中层力量。关于中层及其优化搭配问题，孙子提出了两点重要的原则：

一是要体现精明强干与精兵简政的原则。孙子说，"兵非益多也，惟无武进，足以并力、料敌、取人而已"（《孙子兵法·行军篇》）。行军打仗并非兵力越多越好，而要做到不轻敌冒进，集中兵力准确判断敌情，取得下属的信任和支持。企业人员必须精干，要不断地清退工作无积极性、能力较差的人，选用工作积极主动、能力强的人。企业违反精明强干的原则，就会出现人浮于事的情况，人员的工作潜能就无法发挥，经营与管理将陷于混乱，导致人员的工作意志衰退，想干事的人员颓废，企业效率日渐衰落。

中层干部是企业领导的重要辅佐，承担着向上沟通企业领导、向下沟通基层的重任。企业的战略性和整体性目标需要企业中层一直传达到基层，在工作中才能保持连贯性与一致性，从而得到最大限度和最广泛的支持。基层人员最熟悉岗位情况，需要中层管理者反映给企业领导，作为企业制订计划的依据。

二是要注意中层与员工之间的搭配问题。孙子在兵法《地形篇》中"将有六败"的情形，即"夫势均，以一击十，曰走。卒强吏弱，曰弛。吏强卒弱，曰陷。大吏怒而不服，遇敌怼而自战，将不知其能，曰崩。将弱不严，教道不明，吏卒无常，陈兵纵横，曰乱。将不能料敌，以少合众，以弱击强，兵无选锋，曰北。凡此六者，败之道也"。"非天之灾，将之过也"（《孙子兵法·地形篇》）。所以，企业领导一定要注意中层干部与一般职工的协调配合问题，把真正能力强、具有良好的心理素质、能够带动团队拼搏的人员提拔到中层领导岗位，避免出现孙子所说的"走"、"弛"、"陷"、"崩"、"乱"、"北"的情形。基层员工强悍，中层干部懦弱；中层干部强悍，基层员工懦弱；中层干部易愤怒不服从指挥，常常擅自做主，这些现象都容易造成企业经营失败。以上六种情况均是导致失败的原因。其发生不是由于天然的灾害，而是将帅自身的过错。这是将帅的重大责任之所在，是不可不认真考察研究的。所以，企业领导"择人"时一定要注意中层班子的选择与人员配置。对于下属部门班子之间、班子与员工之间出现的问题要予以高度重视，及时发现问题，随时解决问题。

企业中层经理是否优秀，取决于其是否拥有多种能力和素质，包括承上启下、承前启后、承点启面；是专业带头人，能提供业务技能辅导；能促进下属的心态建设与行为建设；促进部门发展的策略建设等。企业中层要取得成功，首先要有为企业奉献的精神，积极主动地学习新知识，探索新事物，拥有宽广的知识面；有强烈的创新意识，善于发现问题、思考问题并解决问题；谦虚谨慎、脚踏实地，勇于面对困难，克服困难；有较强的逻辑思维能力和较高的文化素养；有强烈的制度意识和对规则的畏惧心态；要有推行细节管理的能力，能做到对所负责工作的"持续纠偏"，打造员工的细节竞争力；能有效地坚持原则，坚决反对错误；有责任感，处处以身作则，说到做到；有主人翁意识和务实积极的态度，对工作自动自发，全力以赴。这些构成了企业领导选择中层领导的基本标准，也是中层经理应该追求的目标。

今天的企业常常需要自我定位，以实现未来 3~5 年甚至更长远的战略目标。中层领导数量和领导力是企业推行和实施战略时需要优先考虑的问题，是关系战略成败的重要因素之一。中层领导力是企业战略的起点，企业的成功与否在很大程度上取决于中层领导力的好坏与匹配。所以，企业领导必须优先考虑中层领导的可供性及其使用与调配，评估公司的中层领导力乃至高层班子领导力的差距。需要将领导力举措与战略制定融合在一起，仔细根据中层领导的具体情况委以合适的机会，给予最恰当的配备，努力避免孙子所说的"走、弛、陷、崩、乱、北"的情形，这是孙子论述"将有六败"的精髓，也是企业领导必须时刻警惕和谨慎处理的要务之一。所以，在战略举措推行之前，没有系统评估中层领导能力和领导人数量，就会造成严重的后果。要么现任领导被迫承担更多的责任，整体效率急剧下降；要么出现领导不适任和配备不当的问题。这种状况从开始就危及了战略目标的实现。在这种情况下推行战略，企业可能犯致命的错误，可能危及整个战略的实施和成功。如果领导差距长期存在，将导致领导数量与质量的双重下降，公司进入恶性循环，最终会导致公司的核心业务与战略发展都处于危险的境地。一家专业进出口公司在 20 世纪 80 年代末期因外贸体制改革的需要和压力，大举实施实业化战略，在电子、化工、珠宝、医药、高科技等领域进行大量投资与合资。不到五年，上述所有投资均以失败告终。其失败的关键原因之一就是缺乏中层领导力。由于内部缺乏所需要的实业投资经营与管理的中层干部，公司匆忙从外部引进了一批干部。显然，这批干部的领导才能、知识结构和数量与公司实施实业化战略的需要是完全不匹配的。

再以一家成功开展全球业务的美国大企业集团为例，它们总是将整合战略与领导力的结合作为一项常规性的制度化工作。每当公司在考虑推行一项战略举措时，总会首先考虑这样一个问题："谁来做这件事情？"如果公司发现没有足够合适的人来领导这项工作，第一种方式就是暂不推行此计划。第二种方式是根据公司的战略选择，先确定所需要的领导力，如需要有能够在 5 年内在运营、扩张现有业务、开发新业务、改善风险管理等公司流程、推行领导变革等方面都能实现突破性进展的领导人。再通过比较这些要求与现有领导的素质，找到领导力方面的差距，然后作出若干战略决策，决定走哪条路最有可能实现战略目标：修改远景目标，确定是从内部培养领导还是外聘合格的领导。第三种方式是计划实现一个事先预定的战略目标时，就充分考虑不同选择方案所需要的领导数目、人员配置时间以及人员组合方式。例如，公司在亚洲推广其拥有的五个强势品牌时，至少有三种清晰的可选方案：采取谨慎方案，在推出其他品牌之前，先在各海外市场推出一个品牌，作为试点；或者将重点放在中国，选择一个城市主打一个品牌，将其作为据点，然后在中国其他地区逐步推广该品牌；在中国某地区市场收购一家公司，获得营销网点和当地专有技术，然后利用这个开口逐渐在中国更多市场推广全部品牌。第一个方案推行初期需要 5~10 名技能全面的领导——有能力建立本地网络，在不熟悉的环境下运作，并能管理所有品牌的企业家。第二个方案需要能够开拓业务的领导，要对据点城市非常熟悉，能够带领一个新组建的 4~6 个人的领导团队为接下来的扩张充当先锋。第三个可能性方案与以上情形正相反，需要一名专家立即上任，可以组织、评估并进行交易谈判，中期需要在中国各地区市场中安排几名善于运作的领导。不论采取哪种方案，都要求明确具备一定的领导力，公司在仔细评估现任及潜在领导之后，才能决定采用何种方案。

这个案例阐明了事先考虑领导力可以如何影响战略方向、路径以及最终成果。但是，公司能不能做到在更早一些、在决定大方向之前就将领导力因素纳入战略讨论中加以考虑呢？要想做到这一点，公司必须严密考虑其现有的领导人才库——公司拥有的领导人的类型，以及他们的能力组合，然后据此制定战略。例如，如果一家制造商的优势是领导人营销能力超强，那么它就可以采取市场导向战略。由此可知，中层领导力就是战略的起点。

所以，中国企业在不断市场化和国际化的经营与竞争过程中，中层具有决定性的意义。很多企业领导不时面临"中层塌陷"的危机，所以很多专家、学者和企业界都将中层提高到"赢在中层"的高度。

中层是企业的脊梁，是企业经营的核心，中层正成为企业得以生生不息的创新源泉。中航集团总经理兼国航股份董事长李家祥说得好："一个企业这不顺那不顺，关键是经营骨干没用顺。"李家祥常跟二级班子领导讲，有两项工作时刻不能忘：选拔人才、培养骨干。何为人才和骨干，也是三条标准：一是有思想力，善于领会理解上级制定的决策、确定的思路，要经常琢磨事、想干事；二是有执行力，要把上级的思路、决策，联系实际贯彻到底，有不达目的誓不罢休的锐气和激情；三是有开拓力，敢于创新，敢于顺时而动、迎难而上。

"企业的经营管理是有其整体性的，但实际领导工作中管理工作却往往被忽视。管理工作有许多内容，但核心是对人的管理，归根结底是带队伍。带队伍是基础工作，需要下细工夫、下长工夫。经营与管理相辅相成，如果员工素质不高、队伍不过硬，再好的经营战略思路也不可能得到有效的落实。"按照李家祥的这些要求，国航一直把飞行队伍、机务维修队伍和运行签派队伍的全面建设作为安全最基础的保证；把市场和财务部门的全面建设作为效益最基础的保证；把客舱和地面服务部门的全面建设，作为提高服务质量最基础的保证。各单位也都重视重点单位、重点岗位、重点人员的建设，取得了明显的成效。

然而，在现实中，中层经理的素养与能力不足具有相当的普遍性，往往成为企业纵深发展的软肋。中层人才的缺失必然导致企业管理成本和生产成本的加大。目前，我国企业的不良品率平均在10%左右，而工业发达国家可以接受的产品不合格率仅为3‰。每生产1美元的产品，我国耗费的能源是美国的4.3倍，是日本的11.5倍。中国每百万吨煤死亡率比俄罗斯高11倍，比印度高15倍，比美国高182倍。这些现象都是中层管理力度、中层素质不高造成的。以国内一家大型企业为例，公司中层干部有60多名。后来法国一家企业收购了这家公司，对方首先对这60多名中层干部作了全面考核。在一份百分制的考评中，所有被测评者得分最高者仅51分。可见我国企业合格中层干部的素质迫切需要提高。

中层领导需要在各关键运营岗位间进行轮岗，从而为全能型业务团队锻炼和配备强大的具有开创能力的领导人。企业必须制定未来1~2年的培养领导计划，以适应公司内部的特定职位。首先确定未来担任职位的领导所需要具备的技能、工作方式与思维方式。针对每个人确定具体的培训方法，包括通过查看每个人的资料（优势、劣势、经验、技能），同时考虑未来领导职位的关键成功要素（行业或职能专业技能、人际管理或变革管理技能及对当地状况的掌握程度等），以对人员提供辅导、培训和委任新职。

工作经验与任务拓展是培养领导人的重要工具。提供实现业绩突破的机会不但对实现公司业绩目标非常关键，而且对培养公司最佳人才也非常重要。不能总是把员工过去的工作记录与工作经历当成他们未来业绩的指标，因为以前的成功经历和所需要的技能，并不一定是在未来工作中实现突破性业绩所需要的。国有企业有很多这方面的教训，它们往往根据中层干部过去的经验和业绩安排工作，又因为中层干部的一些开拓性失误或客观的失败而拒绝提供其吸取教训和积累经验的机会，也应人为地搭建更好地为企业服务的平台。结果是企业失败干部的队伍越来越庞大，而一旦进入这个队伍就再也没有重新上岗的机会，造成干部资源的巨大浪费，也是对干部极端不负责任的表现。较为严重的案例是，某国有企业由于其总裁的严重腐败行为，在干部任用上以双重或多重标准，使用一些"带病干部"或存在明显问题与腐败的干部，个别甚至还得到升迁，结果给该国有企业的经营与管理造成致命的长期性伤害。

三、高效动态的择人机制

"择人"首先要了解人才的长处和短处，只关注人才的短处就很难发现企业所需要的人才。所以，企业领导不但要知人、识人而择人，更要建立和完善一套公开、公平、公正的"择人"机制，包括公平竞争机制和平等对待机制。通过公开选拔、民主监督、公平的绩效考评机智、完善的培训机制和科学的薪酬激励机制，让优秀的经营与管理人才脱颖而出。实践证明，领导者个人的精力是有限的，"知人"、"相人"也是有限的，会受到各种主观与客观因素和条件的限制，所以需要科学的方法鉴别人才。要把握各类人才的特征，了解人才与工作需要方面的基本素质与学识要求，通过实践接触可以很快发现其是否是本行业需要的人才，从而在工作实践中鉴别人才的能力与才干。

"择人"是个动态过程，不能一劳永逸、一"择"了之。在这个动态过程中，一要动态考察，特别需要考察人才的变化情况及其影响，为进一步的"择人"奠定基础。二要培训教育，进一步提高人员素质，为下次"择人"扩大范围。三要避免因人设岗和人岗不适不配的随意用人现象。企业领导要把70%的精力放在考虑企业未来的发展上。而企业未来战略的规划，主要在于能否有相应的人力资源支撑。所以，贤明的企业领导需要倾注更多的时间与精力在贤能之才的寻找、选择、培养与合作上。

在事业取得成功之后，在荣誉和利益面前，人往往会产生一些细微的变化，而这种变化可能会为企业带来致命的伤害或损失。对成功的过度渴望往往会使成功变得越来越远，对失败的恐惧同样容易令人心态失衡。国有企业中的一些优秀的企业领导受利益的诱惑、发展的压力或受豪赌心态的怂恿，难以规避焦躁心态，最终令企业在战略决策上步入误区。从"陈久霖事件"、创维的"黄宏生事件"、伊利的"郑俊怀事件"再到时间更早的"史玉柱兵败事件"，虽然这些优秀企业家涉事的原因各有不同，但深究事件的发展脉络不难发现，虽然他们都是成功者，但对于成功更上一层的渴望程度超出了对商业规则的遵守力度，焦躁是他们共同的心理倾向。企业领导一旦患上焦躁症，企业的发展就会步入歧路。正如孙子所指出的"将有五危"的情形，"必死，可杀也；必生，可虏也；忿速，可侮也；廉洁，可辱也；爱民，可烦也"（《孙子兵法·九变篇》）。所以，企业领导一定要有卑微的心态，一定要遏制住愈来愈强的膨胀欲和扩张欲。必须保持良好的心态，不偏执，不偏激，不走极端，谨小慎微，如履薄冰。做决策时要头脑清晰，要牢牢记住，生存比发展更重要，谨慎比豪气更重要。企业领导必须随时观察人才及员工的心态变化，提供培训与指导，做到及时发现人才、大胆使用人才、规范培训人才、塑造成熟人才，为企业的基业长青服务。

第四节　任势形成企业发展的巨大动力

企业发展如同下围棋。先作势，后吃子，作势比吃子更重要。作势首先是企业内部的势，即提高员工士气，完善管理制度，建立合理的激励机制与激人奋进的企业文化，开发具有自主知识产权的行业领先技术，树立强势品牌等。企业外部的势则主要是指控制和利用全部或部分外部资源的气势、影响和能力，如行业规则标准、各种倾斜的政策；行业许可、经营许可、生产许可；行业地位、品牌地位、竞争地位；企业间的联盟、控制上下游企业的能力等。这些"势"给企业带来的价值不是一两块市场、三五个产品，而是整个行业和区域的利益。这与《孙子兵法》中"不战而屈人之兵"、"上兵伐谋，其次伐交，其次伐兵，其下攻城"同出一辙。所以真正的大企业是做环境的，特大企业是做政治的，只有小企业才是做生意的。

"势"是什么？用孙子的话说，"任势者，其战人也，如转木石。木石之性，安则静，危则动，方则止，圆则行。故善战人之势，如转圆石于千仞之山者，势也"（《孙子兵法·兵势篇》）。所以，势是指物质力量运动起来以后产生的力量和效能，即"激水之疾，至于漂石者，势也"（《孙子兵法·兵势篇》）。"任势"对企业领导者而言具有几个方面的内容：一是利用事物内在固有的能量，达到为我所用的目的。二是准确预测事物发展的态势，并加以利用。三是在强大的势力面前要有所权变。依据有利于自己的原则，灵活机变，掌握市场竞争的主动权。四是在事物还不具备一定的势力或态势时，通过主观努力创造有利于自己的态势，即造势和谋势。五是借势，即"因粮于敌"，就是就地取材、以战养战的战略思想。

一、利用事物发展的态势

"顺势"或利用事物发展的态势是指企业先有一个有利或不利的位置与态势，或者面临一个重大的社会新闻、事件，企业及时抓住正面或反面的机会，结合企业或产品在传播与销售上的目的而展开一系列相关活动，以增加和强化企业的竞争优势，或从根本上改变和扭转企业的劣势地位。无论是军事战争，还是企业经营，在竞争中都需要利用良好的态势，包括心理优势。孙子在兵法中多次论述这种"势"的重要作用，其主要体现在"心"和"气"上。"故三军可夺气，将军可夺心"、"是故朝气锐，昼气惰，暮气归"（《孙子兵法·军争篇》）。士气旺盛就处于良好的态势，就能够以一当十，成倍地提高竞争的效率。

孙子指出，"善动敌者，形之，敌必从之；予之，敌必取之。以利动之，以卒待之"（《孙子兵法·兵势篇》）。顺势就是在审势的基础上对势的巧妙运用。善于调动敌人的将帅，欺骗对方，对方必为其所骗。予敌以利，敌必为其利所诱。以小的利益引诱敌人，以伏兵等待时机打击敌人。企业领导要做到"乘人所不及，由不虞之道，攻其所不戒也"（《孙子兵法·九地篇》），"出其所不趋，趋其所不意"（《孙子兵法·虚实篇》）。目的都是使得对方丧失主动，我方争取主动和良好的态势。在经营活动中，突发奇想，推出一个个亮点，引起注意，从而制造出一种商机，达到提高企业知名度、扩大销售和增加经济效益的目的。

保健品的特殊性注定其生命周期可能是短暂的。绿谷集团在保健品市场中，明察肿瘤市场之势而推出中华灵芝宝，因应慢性病之势而推出绿谷灵芝胶囊，根据中老年肾问题而推出枸杞，顺应心脑血管之势而推出正血三七，因"非典"、流感蔓延之势而推出金银花泡腾片……肿瘤对生命的扼杀不留余地，位列当今人类健康的三大杀手之一，因而中华灵芝宝获得了成功。"非典"和流感不过是一时流行，所以泡腾片难以成就长久基业。对"非典"的恐慌，使很多企业遭受了重大损失，也有些企业利用难得的机缘发财。2004年绿谷集团试图再借东风，利用"非典"的后续影响，推出金银花泡腾片。可惜

"非典"东风已去，金银花泡腾片没有获得预期的成功。心脑血管疾病盛行，绿谷集团的正血三七本来可以借此势而上，做正血理念的教育者，可惜在目标人群出现摇摆后，绿谷集团未能坚持，转而企图在糖尿病市场找到突破，结果正血三七只能迷失在市场中。

由此可知，成功的任势策划必须放眼时代大背景，对社会发展大势、对产业或行业走势和对民众消费心态有准确的把握。借势而动，要辨明势的真伪和延续的时间。有些势仅为一时之势，非长久之势。有些是弱势、偏势，不是大势。势常常是易变的，一时之弱势可能会成为未来的强势。今日的强势可能很快就成为明天的弱势。可惜的是，不是所有的企业领导都能及时清楚地看到这种势的变化。20 世纪 80 年代曾经辉煌的"四通"和"四通打字机"就是很好的例子。四通打字机辉煌一时，却又很快从市场上消失，这就是当时的环境大势决定的。因为这些企业往往是"眼睛向内"，而不是"眼睛向外"。但企业的结果不是在企业的内部，而在于企业的外部。所以，企业领导需要时时明察、及时捕捉、适时强化，做势的主宰者。察大势，谋久势，为企业服务。迅速崛起而又迅速坠落的四通和保健品大多是谋一时之势，其势忽东忽西、有强有弱、有偏有正，多数熬不过三五年即匆匆收场，这是一种必然。"势"特别是大势、久势、必然的趋势等，只可时时体察，善加利用，但不可违背。只有明察和抓住时势、大势，才能明势而动，立于不败之地，偏斜之势则难以有大作为。

二、准确预测和把握未来趋势

"势"的另一层意思是指事物的未来走势或走向。审势、顺势和造势都是在形势判断的基础之上的，对事物未来走向与前景预先作出合理的判断而在企业经营中加以运用，是任势的更高境界。准确预测趋势并能够预先"料敌、并力"而任势、借势，能够起到意想不到的神奇效果，真正做到"人皆知我所以胜之形，而莫知吾所以制胜之形。故其战胜不复，而应形于无穷"（《孙子兵法·虚实篇》）。所以，要准确地预测趋势，并据以占据先机而采取行动，出奇制胜。这样人们只能知道我用来取得优势与胜利的办法，但却无从知道我们是怎样运用这些办法出奇制胜的。所以，每一次胜利都不是简单的重复，而是预测趋势后适应不同的情况，时时处处居于先机。

阿迪达斯就是因为陷入战略保守的陷阱而失去先势。由于没有充分发挥战略预警和战略执行管理体系的作用，企业对市场趋势、战略方向的判断和执行过多地依赖自以为成熟的经验，采取了不切实际的较为保守的竞争策略，最终导致公司的市场份额丧失，并在与竞争对手的较量中付出了高昂代价。阿迪达斯是一个近百年历史的世界知名运动品牌，从 20 世纪 20 年代诞生伊始，始终以行业领先者的姿态傲立于世界体育用品的品牌阵营。但自 20 世纪 70 年代开始，新生代的竞争对手——耐克借助美国跑步运动热潮，严重挫败阿迪达斯的市场发展，在随后的数十年中，阿迪达斯都与竞争对手艰辛地比拼在运动品的市场中。在中国体育产业高速发展的今天，阿迪达斯也注意到了中国这一巨大的潜在市场，并期望从中国市场赢回自己以往的荣耀。

阿迪达斯于 1980 年在国内设立品牌推广机构，在后续十几年的市场开拓中，却表现出"异常的冷静"。阿迪达斯的市场开拓、品牌定位及渠道建设的思路在进入中国市场的初期与其在中国的长远规划与发展并没有发生冲突，只是它没有采取主动、快速地赢得市场主动权的策略，以实现市场占有率的迅速提高及利润高额增长的目标。同时，公司在产品定位上过多地保持沉稳与冷静的"贵族"风格，让消费者感觉产品的"高高在上"与自己的生活相去甚远。由于阿迪达斯对中国这一潜在市场保守的预期，一直采取的是守候和观望的态度，并在竞争性品牌不断主动出击中始终采取战略防守的姿态。这样的策略使得这家公司不仅失去了中国快速发展的经济环境中所产生的大好商机，也降低了该品牌的产品在中国市场上的反应能力及沟通能力，最终使该公司落败于其主要的更善于主动"制造生意机会"的竞争对手，并导致了在中国市场蹒跚不前的市场占有率，难怪连中国本土生产的新生代竞争性品牌也没有将其列入自己的主要竞争对手。

反观作为阿迪达斯主要竞争对手并在同一时期进入中国市场的另一国际知名运动品牌耐克，由于对中国市场发展潜力的乐观估计，采取了积极的进攻型中国市场发展策略，借助不断更新的叛逆化产品主题和牛仔式的品牌形象，深入影响中国年轻的消费群体，并引领了众多新兴中国本土品牌模仿并跟进了这种引领潮流的运作产品模式和思路，更加孤立并大大削弱了阿迪达斯的市场竞争地位。

由此可知，准确预测与积极的战略态势对企业竞争具有重大的意义。如何做到准确预测与科学预测呢？这就是贤良将帅的过人之处，企业领导必须首先做到"知彼知己"与"知天知地"，必须开展动态的趋势研究与科学预测。作为现代管理方法，已经有很多规范的操作方法可供选择，其中包括定性预测，主要判定事物发展的方向和性质，如朝阳工业、夕阳工业；定量预测，在判定事物性质的前提下使之量化，主要靠原始数据及科学计算方法进行预测，如对排污的测定；数学模型预测，如运用数学中的函数关系来测定一项大工程中的子系统而作出正确的预测；模拟实验预测，通过制造人工模型，如沙盘推演等进行实战状态下的模拟预测。

趋势预测就是把眼光指向未来。企业领导对事物发展的趋势一定要有高度的敏感性和前瞻性，做到"见微而知著"。对商业世界的观察有超人的眼力，因而能作出正确判断。最重要的是要做到两点：一是预知危机。不要等到大的危险到来时惊慌失措，也不能在大的机会到来时与之失之交臂。要准确地把握企业所在行业的未来趋势，做到未雨绸缪。二是预知重大的科技进步。科学技术进步是产业升级的发动机，必将带来产业的革命。美国几次产业革命和经济蓬勃增长都是科技的重大进步所带动的，例如汽车制造技术、以硅谷为代表的电子技术和以微软为代表的互联网技术等，无不推动随之而来的美国经济增长。当前，休闲、生命科学、新原子、新空间、新能源等必将成为21世纪全球经济的推动力。了解和正确预测世界经济的总趋势，对于我们推断未来和确定企业努力的方向，特别是企业领导规划企业投资的方向是非常有益的。

三、因势利导与机智权变

孙子说，"势者，因利而制权也"《孙子兵法·始计篇》。所谓态势，就是依据有利于自己的原则，灵活机变，掌握战场的主动权，而不是一味因循守旧，丧失企业发展和竞争制胜的机会。所以对态势的运用讲求两个原则：一是有利，二是权变。所谓"小敌之坚，大敌之擒也"《孙子兵法·谋攻》，也是机智权变的道理。企业领导必须根据客观实际的情况，做到因变而变，而不能"一棵树上吊死"、"一条路走到黑"。要具有草原狼的顽强天性与本能，不可以像麻雀一样。有人抓过许多麻雀，也养过几十只麻雀。可麻雀被抓以后，就闭上眼睛以绝食绝水相拼，绝不就范。不自由，毋宁死，直至气绝，所以麻雀从来养不活。而草原狼就不是这样，它们珍视自由也珍爱生命。狼被俘之后照吃照睡，不仅不绝食，反而使劲吃，吃饱睡足以后便伺机逃跑，以争取新的生命和自由。狼的这种普遍的、与生俱来的、世代相传的性格就是权变的典型特征。"廓地分利，悬权而动"《孙子兵法·军争篇》。分兵扼守要地，扩展自己的领土，需要权衡利害关系，然后相机行动。在企业管理和商业竞争中，因利制权和悬权而动就是要求灵活、机动运用权变的道理，达到增强企业凝聚力，激发企业发展的目的。缺乏权变意识是迂腐、可笑的。宋楚泓水之战的故事就是宋襄公不懂权变而最终招致失败的史实，宋襄公也因此被后人嘲笑了近 3000 年。

张文儒教授在《孙子兵法与企业战略》一书中提出了有关权衡意识的现代解释，包括比较利益原则、机会成本原则和超前与后馈相结合的原则。这些原则非常适合于现代企业的竞争，也是小敌之坚、大敌之擒的重要内涵之一。比较利益原则是指，企业在选择战略或奋斗目标时，首先要善于发现并充分发挥自身的优势，包括绝对优势和相对优势。把业务、资源、商业模式都集中到自身的比较优势中，达到目标明确、精力集中，就能起到事半功倍的效果。如果不善于选择比较利益，盲目地羡慕他人或追随与模仿竞争对手，牺牲自身的优势与特长，结果是难以取得成功的。

机会成本原则是作出某项选择而放弃其他选择所导致的最大代价。只有当这种代价小于这种选择所获取的利益时，这种选择就是成功的，所付出的代价越小于所获取的利益，选择就愈加成功。只有懂得机会成本原则的道理，才能有效地选择、明智地作出取舍。企业领导对一种选择所持有的利益期待往往只有在运行过程中甚至在运行过程结束以后才能显现出来。这样对利益期待的可靠性作出评估时，必须兼有超前和后馈两种思维方式。

在劣势的情况下，企业领导更加需要通过权变化劣势为优势，或利用劣势，采取权变的方法达到有利的目标。孙子在兵法中做过多次这样深刻的论述，如"是故散地，吾将一其志；轻地，吾将使之属；争地，吾将趋其后；交地，吾将谨其守；衢地，吾将固其结；重地，吾将继其食；圮地，吾将进其涂；围地，吾将塞其阙；死地，吾将示之不活。故兵之情，围则御，不得已则斗，过则从"（《孙子兵法·九地篇》）。因此，处于散地，要统一军队的意志；处于轻地，要是营阵紧密相连；在争地上，要迅速出兵抄到敌人的后面；在交地上，就要谨慎防守；在衢地上，就要巩固与诸侯列国的结盟；遇上重地，就要保障军粮的供应；遇上圮地，就必须迅速通过；陷入围地，就要堵塞缺口；到了死地，就要显示殊死奋战的决心。因此，士卒的心理状态是：陷入包围就会竭力抵抗，形势逼迫就会拼死战斗，身处绝境就会听从指挥。所以，在任何劣势情况下，企业领导都不可以气馁而放弃目标的追求，而必须在求利的情况下利用现有的态势，争取有利于企业境况的改善。企业领导要有涵养、气度和魄力，不断总结教训，在挫折中成熟、茁壮。"两利相权取其重，两害相权取其轻"，并做到从害到利的积极转变。

四、造势与谋势

如果事物的发展或事物本身还没有形成重大的或对企业有利的态势，企业怎么办？这就需要造势和谋势。在没有现成的好的态势，但存在着取得好态势的条件与可能时，企业可以通过敏捷的思考和灵巧的运作，加上持续不懈的努力，最后创造和夺取好的态势，使企业发展上升到一个新的层次。一般而言，"造势"就是企业整合资源，通过策划、组织和制造具有新闻价值的事件，吸引媒体、社会团体和消费者的兴趣与关注。经常表现为企业为推广自己的产品而组织策划一系列宣传活动，以达到传播自己、促进销售和提高企业知名度的目的。这种造势是势和计谋的紧密相关，因而造势也是"谋势"。孙子指出，"计利以听，乃为之势，以佐其外"《孙子兵法·始计篇》。就是说，有利的计策被采纳，还要设法"造势"，以辅佐计策的实施。

张瑞敏说，"先谋势，再谋利"，深得营销精髓，故海尔能得家电业之天下。营销的势就是在市场竞争中，运用本身的最优资源组合，取得和掌握竞争优势，实现最后的胜利。势的大小取决于企业资源的组合与调配比率的不同。2006年，外资家电零售商与中国本土家电巨头展开了一场谋势的激烈较量。自加入世界贸易组织以来，2006年是外资进入最迅猛的一年，谋势者隐于其间。其中最典型的就是外资家电零售巨头百思买和国美等本土家电巨头的正面搏杀。外资企业除了以资本的力量获取竞争优势外，还将成熟的产业思维带入了中国，并雄心勃勃欲对原有的产业格局进行大洗牌。

2006年5月12日，全球最大的家电连锁巨头百思买收购了国内的家电零售巨头五星电器。随后，百思买推倒了第一块多米诺骨牌——破除国内家电连锁业的潜规则。这种隐藏于商业模式之中的潜规则是：家电连锁巨头门店的不断开张，让连锁企业掌握了更多与制造商谈判的筹码。流通企业利用渠道优势，谈判中获得了占用制造商资金三个月甚至更长时间的账期，然后转投到房地产等领域。中国的连锁企业由此演变成了"银行"，而做大零售的规模，其目的之一就是能够获得免费的现金流。

这种亚健康状态使得零售商和供应商之间的关系变成了竞争和敌对。据了解，中国家电制造企业对现有连锁业最不满意的两件事情是：一是货款占用时间太长，二是物流管理落后导致供应商盲目供货。百思买挑战的就是这个潜规则。它们提出，在百思买销售的产品价格将比国美、苏宁高20%。而且，百思买将参与到企业的上游环节，从外观、技术、成本多个角度分析，推测出哪一款产品最畅销，然后给厂家 20%的利润，买断这款产品的销售权。百思买的战略布局改变的不是两个企业本身，而是在更深层次上改变供应商与零售商的合作关系。进而言之，是对整个产业格局的洗牌，挑战本土家电连锁企业的类金融式的生存方式。

强敌当前，国内的几个家电巨头是如何作出反应的呢？据了解，在百思买强势进入之后，国美、苏宁和永乐等家电巨头相互之间的姿态正发生微妙的变化。从交恶到协同，它们的战略合作正逐步推进。显然，大家已意识到更激烈的竞争风暴即将到来。这个案例告诉我们，外资家电零售商巨头就是利用自己资金雄厚、渠道畅通的优势，冲击国内不利于制造商的"潜规则"，打击本土巨头从而寻找制胜的机会。这必将打破我国家电零售市场的原有格局，迫使本土家电巨头迎战，不可选择地加入到激烈的竞争中。

造势是有严格条件的，是事物的内在因素和外在因素，即一种态势能够发生的内在原因和有利的外部环境的结合。在条件具备时，加上人为的计谋和恰当的举措才能够成功。在上述家电行业竞争中，外资巨头如果没有相关方面的实力、经验、谋略和对中国市场的调查研究，盲目地进入中国市场而采取攻势策略，最终失败的则可能是它们自己。

五、因粮于敌与借势

孙子说，"善用兵者，役不再籍，粮不三载，取用于国，因粮于敌，故军食可足也"（《孙子兵法·作战篇》）。善于用兵打仗的人，兵员不再次征集，粮草不多回运送。武器装备由国内提供，粮食给养在敌国补充，这样军队的粮食供给就充足了。孙子进一步详细分析了因粮于敌的原因，明确指出"国之贫于师者远输，远输则百姓贫；近于师者贵卖，贵卖则百姓财竭，财竭则急于丘役。力屈、财殚，中原内虚于家。百姓之费，十去其七；公家之费，破车罢马，甲胄矢弩，戟盾蔽橹，丘牛大车，十去其六"（《孙子兵法·作战篇》）。意思是说，国家之所以用兵而导致贫困，就是由于远道运输。军队远征，远道运输，就会使百姓陷于贫困。临近驻军的地区物价必定飞涨，物价飞涨就会使得百姓之家资财枯竭，财产枯竭就必然导致加重赋税。力量耗尽，财富枯竭，国内便家家空虚。百姓的财产将会耗去 7/10；国家的财产，也会由于车辆的损坏，马匹的疲敝，盔甲、箭弩、戟盾、大橹的制作和补充以及丘牛大车的征调，而消耗掉 6/10。所以，"智将务食于敌。食敌一钟，当吾二十钟；萁杆一石，当吾二十石"（《孙子兵法·作战篇》）。明智的将帅总是务求在敌国解决粮草的供给问题。食用敌国的一钟粮食，等同于从本国运送二十钟。耗费敌国的一石草料，相当于从本国运送二十石。

　　孙子"因粮于敌"的主张实质上就是就地取材、以战养战的战术思想。在当时的时代背景和生产力条件下，因粮于敌具有掠夺的性质。"掠于饶野，三军足食"（《孙子兵法·九地篇》）。意思是说，在敌国富饶地区掠取粮食，全军就可获得充足的食物。在现代商业经营与竞争中，"因粮于敌"的意义成为就地取材、借"鸡"生财。企业领导需要极其重视和善于运用"因粮于敌"的谋略，善于借用强者的力量，最终成就强企之路。国际化经营需要善用本土化策略。在国际化发展中，需要充分借助当地势力和资源，从而消除消费者对外来品牌的抵触，降低进入国的非关税贸易壁垒，解决国际商务人才缺乏的问题。因此，必须坚持设计、制造、销售、资本、人才等全面的本土化战略，在国外经营所得的利润大部分也必须再投资到当地企业，扩大当地的生产规模，增加当地的就业，为所在国的经济建设、人员发展和社会福利作出持续的贡献。

　　企业经营中，要注意借当地之势与他人之势，化对手力量为自己所用，为企业立足和发展服务，从而使企业在竞争与对抗过程中做到"胜敌而益强"。借势的方式很多，如在创业初期，借用工厂，实施"虚拟联合"，快速开拓市场；在所在国市场实施"出口替代"，可以充分利用当地资源和劳动力优势，避免原材料及产品的长途运输；将自身的优势资源集中于市场开拓、技术开发，将原料供应、生产、运输等资本密集业务外包，形成以品牌优势为基础的价值网络；特许经营与"借牌立足"模式，就是利用现有的管理体系，通过加盟的方式，或通过引进强势品牌，把先进产品生产出来，借此直接进入急需市场，从而较快地形成规模产业，待资产积累到一定实力，再去着手开发拥有自主知识产权的技术和产品，使最强有力的竞争对手成为发展自己企业的最佳武器。向竞争对手学习，实际上也是在借用对手的力量。取人之长，补己之短，虚心学习竞争对手的管理之道和营销之术。发展海外企业，尤其到发达国家开展经营与竞争活动，就可以经常就近观察竞争对手，发现其成功与失败的经验教训，从而避免自己在经营中走弯路。

第三章　修道保法

"修道保法"是孙子兵法的一项重要军事原理。孙子对此进行了多次深刻的论述，从"先为不可胜"、"修道而保法"到"令之以文，齐之以武"，层层深入，丝丝相扣，形成一套完整的以竞争实力制胜的理论体系。在商业竞争和企业经营中，强化内部管理，从各方面修明政治，确保法制，增强企业实力，建立完善的不可胜的内部机制，就是创造不被战胜之道。所以，"修道保法"是商业竞争和企业成败的基础和条件，是企业领导不可或缺的重要修炼之一。

第一节　先为不可胜

孙子指出，"昔之善战者，先为不可胜，以待敌之可胜。不可胜在己，可胜在敌。故善战者，能为不可胜，不能使敌之可胜"（《孙子兵法·军形篇》）。就是说善于用兵打仗的将帅，先要做到不被敌人战胜，然后捕捉时机战胜敌人。不被敌人战胜的主动权操纵在自己手中，能否战胜敌人则取决于敌人是否有隙可乘。所以，善于打仗的将帅，能创造不被敌人战胜的条件，但却不可能做到使敌人一定被我战胜。精明的企业领导总是预先创造不被竞争对手战胜的条件，而等待可以战胜对手的时机。能否战胜竞争对手，同样在于竞争对手是否有间隙被我利用。"先为不可胜"的兵法原理在企业经营与管理中同样具有深远的重大意义。对企业经营与商场竞争而言，"先为不可胜"就是加强企业内部管理，进行人事制度的改革，调整产业结构，规范资本运营，建设优良的企业文化，建立民主管理制度，从而构建坚实的管理基础和有效的人员配置，实现高效的运作机制，为出击竞争市场做好充分准备。如果企业自身冗繁拖沓，生产效率低下，产销不对路，不但不能在机会来临时主动出击市场，连"不可胜"也难以做到。因此，"先为不可胜"是基础，是前提，是先导。只有做好"先为不可胜"，企业才能抓住最佳时机，在竞争中脱颖而出。

一、不可胜在己，能为不可胜

在企业经营中，"先为不可胜"就是首先要谋求生存，关键在于保存自己、积累综合实力，让对手没有办法战胜自己。不可胜的因素很多，最根本的因素就是整合资源，明确战略目标，在生产、研发与销售等各个环节建立良好与有效的流程管理，打造核心竞争力。企业核心能力是指能使企业保持长期稳定的凝聚力、竞争优势、获取利润、使企业不断发展壮大的能力，是一个以品牌、文化、创新为核心内容的企业关键资源的组合。核心竞争力取决于资本运作、营销服务、生产制造；取决于产品、价格、渠道、促销；取决于经营管理的方方面面。核心竞争力一旦确定必须在一定的时期内坚持到底，并随情势的变化适时作出适当的调整。正如孙子所说的，"用兵之法：无恃其不来，恃吾有以待也；无恃其不攻，恃吾有所不可攻也"（《孙子兵法·九变篇》）。商业竞争的道理也是一样，做到先为不可胜与能为不可胜，不能寄希望于竞争对手不与我竞争或不敢与我竞争，而是企业自身要做好充分的准备，要依赖于企业自身有不可攻的实力。明白了这个道理，企业就可以做到先为不可胜。

在目前竞争激烈的商业态势中，企业强弱态势的转换不断加速，甚至发生在转瞬之间。几个月前也许风头正劲，几个月后就马失前蹄。而且一旦失去优势，就很难再追赶上来，以往几年或十几年才会出现的问题在短时间内就可能集中爆发，企业因此面临生死存亡的抉择。对于现代企业领导而言，这是一个莫大的管理挑战。在企业竞争中做到"先为不可胜，以待敌之可胜"，需要企业领导顺势而为，不要在不该出手的时候盲目出击。在获胜的条件和把握不具备或不成熟的时候贸然出击只会造成不必要的损失，危及企业生存。因此，这时的上上之策就是先保护好自己，维持企业的生存，逐渐积累经验和实力，然后再寻找打败竞争对手与占领市场的最佳出击时机，一战而胜。

UT斯达康以小灵通起家，曾经创造了小灵通设备市场的发展奇迹。虽然其业务范围还覆盖宽带、软交换、3G、无线市话、增值业务等领域，但这些业务广而不精，缺乏核心技术支持。除小灵通以外，公司在其他业务上并未建立长期的竞争优势，也没有更好的利润增长点。结果UT斯达康这个曾是中国电信市场的宠儿，在2006年几乎面临生死考验，公司2005年亏损4.3亿美元，生存变得异常艰难，企业危机加剧，人事"风波"不断。和UT斯达康类似的还有盛大公司。2005年是盛大公司大出风头的一年，一段时间内，陈天桥几乎成了新兴富豪的代表人物。但是不到半年的时间，盛大公司就面临内外交困的生存考验。不论是游戏客户、业界，还是商业圈，对盛大的前途普遍持怀疑态度。2006年6月底，盛大不得不郑重提出要整理内部的管理问题。所以在商业市场中，企业应追求"先为不可胜"的常态发展，避免"其兴也忽焉，其衰也忽焉"的大起大落，远离"大意失荆州"的恶果。分众和聚众在2006年春天合并，结束以往拼得死去活来的局面，最终站到同一个战壕里，一起打拼市场，开始从产业发展的角度思考企业战略。这是一种生存之道，对双方都是"不战而屈人之兵"。但竞争是永远的，竞争是常态，联盟一般是暂时的。市场上总会继续出现新的竞争者和层出不穷的竞争方式。所以，如何提高自己的竞争能力，掌握核心竞争优势，才是使企业永远立于不败之地的最优生存之道。

企业发展阶段的主要目标是迅速长大，壮大自己的实力和规模；成熟阶段则不但要壮大，更要去争雄，战胜别人。朱元璋在攻占南京以后，依靠"深挖洞，广积粮，缓称王"策略，韬光养晦三年之久，等到自己强大了，才与张士诚等对手展开决战，争得天下。共产党军队经历过红军、八路军，一直到1948年，当解放军的军队数量和质量都优于国民党军队的时候，才发动三大战役，与国民党进行决战。

所以，对营销而言，与其说"决胜终端"，不如说"决胜开端"。

现代营销经过"传播就是营销"到"渠道就是营销",再到"终端就是营销"。百转千回之后,营销又回到了其起点。营销的起点就是定产品的基因,可以归结为产品的魂、神、灵、形、意五个关键点。有了好的起点和好的基因,产品有其魂,概念有其神,卖点有其灵,形象有其形,使用有其意,不需要额外的广告或推广,也能自动吸引消费者的眼球,而且卖得还很好,这样的力量就叫"静销力"。

"静销力"就是要策划好产品的魂、神、灵、形、意五个关键点,缺一不可。企业同样需要在这五个方面占据较高的起点。产品静销力法则是竞争从产品基因开始的最好法则。静销力法则就是先为企业创造"不可胜",而且是从竞争的起点去创造"不可胜",只有产品具备强大的静销力后,企业方才"不可胜"。因此,企业需要在规模和质量两个起点方面都具备强大实力之后,才能展开商场决战。竞争总是在强手之间展开,弱者没有参与竞争的资格。高手之间的决战既靠胆识,更靠实力。实力是决定胜负的关键,需要自己创造。

二、韬光养晦,创造竞争实力

"先为不可胜"并不是消极地、被动地应付竞争对手,惨淡经营,得过且过。而是在自己的实力还没有达到积极参与竞争的要求、对手还处于上升的时机而难以找寻缝隙、市场机遇和条件还不具备的时候,企业应韬光养晦、苦练内功而采取守势。"不可胜者,守也;可胜者,攻也。守则不足,攻则有余。善守者,藏于九地之下。善攻者,动于九天之上。故能自保而全胜"(《孙子兵法·军形篇》)。想要不被敌人战胜,关键在于严密防守;想要战胜敌人,在于进攻得当。实施防御是由于兵力不足;实施进攻是因为兵力有余。善于防守的人,隐藏自己的兵力如同深藏于地下;善于进攻的人,展开自己的兵力就像自九霄而降,令敌人猝不及防。所以,守也是积极的,以更加积极的态度关注市场和竞争对手的动态,寻找合适的时机出击,从而做到保全自己,夺取胜利。因此,"先为不可胜"不是消极的"守",而是积极自保,是打好企业制胜的基础,目标是全胜。在这里,自保和全胜是相辅相成的，不能自保就无法获得全胜，不能全胜也就难以自保。如果在能够战胜竞争对手的情势下，不及时投入市场参与竞争，就会给对手以机会，到头来反而不能自保。同样地，如果不能在战胜对手的条件下而盲目强行进攻，就可能招致失败而不能自保，失去全胜的机会，从而发生孙子所说的"小敌之坚，大敌之擒也"（《孙子兵法·谋攻篇》）。

不被竞争对手淘汰，在于寻找到属于自己的一锥之地，或者是一个细分的领域，或者是一个专业的领域。要确保自己在这个一锥之地的优势地位，才有机会在以后向更广的领域进军，挑战新的竞争对手。要扩展领域，需要合适的时机和得当的进攻措施。之所以不盲目扩张，是由于自己还没有那么大的实力；之所以扩张领域，主动出击，是由于自己的力量已经非常强盛。在防御时，让对手根本感觉不到你的存在，或者对手根本不知道怎样对你进攻。在进攻时，要像从天而降一样使对手根本无法防御。所以，首先要选择一个属于自己的领域使企业得以休养生息、生存与发展，同时还要善于寻找时机取得新领域的胜利。

在商界，攻与守的较量每天都在发生，孰胜孰负，就看谁技高一筹。从最初的学徒到股东，再到董事长，雷士老板吴长江做了三件事：产业链的整合；打造国内最成功的照明营销团队；求知与探索的个性使他在品牌营销和资本运作领域苦苦修炼。经过五年的积累，雷士照明就由守转攻，像一股旋风席卷整个照明行业。冲击50个亿、100个亿的理想目标，是雷士向产业规模化推进的必然途径。在扩大雷士产业链规模、提升产业链综合竞争力的同时，也冲击着整个照明电气行业。

"从现时照明行业格局来看，追求规模意味着要在主流市场占据一席之地，追求速度意味着要通过企业在专业领域的领先，成为领军企业。而一旦雷士在全国完成初步的终端布局，其产品类别中便会出现战斗型的系列产品，极有针对性地在部分焦点市场上针对焦点品牌展开绞杀。目前进入视野的有两三家，一旦开战，首先是针对其经销商展开绞杀战，利用雷士业已形成的规模优势，集中火力打掉对手的出货点。针对它强势和薄弱的地方进行彻底的学习与解剖，准备充分的弹药，集中最优势的资源，战而胜之，将是雷士对其主要竞争对手的争胜策略。其他行业也出现过类似的现象——主流企业透过规模优势往往会用细分和聚集的手段，集中优势兵力打击对手，通过这种局部战争，不断提高自己的免疫反应力，使企业的生存能力越来越强。"

透过雷士国内营销总经理吴政哲这段简短而富有杀气的文字，可以联想到雷士"绞杀"焦点品牌的一些举措：

第一，收购世代等照明企业，攻击跟随商照品牌，保护雷士核心品牌。雷士将"世代"品牌定位于中低端商照品牌，会在市场上开展长期的促销活动，压制商照跟随品牌。

第二，单品突破。雷士几乎都是靠 OEM 方式来整合和启动灯饰项目，在每个单品领域几乎没有什么竞争优势。吸顶灯是欧普的拳头产品，新特丽、琪朗等在现代花灯领域占据较大的优势，羊皮灯品牌有海菱等。雷士一是通过雷士原有渠道迅速推出灯饰项目，迅速形成规模化，并使其成为一个渠道品牌；二是在单品领域拿出 1~2 个系列的产品采取大促销、大赠送、大降价等手段，专攻其他家居品牌的核心产品，削弱竞争对手的竞争优势，从而提升灯饰项目的竞争力。

第三，联姻电器巨头，提高电器部分的核心竞争力。雷士与两大国际照明电器巨头达成合作协议，实行核心零部件一对一的专供形式，为雷士提供独一无二的电器部件，这样雷士就能在核心技术上拉开与传统商照品牌的距离。

第四，收购电光源企业，建设生产基地，扩大光源产能。扩大光源产能是雷士的必行之路，光源是雷士扩张的最大软肋。在解决资金链的前提下，雷士将收购国内大型电光源企业。雷士在惠州、重庆、山东等地的产业园已经落成或在有计划地建设中。这些又恰恰是业内其他灯具类企业的最大缺陷，雷士因此而获得了更大的筹码。

雷士打造产业链的思路非常清晰，即灯具、电器和光源三大项聚集成雷士的核心产业链，并在不同的项目上采取不同的策略予以进攻或扩张，同时打造自身的核心竞争力。自 2006 年开始，雷士改变在非商照领域被动防守的姿态，开始全面由守转攻，主动出击对手。

从雷士照明的案例可以看出，企业在"守"中积累实力，转守为攻是一种必然。进攻是最好的防守，防守也是为了更好的进攻。南方有一种毛竹在地里五年不出土，但五年出土后一天可以长 60 厘米，40 天就可以长到 30 米高，大风刮不倒。内蒙古草原有一种叫沙葱的草科植物，露在地面上的毛毛叶一年死好多次，但始终是活的。为什么？前者根基牢固，后者根系发达。对企业而言，就是要把基础做扎实，把基本功练好，做到"先为不可胜"。

三、创造条件，做到胜可为

达到不被战胜的实力，拥有不可胜的核心优势，通过主观努力，可以实现主动战胜对手，做到胜可为。正如孙子所说，"知战之地，知战之日，则可千里而会战；不知战地，不知战日，则左不能救右，右不能救左，前不能救后，后不能救前，而况远者数十里，近者数里乎？以吾度之，越人之兵虽多，亦奚益于胜败哉？故曰：胜可为也。敌虽众，可使无斗"（《孙子兵法·虚实篇》）。意思就是说，既预知与敌人交战的地点，又预知交战的时间，即使行军千里也可以与敌人交战。既不能预知与敌人交战的地点，又不能预知交战的时间，仓促遇敌，就会左军不能救右军，右军不能救左军，前军不能救后军，后军不能救前军，何况远的相距几十里，近的也有好几里的交战呢。越国虽然兵多，这样的交战方法对它又有什么帮助呢？所以说，胜利是可以创造的，敌兵虽然多，却可以使他们无法有效地参加战斗。由此可知，在一定的条件下，企业虽然处于劣势地位，但仍然可以主动出击而化解优势对手的战斗力，战胜竞争对手，做到"胜可为"。所以，"先为不可胜"与"胜可为"是辩证统一的关系。企业领导既不能在客观条件不允许的情况下，盲目参与竞争而招致不必要的失败，从而失去企业自保的机会；也不能一味消极防守，不抓住有利时机或创造有利条件主动战胜竞争对手，为企业争取经营与竞争的优势地位。《孙子兵法》主要从三个方面分析了"胜可为"的途径和方法。

第一，做到"知彼知己"、"知战地、知战日"，以有知对无知。这样即使在劣势的条件下，企业仍然可以产生战胜优势竞争对手的巨大力量。

第二，以劣势的集中应对优势的分散，达到战胜优势竞争对手的目的。即"形人而我无形，则我专而敌分；我专为一，敌分为十，是以十攻其一也，则我众而敌寡；能以众击寡者，则吾之所与战者约矣"（《孙子兵法·虚实篇》）。使敌人处于暴露状态而我军处于隐蔽状态，这样我军兵力就可以集中而敌军兵力就不得不分散。我集中兵力于一点，而敌人分散为十处，我就是以十对一。这样就会出现我众敌寡的态势，从而与我交战的敌人就变得少了，我军取得成功的机会就大大增加。所以，虽然我居劣势，竞争对手占有优势，但这种态势不是绝对的，而是相对的，在一定条件下是可以相互转化的。只要拥有相对优势就可以参与竞争，关键要发挥人的主观能动作用。因此，必须充分分解对手的优势，使其资源分散而得不到集中。

第三，发挥整体实力，破坏对手的协同策应效果，争取竞争决战的胜利。孙子说，"古之善用兵者，能使敌人前后不相及，众寡不相恃，贵贱不相救，上下不相收，卒离而不集，兵合而不齐"（《孙子兵法·九地篇》）。善于指挥作战的将帅，能使敌人前后部队不能相互策应，主力和小部队无法相互依靠，官兵之间不能相互救援，上下级之间不能互相联络，士兵分散不能集中，合兵布阵也不整齐。无论是战争还是商场竞争，能否协同策应是决定成败的关键之一。能自立协同则胜，能破敌策应则胜，这一破一立中蕴藏着很多制胜的哲理。

第二节　修道而保法

孙子指出，"胜兵先胜而后求战，败兵先战而后求胜。善用兵者，修道而保法，故能为胜败之政"（《孙子兵法·军形篇》）。意思是说，胜利的军队总是先创造获胜的条件，而后才对敌决战；而失败的军队，却总是先同敌人交战，而后企求侥幸取胜。善于指挥作战的将帅，必须修明政治，确保法制，从而能掌握战争胜负的决定权。"道"和"法"是孙子预知战争胜负的"五事"中的两个重要方面。修明政治，确保法制，企业就能掌握市场竞争胜负的决定权。成功的企业领导总是先创造胜利的条件，如积累资源、合理定位、巧妙策划、组建团队，然后才会参加到商业战场的角逐中。而失败的企业领导只是羡慕成功者的辉煌，心浮气躁地盲目进军市场领域，贸然投入市场竞争意图侥幸取得胜利，但却缺乏必胜的条件，所以常常失败。成功的企业领导，一定要从一开始就掌握胜负的决定权和主动权。所以，修道保法就是做到"先为不可胜"的具体措施与方法，为争取"全胜"奠定坚实的基础。

一、修明政治的内涵和意义

孙子在不同场合、从不同角度对"道"进行了多次深刻的阐述，其所论述的"道"具有广泛而深远的含义。在孙子看来，"道"首先是道义的感召力，体现的是人与人之间相互沟通、协调与信任。"道者，令民与上同意也，可以与之死，可以与之生，而不畏危"（《孙子兵法·始计篇》）、"故知胜有五：……上下同欲者胜"（《孙子兵法·谋攻篇》）。这里道就是使民众的目标与君主相同，其意志与君主统一，这样民众就能够为国君出生入死，而不惧怕危险；从全国上下、全军上下意愿一致的情况就可以预知战争的胜利。相应地，企业中的"道"是指使下属或员工认同企业领导意愿，对上层决策者发自内心地赞同、信任和信赖，使员工在行动上做到齐心协力，勇敢面对挑战。所以，企业修明政治重点体现在共识、诚信与社会责任等主要方面。

在现代企业经营与管理中，精明的企业领导需要高度重视共识、共和，从而达到共创。共识就是要求企业上下，从企业领导到普通员工对企业目标、企业战略、经营方针与政策乃至企业危机等取得共同一致的认识。共和就是要求企业员工之间、部门之间、上下级之间能经常保持良好沟通，在行为上和谐一致，感情融洽。共创是指企业人人具有创新意识，齐心协力创造新产品、新商业模式和新发展方向。在企业内部和外部均营造合作、信任、友爱、团结、进取、谦恭、追求卓越、交流沟通等文化氛围，采取以职工为中心的领导方法，重视人际关系，注重职工情绪和态度。企业职工越来越期盼从情感上得到人性化的关怀，期望企业领导能够切实解决他们最关心、最直接与最现实的利益问题，促进其全面发展与自我实现。

李嘉诚先生在华人商界可谓是大师级人物，与其子李泽楷咄咄逼人的对冲基金式作风相比，其与人为善的营商哲学和彬彬有礼的作风使得他能够多次化解商场的惊涛骇浪，包括李泽楷兴起的电盈竞购风波。2006年4月，30多位中国内地著名的企业家在香港集体拜会李嘉诚先生，李嘉诚请他们到长江中心大厦午餐。李嘉诚给每一位企业家都发送请柬，并要求必须送到每一个人手中，还要请客人亲自签字。这给参会人员留下深刻的印象，"实际上以他（李嘉诚）的地位，通知大家一声也就完了"。午餐前，大家得知还需要抓一个号码按顺序就座。"中国人讲究排座次，我们的企业又有大有小，年龄也老少不齐，这个办法确实好。"李嘉诚的细心让每一位受邀者都受到了尊重。李嘉诚说："今天我有这个荣幸能够接待各位，整个长江集团蓬荜生辉。""当我们梦想更大成功的时候，我们有没有更刻苦的准备？当我们梦想成为领袖的时候，我们有没有服务于人的谦恭？我们常常只希望改变别人，我们知道什么时候改变自己吗？当我们每天都在批评别人的时候，我们知道该怎样自我反省吗？"实际上，这些细微之处正反映了李嘉诚的"高超"与"谋道"。

诚信是企业"大道"之一。诚信强调的是言行一致、知行合一。不论企业领导，还是企业员工，最重要的是诚信。企业领导没有诚信就得不到部属的信任和效忠；员工没有诚信就不可能做人、立足；企业没有诚信就得不到广大消费者、供应商、合作伙伴、服务机构乃至整个社会的充分信任而失去生存与发展的空间。"诚信信号"在经济交易中作为一种风险信号对交易的进行和商业竞争产生重大的作用与影响，诚信已经成为企业的一项生存技能。

中国以经济快速发展而跃居世界舞台之上，但目前却深受诚信问题困扰。诚信问题遍布各行各业，包括医药、食品、媒体、教育、会计和制造业等。在经济领域，快速挣钱的无情催生了大量快速致富的旁门左道。无道德意识的商家利用人们最基本的需求和不安全感——

从住房、医疗保险到孩子的教育——来欺骗顾客。求职市场出现以假学历证明欺骗雇主的现象。食品与医药供应中经常有危害生命和健康的假货。权力和人情超过了社会正义，挑战规则和法律。诚信的缺失使人们在经济上和心理上付出了惨重的代价，政府的管理也变得非常困难。似乎每个人都是诚信缺失的受害者，同时却又是诚信问题的制造者。

为什么会出现如此严重的诚信缺失问题？究其原因，一是对失信行为的惩处力度不够。如买到假货，法律惩处是"假一赔二"，而香港地区是"假一赔十"。美国政府以美国烟草公司故意设法模糊抽烟与罹患癌症和其他疾病的关系误导和欺骗公众为由，决定提起诉讼，要求对其处以2800亿美元的罚款。这充分说明西方国家或地区对不讲诚信行为的惩处比较狠。目前，我国对失信经济行为的法律处罚，只是补偿受害者的经济损失，起不到有效约束毁信者行为的作用。只有建立惩罚性的、累进制的法律处罚制度，让失信者或经常毁信者倾家荡产，无法生存，才能有效地制止失信行为。

另一个原因就是尚未建立完善的诚信制度。一位在德国的中国留学生想留在德国工作，却在择业时屡屡受挫，于是他愤然将有关企业以"歧视行为"告上法庭。法庭调查显示，该生在留学期间有3次乘坐公车的逃票记录，而德国的逃票查获率为十万分之一。这位学生不但败诉，而且永远不可能在德国找到工作。在多数西方国家，每个人或企业都有一个伴随其终生的社会诚信号码（相当于信用身份证），个人和企业的所有信用表现都会永远记录在账。所有账号都纳入公共信用诚信管理数据库，失信一旦被数据库记录，就会留下终生难以抹去的污点。在个人就业、住房贷款、办理保险、使用水电气等社会生活的各个方面，都将付出十分沉重的代价。

可见，诚信的缺失是因为失信的成本非常低，与失信的收益形成鲜明的反差。一些轰轰烈烈的社会运动，如"质量万里行"、"打假行动"、"八荣八耻教育"等都不能产生明显的效果。只有在全社会范围内让失信的人或企业在社会生活、市场营销中都付出惨重的甚至危及生存的代价才能约束失信行为的发生和蔓延。因此，必须提高对诚信的认识，强化诚信对于企业经营与竞争的重要意义。诚信是企业维护和提升品牌形象的必经之路，是企业核心竞争力的基石，是企业开拓市场和参与竞争的有力武器，是降低交易成本的重要手段，更是提高企业业绩的源泉。不论其所处的诚信大环境如何，企业都必须追求诚信之"道"，以信为先，经营诚信产品与服务，建设诚信文化和行为准则，加强与供应商、客户、政府等部门的诚信合作，为营造和改善诚信环境作出应有的贡献。

诚信体现了企业的社会责任，社会责任构成企业"道"的另一项重要内容。企业社会责任指的是企业在创造利润、对股东利益负责的同时，对员工、客户、供应商、金融机构、社区及政府所承担的责任，具体包括遵守商业和行业规则、商业道德，受生产安全、职业健康、保护劳动等方面的法律法规约束，支持慈善事业、保护弱势群体，维护社会公共安全、依法合规经营、创造社会财富等。实质上，企业应承担的责任包括经济责任、法律责任、自然环境责任及人本、伦理与道德责任等。作为社会重要组织之一，企业的直接目的是盈利，但盈利绝对不是唯一目的和准则，更高层次的目标在于为社会创造价值和财富，报效国家，奉献社会，以强烈的社会使命感和责任感作为企业价值观的核心理念。企业发展到一定阶段，必然从最大利润价值观、合理利润价值观最后到达企业与社会互利的价值观，即在确定的利润水平上把员工、企业、社会的利益统筹考虑，也就是把社会责任看做企业价值体系中不可缺少的一部分。所以，我们在讨论"明君贤将"的时候，把"主"、"上"、"君"的概念范围扩大到股东以外的企业员工、供应商、消费者和社会大众等利益相关者。国有企业从一开始就必须把企业与社会互利的价值观摆在首位，那种依靠垄断地位、不断榨取公民利益并因此获得高额垄断利润的国有企业是不道德的，也反映不出其经营管理水平的高低优劣。

企业要立于不败之地，就要有能力适应不同发展阶段的变化，迅速从粗放经营转向科学发展，从追求单一利润目标转向多元责任目标。从长远来说，忽视或轻视甚至罔顾社会责任的企业是缺乏竞争力的。企业社会责任目前已经成为企业竞争力的一个重要因素和指标，是企业赖以生存发展的长久之道，为企业发展提供不竭的动力。近年来，和可口可乐、微软、英特尔等跨国公司一样，越来越多的中国企业开始发布企业社会责任报告，如国家电网公司、中国移动、中国石油、浦发银行等。一些企业开始积极推行社会责任国际标准（SA8000）认证。SA8000已经成为新的国际贸易标准，是我国企业进入跨国公司供应链、产业链及出口发达国家的重要门槛。调查表明，84%的荷兰人、89%的美国人在购买商品时都会考虑企业是否获得SA8000认证。企业承担社会责任不仅是国际竞争的需要，也是国内发展变化的客观要求。可以说，企业社会责任是企业日常生产经营活动中贯穿始终的要素，为企业发展提供无尽商机，有利于提升企业的品牌形象和价值，创造巨大的无形资产，增强员工的责任感和自豪感，提高员工对企业的忠诚度。

所以，共识共和、诚信与社会责任构成企业"道"的重要内容，是科学发展观的具体体现，也是企业领导修明政治的重大课题。古人云："君子务本，本立而道生。"在商场竞争中，一个企业最终需要靠实力参与竞争，以实力取胜。所以修明政治可以创造企业竞争的根本，是企业生存与发展之道，也为开拓市场和竞争制胜创造坚实的物质基础。修明政治可以造就一种平等、和谐的企业环境，员工有充分施展才华的机会，企业领导则能发挥潜藏在每一位员工中无穷无尽的创造力，使之成为造就百年基业、做强做大的根本力量。

企业形式和内容多种多样，最基本的是产品和服务，离不开的是市场。任何一个经营实体，都是由人、财、物、信息、文化等要素构成经营活动的重要内容，企业领导通过计划、组织、指挥、协调、控制等职能和各种措施的不同组合，使产品或服务最大限度地占领市场。同时，使企业规模与经营范围不断扩张，使企业始终保持旺盛的生机和活力，不断积累企业持续发展的动能，实现基业长青，成为百年老店。概括起来，就是把企业规模"做大"、实力"做强"、寿命"做长"。无数企业经历表明，在百年企业的成长、发展与持续过程中，企业领导必须选择修明政治，通过守正苦练内功，实现杰出经营，把产品做好做精，把服务做细做全，把品牌做响做亮。企业只有这样才能作出"金"字招牌、"百年"招牌，使企业做大、做强、做长。

现代企业不断感受到成本上升、利润下降和竞争激烈的压力，这些也不断强化着企业领导提升企业管理水平的愿望。企业要发展壮大，在竞争中获胜，不但需要高明的战略、营销的创意、核心竞争力等，还需要通过修明政治而健全内部管理。只有内部管理提升了，企业才能够高效和低成本运作。执行力增强了，企业就处于能够生存和与对手抗衡的境地，走上杰出经营之路。这就是企业"守正"之路。企业领导需要投入大量精力和时间在"正面战场"——品牌建设、人才培养、服务塑造等核心竞争力的各个方面，苦练内功，提高企业竞争能力。

二、确保法制是竞争制胜的保障

"法"是预知战争胜负的"五事"之一，在兵法中它是"曲制、官道、主用也"（《孙子兵法·始计篇》），即军队的组织体制建设、各级将吏的管理和军需物资的掌管与调度。对于企业而言，"法"就是企业管理的组织、体制、制度、业务流程和激励等。《孙子兵法》中多次深刻地阐述了确保法制的实质、特征与意义。

"凡治众如治寡，分数是也；斗众如斗寡，形名是也"。"纷纷纭纭，斗乱而不可乱也；混混沌沌，形圆而不可败也。乱生于治，怯生于勇，弱生于强。治乱，数也；勇怯，势也；强弱，形也"（《孙子兵法·兵势篇》）。"言不相闻，故为金鼓；视不相见，故为旌旗。夫金鼓、旌旗者，所以一人之耳目也。人既专一，则勇者不得独进，怯者不得独退，此用众之法也"（《孙子兵法·军争篇》）。意思是说，统率大部队如同带领小部队一样，是因为有良好的组织编制；指挥大部队作战如同指挥小部队一样，是因为有严明的号令。在人马纷纭的战场上，敌我交互厮杀，阵线混乱，我军的部队组织切不可混乱；在混沌迷蒙的环境中作战，要阵形周全，连环衔接，互相呼应，才不至于失败。战场上，一方队伍的溃乱产生于对方队伍的严整，一方的懦弱产生于对方的勇猛，一方的弱小产生于对方的强大。军队的乱与治，是组织编制间题；勇与怯，是作战态势问题；强与弱，是实力大小和兵力配备布置问题。作战时用语言指挥听不见，所以要设置金鼓；用动作指挥看不见，所以要设置旌旗。因此，夜战多用金鼓，昼战多用旌旗。之所以要用金鼓旌旗，是为了统一全军的行动；全军视听集中，行动统一，那么勇敢的士卒也不能任意单独前进，懦弱的士卒也不能单独后退。这就是指挥大部队作战的方法。

这里说明了严密的组织、统一的指挥系统和健全的流程与制度对于作战与竞争的重要性。强调组织不可以混乱，组织编制要严整，处乱而自己不可乱。统一的指挥系统就是要求军队上下保持一致，不能我行我素，单独冒进，也不能拖组织后腿，畏惧后退。必须像常山的"率然"蛇一样，"击其首则尾至，击其尾则首至，击其中则首尾俱至"（《孙子兵法·九地篇》），做到相互协调、互相配合，"相救也如左右手"（《孙子兵法·九地篇》）。所以，"是故方马埋轮，未足恃也；齐勇若一，政之道也；刚柔皆得，地之理也。故善用兵者，携手若使一人，不得已也"（《孙子兵法·九地篇》）。想用把马并缚在一起、深埋车轮这种显示死战决心的办法来稳定部队，是靠不住的。要使部队能够齐心协力、奋勇作战如同一人，关键在于部队管理教育有方，要使优劣条件不同的士卒都能发挥作用，因地制宜，使组织上下携手团结，从而做到"将军之事，静以幽，正以治"（《孙子兵法·九地篇》），即考虑战略沉着冷静并幽深莫测，组织管理做到公正严明而有条不紊。

孙子特别强调确保法制的重大意义，所以在"分数"、"形名"之后接着指出，"三军之众，可使毕受敌而无败者，奇正是也；兵之所加，如以碫投卵者，虚实是也"（《孙子兵法·兵势篇》）。意思就是说，只有组织良好、纪律严明、制度健全、流程通畅的企业，在市场上面临激烈竞争时可以做到沉着冷静，反应灵敏，创造"毕受敌而无败"的条件，创造奇正战术得以有效利用的条件，也是增强竞争实力的前提条件。缺少"分数"、"形名"在内的企业组织管理和法制观念，企业是难以立于不败之地的，更谈不上利用奇正之术和增强企业竞争实力。

在激烈的商业竞争中，组织和制度即确保法制是必须始终坚持和彻底保障的，尤其在企业发生各种突发事件的时候。发生突发事件时从容与混乱是企业确保法制是否得以贯彻执行的重要标志。在纷纭的商场上，竞争和突发事件都能够造成企业阵线混乱，传闻纷杂，虚假信息充斥。但在混沌迷蒙与瞬息万变的商业环境中，企业必须做到组织不可乱，而要组织周全、连环衔接、互相呼应、责任分明、事有人管、务有人应。"治乱，数也"。企业的治与乱就是企业组织管理问题。企业组织的好坏、强弱、通畅与否可以影响竞争对手的内部组织。我方组织严整可以造成对手的混乱，提高我方企业人员的自信心和主动性，进而增强我方优于竞争对手的竞争实力。

在现代企业中，孙子有关"保法"的原则同样具有现实的指导意义。企业在组织机构设置、规章制度与纪律、流程梳理、管理机制、统一指挥与控制体系、信息流通等各个方面都需要做到严密、严整、严明、协调、统一、公正；内部机构健全，部门分工明细、职责分明；上下行动齐心协力、有条不紊，形成事有人为、反应灵敏、畏惧规则、法令通达、纪律严明、效率至上的有机机制。企业中经常发生的"内耗"现象是制度与法制的天敌，将极大地破坏企业确保法制的各项努力。企业领导需要及时发现和制止内耗，采用包括"企业资源计划"（ERP）在内的所有现代的科学管理手段，敢于挑战潜规则，使企业在确保法制中建立不可战胜的核心优势与能力。

有一种现象与确保法制是背道而驰的，即内耗，也就是通常所说的"窝里斗"现象。它会大量消耗企业的资源与活力，制约企业效率与效益的提升，严重影响到企业的生存与发展。企业内耗更威胁企业制度与法治。内耗具有四个特征：一是"阴"，即不公开。"当面说好话，背地使绊子"。二是"软"，即不硬来。用软功夫，在不知不觉中杀伤对方，即便对方发觉了，也难以还手。三是"小"，即不起眼。通过做小动作、打小报告、闹小纠纷、搞小摩擦等来打击对手，至少给其造成心理、情绪上的刺激，积小成大，置人于死地。当事人因事小而不好"小题大做"。四是"黏"，即无休止。内耗是黏黏糊糊的，没完没了。这些特征使得内耗非常可怕。因为如果不阴，便可以当面还手；不软，便可毅然动手；不小，便可大打出手；不黏，便可及时收手。遇上内耗，还手找不到对手，动手下不了决心，打又打不得，收又收不住，只好受其折磨。

热衷于内耗的人具有四个明显的特征：一是心胸狭窄。只要人优他劣，人强他弱，人智他愚，他就会感到不舒服。在这种心理的支配下，他就会情不自禁地频频向他人发起挑衅或进攻，如讽刺挖苦、幸灾乐祸、流言蜚语、造谣中伤、匿名诬告等，千方百计将对手拉下来，就算拉不下来，也要暗地里踹上一脚。二是道貌岸然。这些人都善于伪装，明明自己有不可告人的目的，但他们说出的话却总是娓娓动听；明明自己的个人私欲比任何人都要严重，却要显得高尚、纯洁。三是自以为是。自我感觉良好，自以为掌握绝对真理，动辄将原则问题提到绝对的高度，把那些本来不属于原则的现象都作为原则来考虑，把自己打扮成原则的捍卫者。四是拉帮结伙。凡是内耗严重的单位和群体，一般都是山头林立，派系斗争严重，大都有权力的因素在起作用。

那些特别热衷并擅长"窝里斗"的人，一般上行为不正，专走歪门邪道。而且不善，专行不义之事。小人做人做事不守正道，以邪恶的手段来达到目的，喜欢造谣生事、挑拨离间、拍马奉承、阳奉阴违、趋炎附势、落井下石。待人处世的方式是：虚情假意、两面三刀、阴谋诡计、投机钻营、见风使舵、媚上欺下、心狠手辣、不择手段。这些人只计算个人得失，不考虑整体利益。大多数内耗，特别是危害性大的内耗常由小人挑起。

内耗的危害性是显而易见的，如果一个成员生活在相互猜疑、彼此防范、嫉贤妒能、造谣中伤的群体中，其心态也必然会发生异化、扭曲，甚至达到变态的程度。因此，内耗严重的结果只有两个：一是把人变成"两面派"，二是把人逼成"精神病"。

内耗是个体之间由于不协调或无序而引起的互相干扰、互相抑制作用的一种现象。内耗往往是无规则或按照潜规则隐蔽进行的，个体通过阻碍、干扰其他个体而达到其自身或小团体的目的。其结果是极其负面的，对企业会造成长久的消极甚至是致命的影响，威胁企业的正常运行，降低企业经营与管理的效率。因此，企业领导必须建立公平竞争的运行机制，倡导合作性冲突的文化氛围，最大限度地减少内耗。产生内耗的主要原因是企业"重人治、轻法治"、"爱面子、重关系"、蔑视规章制度，使得简单问题复杂化，企业管理的无序度增加。国有企业由于其自身特点及制度安排的缺陷，企业内部的权力斗争与内耗更加严重，是企业修明政治、确保法制的最大障碍。

要从根本上治理内耗，确保法制是关键。具体说来，一是加大企业改革力度，优化管理体制和运行机制。在企业中建立竞争性的开放系统，真正做到干部能上能下、员工能进能出、薪酬能高能低。根据环境的变化，适时进行组织再造和管理创新，形成耗散结构，以保证组织的活力。建立科学的工作流程、合理的制度安排和完全到位的个人责任制。二是从源头出发，从特征上入手，针对其根本性因素，满足职工正常利益的诉求，倡导意见充分表达，鼓励情感的正常宣泄；提倡规范透明的阳光操作，建立小人无法为所欲为的有效制度，尽可能降低小人的负面作用，并让小人为其所作所为付出代价。三是加强企业文化建设，树立统一的核心价值观。用企业的核心价值观去统一和提升个体及群体的价值观，调动各利益主体的积极性，实现企业的战略目标。在国有企业改革与发展的实践中，要探索和建立既能传承中国优秀的传统文化，又能与国际先进文化接轨，并能适应社会转型期的企业文化。在企业内部要树立正气，杀灭歪风，破除"宁得罪君子，不得罪小人"的观念，敢于与小人展开斗争，消除内耗产生的土壤。四是要坚持确保法制的一致性，做到孙子所说的"令素行以教其民，则民服；令不素行以教其民，则民不服"（《孙子兵法·行军篇》）。企业领导坚持严格的规纪时必须以身作则，从而促进企业战略、规则制度被高效切实地遵守与执行。

在信息化社会中，企业普遍将现代先进的信息技术应用于管理实践，从而达到提高效率、优化流程的目的，是确保法制的重要手段之一。ERP系统的特点是严密的数学逻辑、完备的数据结构、规范的流程策略。它能够有效地集成企业信息，保障企业的科学管理与决策。ERP的实施，实质上就是把企业管理从人治提升到法治的层面，是企业管理的一项重大变革。但ERP的实施与企业中普遍存在的管理不规范、行业潜规则是不相容的。其有效实施是建立在企业内部规则制度规范化与合理化的基础上的。ERP系统是企业的公共信息平台，讲求的就是打破部门间的壁垒，实现信息透明，协调合作，可以有效避免个性化、人为因素、随意性给企业造成混乱。在ERP系统中，人人都是平等的信息提供者和受益者，而且这种交流是双向的，与潜规则是格格不入的。

一家经营建筑工程的私营企业总经理在企业发展过程中的烦恼越来越多。公司规模小时，总经理感觉所有事情都能一手掌握，现在却觉得"鞭长莫及"，很多事情自己看不透、听不到，越来越不踏实，特别害怕中层领导瞒报信息，而自己全然不知。为了让企业信息透明化，公司开始实施ERP系统。总经理希望通过ERP系统使企业内部管理对自己透明，让自己的眼睛能够看见每一个流程，对业务中的每一个环节都能做到了如指掌。可引入了ERP系统之后，总经理更加担心了。他发现ERP系统不仅把中层管理者的业务透明了，自己和整个公司的一举一动也都全部透明了。但是在业务操作中，公司有很多业务模式处于模糊地带，有些业务的做法难以对外公开。如果这些信息都非常透明，公司业务就会受到重大影响。让总经理感到更加不适应的是ERP系统中的财务系统。财务系统根本无法适应这些账务的流程，在总经理看来，这套ERP系统不但无法提高企业的管理效率，反而束缚了企业的手脚，阻碍了公司发展的脚步。

如果不借助信息系统，总经理所想象的智能化管理目标便无法实现，公司必然遭遇发展壮大的"瓶颈"。但是如果实施ERP系统，公司便违背行业的运行规律和"潜规则"，连日常经营都难以运行。这是ERP系统与潜规则的格格不入。由于各种复杂的原因，各行各业都存在一些"潜规则"。"潜规则"一般挑战法规制度而披着合理、合法的外衣，如餐馆酒水开瓶费、餐馆最低消费、手机双向收费、因机票遗失而未乘机不能退费等。长期以来，一些行业的"潜规则"为企业带来丰厚的利益，保护这些企业不思进取，扼杀企业的创新思维和发展活力。打破这些行业潜规则则严重威胁一些企业的既得利益，从而受到很大的抵制。向卡拉OK经营者收取版权使用费、手机充电器标准的统一、取消手机双向收费变为单向收费、企业"一把手"可以随意破坏制度从而降低制度的严肃性和权威性等，在实际执行中常常会遭遇阻力而无法有效执行，使得确保法制非常困难且难以执行。所以，在商场竞争中，在企业内部管理中，企业领导必须敢于和善于挑战"潜规则"，确保法制，增强企业创新活力。

三、奖励与惩罚

孙子非常重视奖励与惩罚，明确指出其三方面的重要影响。"取敌之利者，货也。故车战，得车十乘已上，赏其先得者，而更其旌旗，车杂而乘之……是谓胜敌而益强"（《孙子兵法·作战篇》）。"施无法之赏，悬无政之令，犯三军之众，若使一人"（《孙子兵法·九地篇》）。"夫战胜攻取，而不修其功者凶"（《孙子兵法·用间篇》）。就是说，奖赏使军队能够战胜敌人，自己更加强大；施行超越常例的奖赏，指挥军队就如同使用一个人一样，步调一致；打了胜仗，攻取了土地城邑，不能及时论功行赏就必定有祸患。

所以，企业要战胜竞争对手，使自己更加强大，激发企业员工提高参与竞争的勇气和士气，就需要施行超越常例的奖赏，实施不拘常规的纪律与惩罚，从而使得员工能够"士为知己者死"，增强企业的凝聚力和战斗力。奖励与惩罚的综合运用就是要求企业建立激励与约束机制。这种机制实质上是鼓励先进、惩处落后的行为，是修正执行和增强执行强度的手段。建立和运行激励与约束机制，首先要注意奖罚的适度、时机与公平，不能厚此薄彼，不能因溺爱而不加以教育，违法而不予以惩治。久而久之，职工队伍就失去战斗力，士气就会低落，积极性与热情将严重受挫。"哀莫大于心死"，企业将走向失败。其次要做到奖不越位、罚不过时。通过奖励和处罚鼓励员工良好的行为和规范，修正其错误和不良习惯，奖勤罚懒，达到温家宝总理在2004年全国人才会议上提出的"赏当其劳，无功者自退；罚当其罪，为恶者咸惧"的目的。再次要特别注意奖罚的频度和奖罚的严肃性。接连不断的奖励和反复的惩罚不但起不到应有的作用，反而会引起不良后果。"数赏者，窘也；数罚者，困也"（《孙子兵法·行军篇》），接连不断的犒赏是管理者无计可施的表现，反复的惩罚表明企业处于困境。最后要努力避免激励错位。激励错位就会产生负激励的作用，消除了曾经通过正向强化建立起来的积极心态，挫伤士气，达不到激励的效果和目的。任何激励与约束机制都需要建立起责、权、利的严格统一。缺乏一致性的奖励与惩罚不但不能提高执行力，强化正确的行为，反而会严重阻碍企业的各项经营与竞争活动，给企业造成严重的伤害。

在现实经营管理实践中，常常会出现袁绍应对曹操乌巢劫粮的"官渡陷阱"。曹操与袁绍官渡之战前夕，袁军占尽上风，曹军极力支撑，勉强形成对峙局面。此时袁绍谋士许攸因故投奔曹操，献上火攻乌巢袁军粮草之计。曹操立刻行动，夜袭乌巢。战争态势立即发生了转折。袁军是如何应对的呢？《三国演义》是这样描述的：

却说袁绍在帐中，闻报正北火光满天，知是乌巢有失，急出帐召文武各官，商议遣兵往救。张颌曰："某与高览同往救之。"郭图曰："不可。曹军劫粮，曹操必然亲往；操既自出，寨必空虚，可纵兵先击曹操之寨；操闻之，必速还。此孙膑围魏救赵之计也。"张颌曰："非也，曹操多谋，外出必内备，以防不虞。今若攻曹营而不拔，吾属皆被擒矣。"郭图曰："曹操只顾劫粮，岂留兵在寨耶！"再三请劫曹营，绍乃遣张颌、高览引军五千，往官渡击曹营；遣蒋奇兵一万，往救乌巢。结果，张颌、高览去攻曹营时，被有准备的曹军大败而归；而救乌巢的蒋奇在途中被杀，袁军的粮草全部被烧。两路人马均以失败告终，袁绍最终也被曹操彻底击溃，曹操得以统一北方。

在这场战争中，明明是张颌想去救乌巢，袁绍却派他攻曹营。郭图要去劫曹营，袁绍却安排蒋奇代他救乌巢。这种执行者所执行内容与自身意见错位的安排是袁绍必败的根本原因。有学者把这一类现象称做"官渡陷阱"。官渡陷阱的实质，是决策与执行不协调导致的矛盾。由于决策者与执行者意见不一致，产生了程度不一的对立情绪，影响了执行者对决策者意图的正确理解。官渡陷阱中的激励错位，直接导致了执行过程中责任和利益的模糊，从而使得决策在执行过程中偏离了目标，最终导致执行不力。研究表明，如果只是被动服从，缺乏自觉性和积极性，员工只能发挥其能力的 20%~40%。如果员工被充分激励，则可以发挥其能力的 80%~90%。

第三节 令之以文，齐之以武

《孙子兵法》提出了一个治军的重要原则，即"令之以文，齐之以武，是谓必取。令素行以教其民，则民服；令不素行以教其民，则民不服。令素行者，与众相得也"（《孙子兵法·行军篇》）。也就是说，要用怀柔宽仁的手段去教育士卒，用军纪军法去管束规范士卒，这样就必定会取得部下的敬畏和拥戴。平素能严格执行命令，管教士卒，士卒就会养成服从的习惯；平素不重视严格执行命令，管教士卒，士卒就会养成不服从的习惯；平时命令能够得到贯彻执行，就表明将帅同士卒之间相处融洽。

令之以文，齐之以武，是修道保法的一项重要内容，是企业经营与竞争战略中的人力资源管理，其中包含两方面内容：一是要努力使下属及员工亲附于企业领导；二是要严格培训与训练，严肃纪律、流程与制度。也就是以关怀、仁义来教育感化员工，使其明白道理、熟悉各项对自己的要求；以法令、法规来约束员工，对违反要求者予以惩处。二者相辅相成、缺一不可。具体说来，就是通过教育、培训和学习创建学习型企业，尊重和激励企业员工，注重情感沟通与交流，通过职业规划管理提高员工满意度，提高执行力。

一、创建学习型企业

企业领导人力资源管理工作的重要目标就是"与众相得"，在上下级之间建立一种彼此认同的关系状态，使员工在工作中积极、主动、认真，具有强烈的责任感。创建学习型组织的重要目的就在于创造学习的氛围，通过教育、培训与学习养成员工令行禁止和畏惧规则的工作习惯。实践证明，学习与教育是强化"令素行"的重要手段。通过学习，能够使员工自动遵规守纪，以企业兴旺发达为己任，从而塑造了光辉的企业形象。青岛钢铁集团通过"始于教育，终于教育"，创建学习型组织，培育和积聚企业发展不可替代的资本，将"令之以文，齐之以武"应用到企业管理实践中，以持续创新作为企业生存和成功的关键，取得了良好的效果，实现了企业发展的飞跃。终身学习和知识更新对于职工的成长和企业的发展至关重要。青岛钢铁集团从1997年就提出了"始于教育，终于教育"的方针，致力于创建学习型企业。多年来，青岛钢铁集团从行动到战略，逐步建立完善创建学习型企业机制，制订了长期规划和年度目标计划，纳入企业管理的重要内容并进行跟踪检查落实、测量评估，进行经济责任制考核。

青岛钢铁集团确定了"教育培训是回报率最高的投资"理念，并采取一系列措施。一是加强企业党校、党员活动室建设，使之成为党员干部教育培训的基地。二是加强企业教育培训中心基地建设。成立了冶金技术职业学校，每年为企业输送具有专业技术的新工人。三是加强对中层和高层管理者的教育培训。与青岛海洋大学合作，挂出"青钢管理学院"的牌子，不惜投巨资对30多名中层干部进行脱产培训，攻读工程管理硕士课程；与鞍山科技大学签订了"工程硕士研究生委托培养协议书"和"青钢奖学金、助学金"协议书，为企业培养更多的人才。同时，还让高层管理者到国外培训。通过分批分期教育培训，在岗干部职工培训率达100%。

青岛钢铁集团不惜投入巨资对干部职工进行教育培训，收到了加倍的回报。青岛钢铁集团原本是中国冶金行业第二、山东省第一亏损大户，1995年和1996年亏损额达1.2亿元，生产经营难以为继。1997年新的领导班子上任至今，注重了教育培训与科学管理、技术进步三者并举，实现了快速发展。1997年不仅扭亏为盈，到2005年钢铁产能由70多万吨发展到400万吨，经济效益平均每年翻一番，有望成为一流的精钢生产基地。

青岛钢铁集团在创建学习型组织的过程中，汲取国内外科学管理之营养，在实践中不断探索、总结，创造出"五个日"全控联动管理的科学管理模式。它集人本管理、目标管理、危机管理、随机管理等现代管理思想为中心理念，即"企业即人，以人为本"。它广泛运用信息技术、数理统计、正交试验、相关分析、工序能力指数等现代化管理方法，以科学的规章制度为行为规范，运用教育、激励、约束等手段规范职工行为，通过对全员、全方位、全过程控制，使各项指标始终处于最佳状态，每天实现日目标、日反馈、日分析、日考核、日工资。实施"五个日"管理打破了多年的管理传统，遇到了重重阻力，有的单位做表面文章，有的甚至弄虚作假，使落实"五个日"管理法出现波动。公司领导班子常抓不懈，经常参加各个层次的日分析会，进行指导督促，最终使"五个日"管理科学化、规范化、系统化。达到了每天工作目标明确、数据准确、问题清楚、措施得力、收入明白、日清日结、逐日提高，有效地保证了各项目标的顺利完成，实现由物的管理到人的管理、由静态管理到动态管理、由经验管理到现代化管理的根本转变。企业管理的创新有效地降低了生产成本，青岛钢铁集团的成本降低率每年保持在5%以上，2005年青岛钢铁集团消化铁矿涨价71.5%和吨钢材降价800~1000元的减利因素，管理效益指标进入全国同行业前列。"五个日"全控联动管理获国家管理创新成果一等奖，青岛钢铁集团成为全国首批管理创新示范单位。

在培训中强化"令素行"、在学习中创新是学习型企业的必然结果。正如青岛钢铁集团董事长王玉科先生所说，持续创新是生存和成功的关键。每一个企业都需要一种核心的竞争能力，即创新。创新要由掌握知识的人来实现。在科学技术飞速发展的今天，不断掌握新知识就要不间断地学习。青岛钢铁集团就是在创建学习型组织中，不断培育自主创新能力，实现了管理创新和技术创新，由生产普钢向生产精品钢、优特钢转变，到2006年开发生产的高技术含量、市场容量大的高附加值产品达到66%以上，实现了经济增长方式由低级的粗放型经营向高级的集约型经营转变，取得了显著的经济效益和社会效益。由此我们可以深刻理解"修道保法"、苦练内功的重大意义。

学习和培训是培养人才的重要方式。在企业经营中，应采取多渠道、多领域的方式拓展人才聚集与成才的道路，在实践中锻炼人才，让优秀人才脱颖而出。一个有效的方式就是依托重大科技创新项目聚集和培养人才。重大技术创新项目既是培养人才的途径和载体，也是使用人才、让人才最大程度发挥作用的平台。通过引进、消化、吸收再创新，不仅能够迅速缩短我国与发达国家装备技术上的差距，实现我国装备制造业水平质的飞跃，而且能以引进为载体，用项目作平台，集聚、培养、锻炼一支与产业发展相适应的科技创新人才队伍，实现优质产品和过硬人才的双丰收。铁路第六次大提速是 2007 年我国最大的系统工程之一。在以"和谐号"动车组为代表的机车车辆装备技术引进消化吸收再创新过程中，不仅基本掌握了动车组关键技术，更是聚集、培养了一大批科技人才，这对于实现我国机车车辆装备制造业现代化、建设创新型国家具有重要的意义。

二、尊重与激励企业员工

著名管理大师拉里·科林说过，企业最大的财富是员工，企业的发展状况取决于对这一财富的关注程度。以人为本，首先需要做到尊重员工，以德治企。只有尊重员工、激励员工，员工的知识和潜能才能被利用而得到充分发挥。企业引入人本化管理思维，卓有成效地激励员工、发挥其主观能动性是大势所趋。所以，企业人力资源管理必须尊重每一位员工，视每一位员工的正当需要为企业需要，使员工所从事的工作与所居的岗位能反映其自我价值，并得到同事和上司的赞赏以及社会的认同。企业领导需要了解"尊重"的二重性和互动性，努力创造尊重员工的氛围，建立一种以尊重为基础的企业文化。在人本化企业管理中，有必要视员工为合作伙伴而不是下属，给员工足够的空间自由发挥，直面挑战，实现员工自我价值，在工作中干出成效。做到这些，企业就能吸引、留住人才，并且激励他们成为最佳员工，企业也能实现兴旺发达。如果企业领导缺乏应有的包容和道德修养，就难以获得员工的尊重，甚至会遭遇人心向背。曾经在 IT 业界闹得沸沸扬扬的"邮件门"事件，正是由于某外企的总经理因一些琐事在电子邮件上严厉斥责秘书，导致秘书的自尊心受到了极大的伤害，作出了过激的反应，致使企业形象大受损害，总经理本人也因此丢掉了工作。因此，尊重是激励员工的法宝，而不尊重则可能使企业走向失败的极端。所以，激励员工就是激励顾客和股东。

美国西南航空公司是美国多家航空公司中主打国内航线的一家航空公司，是美国整个航空业多年来持续盈利和全行业唯——家—直赢得衡量航空公司经营质量的"三顶皇冠"（航班准时、行李丢失最少、顾客抱怨最少）的航空公司。美国西南航空公司成功的秘诀就是通过激励员工建立和发展了一系列促进高绩效的关系。

西南航空公司管理模式的结果是员工的低离职、低成本、高生产率、高质量和持续盈利。这一管理模式的作用机理是基于结构战略与过程战略的完美结合。与美国航空业传统的战略模式不同，西南航空公司在经营方向上强调的是与汽车进行竞争，为旅客提供亲切友好、安全可靠和低成本的中短程服务。在中短程服务中，飞机在降落与起飞之间的周转次数比较多。为此，西南航空公司在一线员工中间建立了一种团队合作关系，行李员、乘务员、飞行员和其他地勤人员一起参与旅客的登机和下机。只采用波音 737 单一机型而使检修人员的任务标准化和简单化。加上其他一系列措施，西南航空公司能够用其他公司一半的时间完成飞机的周转。

最为关键的是，公司的领导和经理们尊重员工个人并真心关爱员工，从而在公司的上下级之间建立了一种相互信任、类似亲情的关系。西南航空甚至鼓励员工持有竞争对手的股票来分散投资风险。公司 84%的员工是工会会员，公司不仅尊重员工个人，也尊重代表他们的工会，在员工与公司之间发展了一种合作而不是对抗的劳资关系。不仅如此，西南航空公司的员工在得到行业平均水平的货币工资加上相当于工资的 8%的利润分享以及养老金以外，还获得了极高的工作满意度和极高的个人成就感。

在上述几种健康的关系被建立和发展起来以后，西南航空公司实现了优秀的财务业绩，投资人的利益也因此得到了充分保障。公司以为员工创造价值为出发点，使受到高度激励的员工为公司创造价值，提高顾客回头率和公司口碑，以一种隐含的和内生化的方式实现了员工创造的价值在公司与股东之间的转移。所以，激励员工实质上就是激励顾客和股东。

多数美国公司都崇尚个人英雄主义文化，尊重企业中每一个人的贡献，视其为企业的"英雄"。他们比较容易发挥团队的协作效用，取得企业的绩效最大化。与美国公司不同，中国企业生长在有着五千年文化底蕴的土地上，或多或少获益于"君臣之礼"、"中庸之道"的文化。因此，企业领导如能做到"君使臣以礼"，则员工就能以"臣事君以忠"相报。"德"是企业领导必备的修养，是治理企业必须拥有的基本素质。领导必须重视和发挥表率作用。"政者，正也。子帅以正，孰敢不正。""其身正，不令则行；其身不正，虽令不行。"因此，身居企业领导位置的人一定要以身作则。领导不能行德政，员工就不服，"举直措诸枉，则民服；举枉措诸直，则民不服"。

近年来，随着市场竞争的不断加剧，企业并购与重组活动日益增多，企业常常出现人员流动频繁、考核不到位、缺乏工作激情、职业发展空间受限和人员素质相对较低等一系列问题。解决这些问题，需要企业领导在以德治企和尊重员工的基础上，敢于开拓，不断创新人力资源管理模式，做到以适当的待遇和适度的竞争锻造人才，以光辉的事业和深厚的文化留住人才。一要把竞争机制引入到人力资源管理中。竞争是企业生存发展的法则，也是企业全体员工生存与发展的法则。要坚持把培养好、吸收好、使用好各类人才摆到企业发展的战略位置，把竞争机制作为磨砺员工生存发展的法宝。严谨把控，完善竞争上岗持续激励体系，完善职位、薪酬、绩效管理体系，建立"人才梯队"和实现人员的有效流动。二要把学习作为企业长期性任务，打造学习型组织，以高度的社会责任感促进员工能力的提升和技能的扩展。通过设计学习规划、配置学习资源、掌控学习机会、丰富学习方式，达到追求学习效能和提升员工业务能力和素质的目标。三要在企业中营造和形成相互信任、相互尊重、和谐、有序、舒畅的环境和文化氛围。文化是企业赐予员工的最好的福利。通过激发干劲、楷模效应等文化建设活动，满足员工的精神归属感，以深厚的文化激励人才、留住人才。

三、注重情感沟通与交流

《三国演义》中的蜀主刘备，入主四川以前时运不济，厮杀大半辈子，只得偏安新野小县一隅。按理说他手下的人才应该纷纷离去，然而情况却恰恰相反，众多名将、谋士死心塌地，同甘共苦为其效力。徐庶被曹操诓去前还走马荐诸葛以报知遇之恩。诸葛亮在"三顾茅庐"后死心辅佐刘备，至死无二心，靠的就是感情。

高明的企业领导就是要最大限度地影响下属的思想、感情乃至行为。人是有着丰富感情生活的，情绪、情感是人类精神生活的核心成分。作为企业领导，仅仅依靠一些物质手段激励员工，而不着眼于员工的感情生活是不够的，与下属进行思想沟通与情感交流是非常必要的。现代情绪心理学的研究表明，情绪、情感在人的心理生活中起着组织作用，它支配和组织着个体的思想和行为。尊重员工、关心员工是搞好人力资源管理与开发的前提和基础。"视卒如爱子"，才能赢得员工在工作上的积极支持与回报。

孙子说，"视卒如婴儿，故可以与之赴深蹊；视卒如爱子，故可与之俱死"（《孙子兵法·地形篇》）。对待士卒就像对待婴儿一样，那么士卒就可以同他共赴患难；对待士卒就像对待爱子一样，那么士卒就可以跟他同生共死。在人才竞争激烈的今天，不仅要知人、识人、塑造人才，更需要爱护人才，留住人才，避免人才流失特别是集体流失给企业造成的巨大损失。企业领导要注重"情"字，强调"心"治，重在激励，特别是精神鼓励，同时要避免迁就、溺爱。如孙子所言，"厚而不能使，爱而不能令，乱而不能治，譬若骄子，不可用也"（《孙子兵法·地形篇》）。如果厚待部属而不能使用，溺爱而不能教育，违法而不能惩治，那就如同娇惯了的子女一样，是不可用来进行企业经营活动的，是企业的致命伤。

沟通是绩效管理的关键。据相关机构对中国1175家非金融上市公司的调查，90%的受调查企业在制定详细的绩效目标后，往往达不到原来的预期。企业面临绩效管理的难题，其根本原因在于企业未能真正理解绩效管理的内涵。绩效管理作为一个完善的系统，要求组织、中高管理层和员工全部参与进来，通过沟通的方式，将企业的战略、各自的职责、管理的方式和手段以及员工的绩效目标等管理内容确定下来，在持续不断沟通的前提下，共同完成绩效目标，从而实现组织的经营目标和战略规划。沟通是绩效管理的第一要素，贯穿于绩效管理的各个环节。缺少持续有效的沟通，再好的绩效管理体系都不可能获得成功。而中国企业恰恰容易陷入重指标量化、轻绩效沟通与重技术应用、轻有效沟通的误区。缺乏有效的绩效沟通是国内企业最大的通病。

如何进行有效沟通呢？沟通必须是双向的，沟通要基于战略大局。在把握好绩效管理各个环节的同时，应注意以下因素才能使绩效沟通更加有效，确保绩效管理的成效。

（1）有效的沟通不仅仅在于沟通的方法和技巧，更在于沟通双方的利益取向，即基于企业与员工的共同成长，真正以"人为企业第一资源"进行激励、培养和开发。否则，无论多么有技巧，沟通的效果也不会好。

（2）绩效管理不仅仅是人力资源部门的事，企业高层必须对此有充分认识，并积极参与，实现跨部门的推动。如果公司高层不做好与部门经理的沟通，中层经理自然也不会重视与员工的沟通，对绩效管理的预期就难免落空。

（3）沟通要真诚。缺乏诚意的沟通对员工和经理的绩效都会带来不利的影响，经理和员工都要予以关注。

（4）要重视管理信息数据的收集。员工的业绩、态度、能力、情绪都是沟通的主导内容。如果缺乏数据和记录，不但无法准确获得有关员工绩效进展的信息，而且也难以为绩效考核、反馈和改进提供真实可靠的依据。

（5）要关注非指标因素。绩效沟通包括职业要素与非职业要素等多方面的内容：目标任务、标准、工作流程；业绩、激励、员工能力；职业生涯设计、培训、潜力发挥；员工个人生活、情绪、思想动态、员工的意见、抱怨等。员工的非职业因素似乎与员工的业绩无关，实际却往往成为影响员工工作态度、工作结果的关键因素。

绩效管理是联系企业战略与执行的关键环节，也是企业管理的核心内容。绩效管理是一个强调沟通的过程，包括沟通企业的价值、使命和战略目标；沟通企业对每一个员工的期望、评价标准以及达到结果的途径；沟通企业的信息和资源，使得员工之间相互支持、相互鼓励、相互协调，实现绩效管理的目标。

四、职业管理及员工满意度

加强组织中员工的职业管理与组织目标是一致的，是实现组织目标的有效管理手段之一。员工的职业管理是指企业提供的用于帮助员工规划和调整其所从事某类职业或岗位的长期行为过程。组织目标的实现与加强员工的职业管理是一致的，企业与员工是相互依存的，二者都是为了求得良好的发展。没有员工的努力，企业不可能发展；没有良好的企业环境，员工也难以得到合理的发展。所以，必须追求员工与企业的优化匹配，企业应该帮助员工规划其职业生涯。

职业管理力求满足员工的职业发展需要。组织只有充分了解员工的职业发展需要后，才可能制定相应的政策和措施帮助员工找到自己的答案，向他们提供相应的机会。同样，只有满足了员工的职业需要后，才可能满足企业组织人力资源内部增值的要求。一方面，全体员工职业技能的提高带动组织整体人力资源水平的提升；另一方面，在职业管理中的有意引导可使组织目标方向一致的员工个人脱颖而出，为培养组织高层次经营或技术人员提供人才储备。提高人员整体竞争力和储备人才是企业的需要。对职业管理的精力和财力投入则是企业为达到上述目的而进行的较长期投资。组织需要是职业管理的动力源泉，无法满足企业需要将导致职业管理失去动力源泉而终止；员工个体的职业需要是职业管理活动的基础，无法满足员工个体的基本职业需要将导致职业管理活动失败。

"知人"、"择人"的目的是用人，是为了"善任"。通过"善任"人才来获得企业持续竞争力才是用人艺术最终落脚点。一个人不可能具备种种才能，胜任一切岗位。某种特定人才总有最适合于他的岗位。领导要做到"人尽其才"，要以博大的胸怀和谋略家的远见卓识，放手让人才发挥作用，做到"将能而君不御"，在实际工作中不干预、不掣肘，但也要做到监督、考察，像诸葛亮使用魏延一样，"取其勇"而时疑之。

宋代王安石曾写过一篇《伤仲永》，文中叙述了一个神童的陨落过程。方仲永本是个神童，幼年时就可以出口成诵，其父十分得意，整天带着孩子多方游走，结果耽误了孩子的学业。等到长大成人，仲永已经和别的青年没有什么两样。这个故事告诫人们，只有不断地塑造人才，爱惜人才，才能让他们与时俱进，不断地提高自己的素质和能力，更好地为企业服务。培训和塑造员工是一种长效投资，是提高员工满意度的一条有效途径。康柏在中国地区总裁俞新昌有一句名言："一个好的公司首先要让自己的员工满意。"有关的研究表明，员工的满意度每提高5%，顾客满意度就会提高1.3%，企业盈利随之提高0.5%。所以，员工的满意度是他从企业得到的内在报酬，这种内在报酬会增加员工对企业的凝聚力和归属感。有满意的员工才有满意的客户。从这个角度来说，企业领导只有做好了员工的事，才能做好客户的事。卡耐基说："一个企业家，有一点特质是绝对不能缺少的，就是要对人感兴趣。"

五、提高执行力

我国企业在制度建设和制度创新方面是有相当能力的，但在贯彻与落实方面因各种因素而做得不够，这些因素包括：一是利益的驱使。对有利的执行，不利的不执行；要求群众执行，领导不执行。二是"潜规则"起作用，常使违反制度者得益，执行制度者受损。三是讲关系和遵旧俗的习惯，使制度在执行中打折扣。实际上，执行力是企业的软实力，是一种对规则、制度的高度认同、忠诚、尊敬与畏惧。企业有强大的执行力，才有生命力。

"兴业当求决策准，功成更靠执行狠"。搞好企业管理，需要落实到基础层面，体现到实践的环节。付诸实施、解决问题才能达到战略的目标。所以，企业是决策层和执行层结合的组织整体，二者具有同等重要的地位。执行就是建立科学的运作流程，以适当的速度和优良的品质，确保战略与目标的有效实施和充分实现。人是执行流程和执行文化的核心，而人性具有惰性与自我中心的特点，所以执行必须辅以外在力量与奖惩的约束。"令之以文，齐之以武"。一方面，通过教育、培训与学习促进执行过程中人员知识的获得和战略与目标的感知，进而形成自主行为与有序的行动；另一方面，通过规则、惩罚等约束机制达到执行的有效性与高效性。也就是说，提高执行力或塑造执行纪律和执行组织为核心的执行文化，"令之以文，齐之以武"首先能够使员工对领导、下属、同事、制度、流程、企业文化和奖惩等产生认同。只有认同才能产生互信，只有互信才是产生主动行为的驱动力。认同是企业达成群体协同效果即与众相得的前提。其次要协助实现员工自律的行为和效果。自律既是对个人品德与职业素养的训练，也是对专业技能和专业品质的追求。自律就是将制度、纪律融入内心意识，从而实现对制度的超越或敬畏。自律也是组织执行力高低的重要标志。约束与奖惩是提高执行力的重要手段，其目的是改进执行作风。

执行力是企业的核心竞争力之一，执行力的目标就是实现企业齐勇若一的行动力与自我策应能力。孙子说，"善用兵者，譬如率然；率然者，常山之蛇也。击其首则尾至，击其尾则首至，击其中则首尾俱至。敢问：兵可使如率然乎？曰：可。夫吴人与越人相恶也，当其同舟而济，遇风，其相救也如左右手。是故方马埋轮，未足恃也；齐勇若一，政之道也；刚柔皆得，地之理也。故善用兵者，携手若使一人，不得已也"（《孙子兵法·九地篇》）。也就是说，善于指挥作战的人，能使部队自我策应如同"率然"蛇一样。"率然"是常山的一种蛇，打它的头部，尾巴就来救应；打它的尾巴，头就来救应；打它的腰，它的头尾都来救应。试问：可以使军队像"率然"一样吗？回答是肯定的。吴国人和越国人是互相仇视的，但当他们同船渡河而遇上大风时，他们互相救援，配合默契如同人的左右手一样。所以，想用把马并缚在一起、深埋车轮这种显示死战决心的办法来稳定部队，那是靠不住的。要使部队能够齐心协力奋勇作战如同一人，关键在于部队管理教育有方，要使优劣条件不同的士卒都能够发挥作用，根本在于恰当地利用地形。所以，善于用兵的人，能使全军上下携手团结如同一人，这是因为客观形势迫使部队不得不这样。

实践证明，企业在创业的初期，由于面临生存的需要，创业者比较容易形成同舟共济的合作局面。但在企业渡过生存危机而发展到一定层次以后，创业股东则往往出现经营理念、经营方式的矛盾和分歧。这时能否继续维持团结一致的局面，则会受到极大的挑战。在商业竞争中，不论企业处于哪个阶段，组织、协调企业上下各方面力量，齐心协力，团结一致，和谐共处，都是企业领导必须予以高度重视的目标，也是竞争制胜的重要条件。只有树立同舟共济的使命感、协同作战的整体意识和共同发展的团队精神，才能凝聚人心、吸引人才，从而激发企业员工的创造力和竞争的活力。不论企业处在困难或危难时期，还是在蒸蒸日上的发展阶段，企业上下和员工不能同舟共济，最终可能会导致企业效益低下，甚至面临倒闭、破产的命运。

"率然"蛇的最大特点实质上就是具有自我救助和自我策应的能力。在企业竞争中，与对手进行较量，首先需要破坏对方的自我救助能力，同时又务求保存自己的自我救助能力。这种强大的自我救助与策应能力同时也是强大的攻击能力。自我救助能力是抵御系统性风险的一项重要手段。自我救助、互动救助、自我约束与自我治理能力强，就能产生巨大的力量，应付各种突发的、紧急的灾难。现代企业经营与竞争的领域和范围已经扩大到全国各地，甚至世界的每个角落，集团的层级也已经达到三级，甚至更多。发生紧急情况和突发事件时，如果缺乏自我救助机制，通过管理层的逐级反馈，往往会错失处理危机、应对突发事件的最佳时机。自我救助系统可以有条不紊地、自发地、自愿地应对局面，采取积极措施和手段，平息事端，把危机处理在萌芽状态，把损失降低到最低水平，从而最大限度地维护集团的整体利益。

发挥集团的整体优势，是自我救助与自我策应能力的一个关键指标。但一些集团公司却往往缺乏这样的整合能力，特别是通过并购、联合、行政捆绑等方式形成的企业整合。例如，某集团公司从事大规模进出口贸易业务，年度进出口贸易量超过 5000 万吨。集团有直属货代公司，负责货物运输、报关、报验等货运代理业务，每年货代总吨位达到 4000 万吨。其中，代理集团内部货物只有 1500 万吨，占公司货代总量的 35%左右，而集团公司却有高达 3500 万吨货物流向集团以外的货代公司。显然，这种集团货物大量流向集团外部货代公司的现象是业务人员利益的驱使，同时也反映了集团管理上自我策应能力的缺失，并给集团直属货代公司产生了一些非常消极的影响：一是严重打击了货代公司对外揽货和开拓业务的积极性。二是削弱了集团位于各口岸货代公司对集团的荣誉感和归属感。三是给集团公司带来了形象上的损失，不利于统一的品牌建设与强化。在同一口岸，集团公司货物分散到集团外部货代公司报关、报验，必然在海关、商检、港口等部门产生不利影响，出现问题时则常常出现反应不及时而互相扯皮、推卸责任的现象。四是严重影响集团公司统一经营水平，极大地削弱了自我救助能力的发挥和提高。五是损害集团整体规模效益。在集团货代出现效益不佳甚至亏损时，出现集团公司出钱养活别人，又拿钱贴补自己货代公司亏损的非正常现象。

第四节　打造企业核心竞争力

孙子指出，"地生度，度生量，量生数，数生称，称生胜。故胜兵若以镒称铢，败兵若以铢称镒。胜者之战民也，若决积水于千仞之溪者，形也"（《孙子兵法·军形篇》）。战争是军事实力的较量。古时的军事实力体现在"度、量、数、称"四个方面，即地域不同所产生的土地幅员大小（度）、物质资源丰瘠不同（量）、军队与军人的多寡（数）、军事实力强弱对比（称）四个要素。胜利的军队较之于失败的军队，有如以"镒"比"铢"那样，占有绝对的优势。而失败的军队较之胜利的军队，就好像用"铢"比"镒"那样，处于绝对劣势。胜利者指挥军队与敌作战，就像在万丈悬崖决开山涧的积水，所向披靡，这就是"形"——军事实力的作用。

战争胜负取决于军事实力的对比，因为战争的消耗非常巨大。"凡用兵之法，驰车千驷，革车千乘，带甲十万，千里馈粮，则内外之费，宾客之用，胶漆之材，车甲之奉，日费千金，然后十万之师举矣"（《孙子兵法·作战篇》）。也就是说，凡兴师打仗的规律是，要动用轻型战车千辆，重型战车千辆，军队十万，要越境千里运送军粮。在前方后方的经费、款待列国使节的费用、维修器材的消耗、车辆兵甲的开销都准备好以后，十万大军才能出动。企业竞争也一样，需要准备大量的物力和财力，动员大批人力和资源。没有一定的实力而贸然参与市场竞争是不可想象的。所以，企业竞争的成败依赖其核心竞争力和实力，商业竞争与企业经营实质上就是企业与企业之间综合实力的较量。修道保法的终极目标就是创造企业的核心竞争力。

一、核心竞争力的科学内涵

自 1990 年管理学家布罗哈德和哈默提出"核心竞争力"概念以来，人们一直把核心竞争力看做企业保持持续竞争优势的源泉。核心竞争力是企业内部一系列互补的知识与技能的结合，是企业在长期经营过程中通过不断整合内外部资源和能力而形成的。从此以后，企业界和经济界开始不断探讨和认知核心竞争力的科学内涵。从最初的单纯技术层面深入到复杂的企业运作机制，核心竞争力的内容越来越丰富、广泛。创新能力、企业领导力、具有自主知识产权的先进科技、处于垄断地位的资源优势、不易为人复制的差异化经营管理模式、渠道优势、战斗力强的团队、企业战略、融资能力、现金流的优势、执行力等无不是企业核心实力的具体体现。企业核心能力是指能使企业保持长期稳定的凝聚力、竞争优势、获得超额利润的能力，是创造价值和财富的综合能力，是一个以战略、品牌、文化、创新为核心内容的企业关键资源的组合。所以，核心竞争力是多样缤纷的，在不同行业、不同企业中具有不同的体现。

目前，我国经济实现了持续高速增长。但是，这种增长是一种外延粗放、以规模取向的简单增长方式，不同于以效率、质量、环保取向的内涵集约式增长方式。关键技术、核心技术与高端产品尚未掌握在我国企业手中，领头羊的大型企业群体还没有形成。所以，我国企业国际竞争力首先只能从小做大，然后做强，最终实现做强做大。核心竞争力的关键是低成本和自主创新。在商场竞争中，竞争力就是生存力和决胜力。企业要在激烈的竞争中求生存、图发展，就要不断培育、提升其由技术、装备等构成的硬实力和以制度、文化、管理、战略、品牌等为核心的软实力，形成有机的综合竞争力。二十多年来，我国企业在竞争意识的树立、竞争内涵的领悟、竞争规律的认识、竞争战略的制定、竞争模式的形成与选择、竞争能力的提高等方面，都有长足的进步，但与企业国际竞争力的标准相比，我国企业竞争力在很多方面仍然处于劣势，体现在战略、制度、技术、环境、管理、诚信、文化、执行及社会责任的各个方面。全面提升企业竞争力，是企业在参与市场竞争过程中的永恒课题。我国企业拥有较强的创新能力，有较完善的基础设施与全面的基础产业支撑，有序的竞争环境基本形成，人才队伍比较强。必须关注构成企业竞争力的广泛内容及其方方面面，既注重其单独的作用，更发挥其综合效力。承认差距，克服短板，积极利用后发优势和国家重点项目的优势突破，迎头赶上，追求卓越。

企业核心竞争力是企业内部一系列互补知识和技能的结合，是企业在长期经营过程中通过不断整合内外部资源和能力而形成的。其各个构成要素不是单独的，而是有机的、综合的，要发挥整体效力而形成竞争力。先进技术本身不构成竞争力，不能保证企业成功并保持竞争优势。美国数字设备公司曾拥有计算机硬件开发方面的专有技术，但由于对市场需求和竞争缺乏深入的了解和把握，最终被康柏公司收购。所以，在培育核心竞争力的过程中，单纯强调技术的作用是不够的，还需要在生产经营活动的多个方面实现协调与配合，有效整合内外部资源，进而形成强大的市场竞争能力。所以，核心竞争力具有动态性特点，会随企业战略和市场的变化而不断改变。企业核心竞争力的培育是一项系统工程，需要从战略的高度进行资源配置和能力整合，需要创建合理的组织结构和管理制度，并在此基础上形成能够增强核心竞争力的各种能力，包括学习能力、管理能力和创新能力等。

如何提高我国企业的竞争力？首先必须具体分析各行业、各企业的真实竞争状况，研究其竞争力的源泉和构成，动态分析其变化和趋势，从而为提升竞争力层次奠定基础。总体说来，提高竞争力需要在资源配置、企业运行方式和员工素质上进行创新和突破。要创新资源配置方式，提高配置能力，增加配置效益，使有限资源向高效率领域集中，提高企业设备使用效率、技术支撑能力和科学管理水平。竞争力归根结底是人的素质决定的，体现在企业自高层决策、中层主管到基层操作与执行的全员素质与水平的提高。只有上下精诚合作，企业才会充满活力，竞争力也将因此得到提高。

控制器是所有电器产品不可或缺的，拓邦电子就是国内率先从事研发、生产各类电子智能控制器给整机厂配套的企业。这个行业原来是没有的，1996年拓邦开始做时对此还很模糊，因为当时控制器主要由整机厂自己生产。随着智能化要求和社会精细分工的日益提升，对控制器的要求越来越高，现在这个行业已逐渐形成并清晰可见了。拓邦开创了一个行业。

拓邦电子的核心竞争力是建立在技术领先、管理创新和对市场、新产品"捕捉能力"基础上的可持续发展能力，即拓邦多年来培养的技术能力、市场认可的自主知识产权和100余名兢兢业业的工程师、源源不断的订单、宽广与不断拓展的技术应用领域。拓邦有能力和信心在这些领域做到老大。

拓邦依靠家电中的空调起步，几年时间就做到了全国最大和世界的前几名。后来发现单纯空调不足以支撑拓邦的长远发展，就迅速进入了其他家电领域。随着家电行业近年利润率的持续走低，拓邦从2004年起又开始开拓家电外的发展领域。拓邦具有把家电的经验成功复制到其他领域的能力——现在它已经被成功复制到电池、卫浴、互动数码领域。其中电池这一块已形成不错的市场行情，2006年创造了3000万元的产值。与此同时，卫浴2006年也实现了几百万元的收入，而互动数码前两年就各有几百万元的出口。电池、卫浴、电机、互动数码、电动自行车等新开拓的领域已全部起步，这就意味着拓邦的未来成长空间正在一步步打开。其中，IPO募集资金中有4000万元拟投向的直流无刷电机及其控制器项目，虽然还谈不上是拓邦对未来的押宝，但鉴于目前大的电机厂无控制而控制厂无电机的市场空白，加上本身具有控制精度高、节能、变频的优势，可以预见投产后必将大大推动拓邦的进一步发展。

拓邦还拥有以平等、快乐为基调的企业文化。在拓邦，除了工作关系有上下级之外，讲求的是和谐与对人的尊重、人格上的平等和精神上的愉悦。拓邦力求营造一个宽松、公平和不压抑的企业氛围。拓邦人是很忙碌的，但也是很快乐的，这是拓邦的另一个特色和隐性竞争力。

由拓邦案例可以发现，每个行业、每个企业的核心竞争优势是不同的，其实现与创造的途径和方法也是千差万别的，需要具体问题具体分析。最为关键的是，企业领导需要注意和提高"修道保法"的修炼。"谨养而勿劳，并气积力，运兵计谋，为不可测。……是故其兵不修而戒，不求而得，不约而亲，不令而信，禁祥去疑，至死无所之"（《孙子兵法·九地篇》）。所以，修道保法实质上就是使企业修养生息，保持士气，积蓄力量，累积实力，巧设计谋，使竞争对手无法判断自己的实力和意图，从而在竞争中处于有利地位。使企业上下时刻保持警惕，自主地完成各项任务，无须约束就能紧密团结，不待申令就会自动遵守纪律，破除迷信，消除疑虑，使员工终身与企业同奋斗、共命运。

常常被人们忽视而具有非常重要意义的一项核心竞争力就是企业对复杂市场环境的把握、反应和应变能力。这是一种观念、一种组织思维，也是企业领导的思维，即"随遇而动，应需而变，与时俱进"。能够在最短的时间内，迅速抓住市场机遇或应变市场环境的恶劣变化，及时组织和协调企业的各项资源，采取积极行动，达到公司扩张的目的，或避免公司危险，是企业重大的核心竞争力之一。具有这样的竞争能力，企业就具有有机型组织的"基因"，就像健康人体对环境的冷、热、冰、饥、渴随时具有有机反应一样。

一个企业的竞争力与规模和控制力密切相关。规模是企业营业额和利润大小的体现，而控制力则是指企业实施有效管理的程度。没有控制力的规模，实质上是泡沫的规模和充满风险的规模，形成不了企业的核心能力，经不起激烈竞争的冲击；而没有一定规模的控制力，参与竞争的条件不充分，同样形不成足够的影响力和竞争力。企业在创业初期，优先解决的是生存问题，规模是第一位的。在逐渐积累到一定规模时，控制力不足的问题就会出现。通过并购、重组特别是经过国有资产无偿划转而形成的国有企业集团，企业规模扩大了，控制力问题更加突出。处理不当，控制力在重组中不但得不到提高，反而会有所削弱。所以，规模与控制力既相互促进，又相互制约，成为衡量一个企业竞争力和影响力的根本因素。规模保证企业参与竞争的一定经济实力，而控制力则保证企业的战略规划、具体策略等得到正确实施。

企业核心竞争力的建设与提高是修道保法的核心内容与目标。企业领导需要从技术层面、战略层面和机制层面加强核心能力的建设。以企业战略为起点，采取原始创新、集成创新、引进消化吸收再创新等手段不断开发拥有自主知识产权的国际先进的产品和技术，强化品牌、人才、企业文化等软实力建设，在差异化战略、引领战略等机制创新上实现核心竞争力的突破。

二、企业战略是核心竞争力的起点

战略是企业领导意志的体现，是企业领导在这种强烈的情志状态和坚强意志力主导下对企业经营与发展问题的全局性和前瞻性洞见，并在此基础上形成严格有效的执行，最终化为企业核心竞争力，并实现战略制胜。优秀的企业战略是坚定性、全局性、有效性的有机结合。所以，企业战略代表企业发展的方向，对于现代企业经营和核心竞争力的建设越来越显示其重要的意义，是核心竞争力的起点。为此，我们需要比较一下企业战略管理的战略思维。

　　企业战略管理考虑的是如何利用自身有效的资源、资产，在充满竞争的环境中去满足顾客的需求，从而实现价值的创造。所以，资源、竞争和顾客三者就构成了企业战略管理的战略思维出发点，形成了三种截然不同的战略思维，即以资源为本的战略思维、以竞争为本的战略思维和以顾客为本的战略思维。

　　以资源为本的战略思维认为企业是一系列独特资源的组合，企业可以获得超出行业平均利润的原因在于它能够比竞争对手更好地掌握和利用某些核心资源或者能力，包括不可替代和不可循环产生的自然资源。企业可以利用资源优势能够比竞争对手更好地在行业中取胜。以竞争为本的战略思维认为在决定企业营利性的因素中，市场结构起着最重要的作用。企业如何在竞争力量中确定合适的定位是取得优良业绩的关键。企业需要比竞争对手拥有某些优势才能在市场竞争中生存和发展。因此，如何打败竞争对手、如何在竞争中获得竞争优势就成为这种战略思维的主要焦点。以顾客为本的战略思维认为顾客是企业经营的中心，研究顾客需求和满足顾客需求是企业战略的出发点。这种战略思维认为，战略始于顾客，顾客决定产品。成功的战略要找到更新的、更有效的方法去满足顾客的需要和欲望。战略的本质就是向顾客提供价值。

　　知识经济是 21 世纪的主流经济，是现代经济的主要增长点和主导发展方向。在知识经济中，知识作为生产要素的地位空前提高；知识需求成为人类实现其他一切期望的前提，知识生产本身成为社会经济生活的中心。知识经济给企业经营环境带来了深刻的变革，最明显的特征是企业经营环境的不确定性越来越强，变化越来越快。企业战略是企业综合考虑顾客需求、企业资源和市场竞争这三个因素，寻找实现企业自身所定义的价值创造的途径。知识经济对这三个因素都产生了深刻的变革，制定企业战略时要充分关注知识的变革作用。

　　因此，企业在制定战略时就需要充分考虑知识经济所带来的变革影响，综合运用以资源为本、以竞争为本和以顾客为本这三种战略思维，敏锐抓住顾客需求的变化及理解竞争对手的行为，优化配置企业的各种资源，向顾客提供更多的价值，满足顾客的需求，从而实现价值的创造。

战略管理是企业核心竞争力的重要内容之一。以资源为本、以竞争为本和以顾客为本这三种战略思维本身并没有优劣之分，仅仅反映了不同环境条件下不同企业制定企业战略时的战略思考方向。所以，战略思维的核心是企业如何综合运用其具体条件、环境和这三种战略思路来制定自己的企业战略，以取得核心竞争优势，提高企业在市场上的竞争能力。

企业发展战略的失误导致企业步入困境甚至失败破产的案例屡见不鲜。很多企业或者没有形成优秀的战略，或者以营销计划代替战略，从而陷入了难以自拔的战略困局。以 TCL 为例，2005 年 TCL 入股华意，在青岛、江西通过大规模并购建立生产基地，在国外收购德国施奈德、法国汤姆逊研发部门、阿尔卡特手机业务，在墨西哥建立彩电生产基地等。过快的扩张拖垮了 TCL 集团的现金流，致使其财务出现困境。TCL 集团无奈于 2005 年底出售两处优质盈利资产，即 TCL 国际电工和 TCL 楼宇科技，以此套现来优化公司财务年报。

所以，预防和避免战略失误是企业领导实施战略管理的重要任务。企业领导还需要加强战略困局的识别与诊断，及时纠正战略偏差。可以从企业中出现的一些现象反思企业战略的困局，如连续三年业绩徘徊或下滑；沟通减少，官僚主义盛行；价值链各环节难以突破"瓶颈"；人员流动增大；业务模块来回整合等。从多个方面分析战略困局的成因，如缺少追求卓越的强烈驱动力；有效经营累积的僵化效应掩盖矛盾，削弱创新的动力；过分集权制阻断了自下而上改良的努力。所以，战略制定、实施和执行力是关键因素。企业领导需要拥有坚强的意志和必胜的信念，树立真正的战略思想，提高战略有效性，戒除机会主义、急于求成的作风，打破经验主义的束缚，必要时借助战略工具与外脑的帮助，从而加强战略管理，抢占核心竞争力的制高点。

三、企业文化是核心竞争力的软环境

简单来说，企业文化是被企业大部分员工所认可的价值观，是逐步形成的一种整体上一致的行为规范和思维模式。目前，企业文化已经成为企业继人、财、物、信息之后的"第五种资源"，具有凝聚、导向、激励等功能，是成就企业百年基业的根本力量。文化聚合的力量构成企业核心竞争能力的软环境，从而带来企业源源不断、蓬勃旺盛的成长动力。企业要持续发展，必须建设优秀的企业文化。先进的企业文化一方面推动形成积极的企业精神、正确的经营管理思想、高尚的职业道德、健康的价值准则等；另一方面将管理从单纯的物质激励和制度约束转移到文化的启发与引导上，从而实现精神文明与物质文明、思想工作与经营工作、经济效益与社会效益的相互融合，形成企业经营和商业竞争的巨大推动力和自发凝聚力。

企业文化是生产力。文化建设可以促进企业整体发展，引导企业改革和保障制度变革的科学性，可以增强员工执行制度的自觉性，提高企业执行力。企业文化渗透到生产、经营、管理、产品、服务等各个方面。例如，提高产品和服务的文化含量，突出企业经营的文化个性可以增加企业成功的概率，促进企业快速增长与强大。星巴克是100多年前美国一个家喻户晓的小说主人公。1971年，三个美国人把它变成一家咖啡店的招牌来推广美国精神。自那以后，一杯杯的星巴克咖啡使整个世界都为之着迷。2002年，星巴克公司在全球28个国家拥有5689家咖啡店。1996年星巴克公司进入亚洲，在日本开第一家分店。仅仅6年后，在亚洲14个市场的850家店中都可享受到星巴克独特的咖啡，这些国家中包括了以茶为第一饮料的中国。2002年出版的《商业周刊》对全球100个知名品牌所作的调查显示，星巴克公司是成长最快的品牌之一，它的股价在经历了过去10年的分拆之后增长了2200%，总回报甚至超过沃尔玛、通用电气和可口可乐等公司。星巴克公司的成功就得益于文化因素。星巴克公司通过文化根植而创造产品附加值，通过文化渲染而使附加值最大化。星巴克公司将

每一粒咖啡豆的风味发挥到极致，把热气腾腾的咖啡连同标准的服务模式一起呈现给顾客，让顾客享受到咖啡所独有的文化特性。顾客在找到最适合自己口味的咖啡的同时，也能体味到星巴克公司所宣扬的咖啡文化。文化内涵给其较高价格一个存在的充分理由，顾客由此获得心理上的莫大满足。

由于企业的历史传统、体制模式、员工素质存在差异以及企业所处行业和地域不同等原因，在生产与经营过程中逐步形成的企业文化必然具有丰富特色和个性。为充分发挥企业文化对员工行为的引领和约束作用，企业领导需要采取多种形式概括和提炼企业文化，将企业文化从初级的、无意识的自发状态提升到高级的、有意识的自主状态，形成理论与实践的良性互动，达到协调解决企业内部矛盾、促进企业变革与发展的作用。

企业领导在培育先进的优秀企业文化的同时，必须防止和根除另类企业文化，即包括内耗和诚信缺失在内的劣质企业文化。透过层层表象分析可以发现，存在于国有企业特别是大型国有企业的不良企业文化是促使经营风险演变成为现实并导致危机的根本原因。所谓不良或劣质企业文化，是指在国有企业中，存在一种与现代企业制度不匹配、不融合的企业文化。经过长期的沉淀，这种不良企业文化能够抵消企业优良文化的积极影响，超越规则并破坏制度的严肃性，阻碍优质企业文化的传播，导致公司即使形式上有法人治理结构，实质上仍由不受制约的个人意志决策、运作企业的重大事件。不良企业文化的现象包括：贪图享受，高消费，化公为私；"一把手"独裁，抑善扬恶；所谓"明星企业家"不受规则约束；"问题领导与问题干部"不受处罚；对国有企业巨额亏损或重大损失麻木不仁；蔑视令现代企业得以存续的国际公认与公用的游戏规则；缺乏细节管理，执行力差等。中航油新加坡公司因进行投机性石油衍生产品交易而蒙受了5.5亿美元亏损，其深层次的原因就是这种劣质企业文化造成的结果。另类企业文化不仅表现在中航油公司的运作决策上，而且表现为对投资者利益的公然蔑视。疯狂进行高风险投机交易，直到纸包不住火时才披露信息，相关信息披露明显违反了诚实、信用原则。

四、创新是竞争力的核心

创新是指创造性的和突破性的思维活动和实践活动。创新并不单纯是科学技术的创新，而是指企业在资源配置、运作方式和员工素质等方面的突破性组合，因而创新还包括组织与制度创新、管理创新和商业模式创新等。创新不是轻而易举的。创新是在大量吸收前人成果和分析现有系统缺陷的基础上，在市场需要和竞争压力下，巧妙结合各种主、客观条件的产物，是多种因素的结晶。创新是一个持续的过程。可持续竞争的唯一优势来自于超过竞争对手的不断创新的能力。创新是一种探索性的实践，充满艰难、风险甚至失败。所以，创新需要企业领导的胆识，需要不断聚集"元气"、练"内功"，通过激励、体制保证和宽容的氛围鼓励和促进企业创新，树立以创新为主导的企业价值观。

创新是检验企业领导能力的最基本标准，因循守旧的企业领导难以带领企业取得经营与商业竞争的胜利，难以使企业得到健康持续的发展。工业革命最早发生在 17 世纪的英国，而从当时客观条件看，工业革命也应该在西班牙、葡萄牙发生。然而，西班牙和葡萄牙却没有发生类似于英国的工业革命，其中一个重要的原因就是掠夺来的财富变成了奢侈性消费，没有变成形成产业和技术创新的资本。所以，创新是企业培育核心竞争力的有效途径，是企业提高经济效益和竞争制胜的重要法宝与灵魂。

随着军事技术的快速发展，技术突袭越来越成为现代战争谋略运用的重要内容和有效手段。海湾战争中，多国部队共使用了 500 多项新技术，仅美国就运用了 100 多种新技术兵器，首次亮相的就有近 50 种。事实上，技术突袭不仅在于将新的技术兵器和手段突然运用于战场，更在于突然改变其传统运用方法。实践证明，当传统技术得以创造性或创新性地运用时，往往也能给敌人以沉重的打击。英阿马岛战争中，阿军在战术技术上大胆创新，使用"超级军旗"式飞机发射"飞鱼"导弹，击沉了英舰"谢菲尔德"号，使英国从首相到士兵都大为震惊。阿军使用的进口"超级军旗"式飞机，本没有和"飞鱼"导弹配套使用的设计思想，加之此前空对舰导弹从未在海战中使用过，英军对军舰防卫的注意力便主要放在了阿军轰炸机的临空轰炸和舰艇的袭击上，而对"超级军旗"式飞机在几十公里之外发射"飞鱼"导弹，没有采取充分的防范措施。毫无疑问，随着新的军事技术和武器装备的不断涌现，技术创新及其创造性运用将具有更为重大的现实意义。

所以，创新是一种更高层次的能力。企业领导要高度重视创新，把创新作为企业竞争力的核心，把创新变成一种企业文化。鼓励公司所有员工，特别是年轻职工把聪明和创造性都开发出来，转化为企业的财富。如果每一个头脑就是一个创新的源泉，那么还有什么力量能阻止这个企业前进的步伐呢？如果创新文化在企业中大放异彩，那企业又将会怎样？有一家专业外贸进出口公司，长期以来以进口代理作为其主营业务模式。在改革开放的大潮中，伴随着竞争的日益激烈，其代理费收入不断降低，客户履约风险越来越高，常常产生"市场大涨、利润高时客户获益，而市场大跌、产生亏损则由公司承担"的畸形现象。当进口货物减少甚至进口停止后，该企业不思创新，仍然紧抱代理业务不放，转而做起国内代理业务。在国内大量中小客户与近300家中小工厂之间，架起代理的桥梁，实际上是为这些中小客户提供融资服务。结果动用了公司150亿元左右的资金，每年创造的利润不足3亿元，公司还存在高达120亿元的库存、预付账款和应收账款等（潜亏很大），有些年份甚至出现巨额亏损。这是缺乏创新、守旧业务模式的必然结果。企业退出这种业务模式非常困难，退出必然产生巨大的亏损。而创新型企业则是另一番景象，以下是一家具有创新意识的创新型企业的典范。

真空断路器、负荷开关、铠装中置式开关柜、预装式变电站……浙江温州市开元电气有限公司董事长李跃胜满脸自豪地说："我们主要靠自主研发，现在已有四大类31个系列输变电高新技术产品，获得了5个国家专利。多个系列产品被国家政府部门、电力公司列为全国城乡电网、农村电网建设与改造工程的推荐产品。"

20世纪90年代初，我国电力工业迅猛发展，但高压输变电设备大量依赖进口。压气式负荷开关巨头意大利 VEI 公司大举进入中国市场。一家跨国公司的技术权威断言："中国高压开关产品要赶上我们，至少要 5~10 年。"

1993 年，我国的专家和国内大中型开关企业负责人达成了共识：应该抓住国家大力推广环网配电的机遇，自主研发高压负荷开关设备，振兴电力装备工业中的核心产业。没有技术储备，没有财力，没有开发新产品所需的关键材料，开发的困难很大，很多资本雄厚的业内大企业望而却步。李跃胜勇敢地站了出来，"我来投资，我来干！" "人不能总围着自己的鼻尖打转，民营企业首先是中国的企业。如果这事搞成了，我赚多少钱事小，国家保住一个产业事大。搞不成，我可以从头再来，再去推销机电产品。"

1994 年 10 月，开元公司开发的第一台压气式负荷开关送到西安高压电器研究所开始试验。一天深夜，刚回到温州的李跃胜被电话惊醒。在西安的科研攻关组黄工程师声音颤抖地说："李总，完了！样机在进行主要参数试验时爆炸了，上百万元的投入没了！"他还说科研人员心情极为沉重，有的蒙在被子里哭了。李跃胜心中一阵震颤，稍一沉吟，却宽慰地说："哭什么，都起来，明天再干！不管花多少钱，我就是倾家荡产也要干下去。"第二天一起床，李跃胜做的第一件事，就是往西安电汇了 50 万元。李跃胜说："自主创新需要智慧，更需要勇气。科研人员身上那股与跨国公司拼技术的劲，是我最大的动力来源。"

1995 年 4 月，在西安国家高压电器检测中心，开元公司自主研发的压气式负荷开关产品，与全球销量第一的意大利 VEI 公司的产品，同时进行检测验证。从转移电流这一项技术参数看，"开元"产品远远超出 VEI 产品。VEI 公司人员在惊叹之余，要求购买"开元"的技术被婉拒，最后他们只好买了"开元"的一台样机。"开元"的成功，轰动了整个行业。此后 10 余年，国内 100 多家企业利用该技术进行生产。

1996 年，"开元"与另两家民营企业联合，成立了专门从事研发的西安森源电气有限公司，与跨国公司 ABB 展开技术较量。科研人员经过两年多的努力，成功开发出中置式真空断路器等多个系列的新产品，通过技术转让等方式，向国内同行厂商全面扩散，以集群优势共同抗衡各大跨国公司。目前，国内仅生产中置柜的企业就多达 500 余家，年综合生产能力达 20 万台，占领了国内 90% 的市场份额。

国内高压电器行业专家屈绪民说："虽然'开元'年产值只有 1.5 亿元，但它带动的产业链总产值至少有 1000 亿元。一个规模不大的民营企业，依靠自主创新挑战跨国公司，不但体现了我国自主创新的能量，也折射出当代民营企业家的爱国情怀。"

在发明创造、申请专利、自主创新中，企业是主体。然而数据显示，1998~2003 年，我国企业占国内专利申请总量不到 30%，全国 99% 的企业从未申请过专利。所以，建设创新型国家，推动企业真正成为技术创新的主体，还有相当长的路要走，还有相当艰苦的工作要做。一些企业包括国有企业重生产轻研发，重引进轻消化吸收，重模仿轻创新。其结果是绝大多数企业缺乏自主技术，特别是自主的核心技术。甚至一些有创新实力和潜能的企业、地方乃至高技术园区也存在差距。国资委监管的 166 家中央企业中，平均每家累计申请专利 226 件，不及国外某些大企业年均申请量的 1/5；上海 32 万余家企业，申请过专利的不到 3.5%；北京中关村园区 1.4 万余家企业中，申请专利的仅占 12%。这种缺乏核心技术的工业生产是没有前途的。实践表明，工业竞争力的源泉正在转变。只有自然资源的浪费和环境状况的恶化，没有科学的发展，未来是缺乏竞争力的。

中国正处于工业化时代，社会生产活动的核心是工业生产。工业生产本质上将自然资源加工成可用于消费或再加工的产品，消耗自然资源是工业生产的必要条件。同时，工业生产又产生废料，影响自然环境。造成环境的改变也是工业生产活动的必然后果。

靠大量消费能源和自然资源推进工业化，曾带来经济高速增长，也使经济增长越发接近资源和环境条件的约束边界。无论资源的消费还是环境的改变都是有限度的：过度消费和破坏不仅使工业生产无法持续，还将破坏人类生存的基本条件。如何在资源约束下实现工业化的持续快速发展，是中国工业化、现代化过程中必须解决的问题。

各国工业化的实践证明，在一定条件下环保与工业发展间存在一定的替代性关系：要发展工业就要付出环境代价。特别是对于发展中国家，过高的环境质量标准会超过其技术和经济能力，阻碍工业发展。所以，社会往往容忍经济个体低价使用环境资源，实际上是对工业竞争力低下的无奈。无视环境质量价值，单纯追求工业生产，不仅难以持续，发展本身也会失去真实价值。随着经济的发展和技术的进步，环境质量标准必然会逐步提高，即环境质量的价值会越来越高。以破坏环境取得工业发展得不偿失。

从工业发展史看，工业技术路线总体上是沿着从"耗费资源损害环境的技术"（以下简称"耗费资源技术"）向"节约资源保护环境的技术"（以下简称"节约资源技术"）的方向进步的。当耗费资源技术是工业竞争力的主要来源时，工业发展处于初级阶段；而当节约资源技术成为工业竞争力的主要来源时，工业发展进入高级阶段。

耗费资源技术与节约资源技术的竞争力比较取决于两方面基本条件：一是技术本身相对于资源禀赋的先进程度，即节约资源技术在经济上是否有优势；二是国家关于资源和环境的管制制度，即国家如何调节经济个体消费资源和影响环境的行为。由于各国的经济发展水平不同，所实行的管制制度也不同。通常，经济水平越高的国家有关资源利用和环保的标准也越高。

我国经济经过20多年的持续高速增长，基本国力和工业实力显著增强，对资源利用和环保的技术标准逐步与国际接轨，以致开始实行发达国家标准。此时，耗费资源技术的竞争力必然显著下降，继续主要依靠耗费资源技术来支持工业竞争力的道路必然越走越窄。

我国工业和贸易企业能否尽快实现竞争力来源转移，是关系企业发展前途的重大问题。中国企业竞争力正面临着从主要依靠耗费资源技术的阶段向主要依靠节约资源技术的阶段的历史性转变。在这一时期，工业结构的升级，技术水平的提高，国家有关资源开发和环境保护制度的完善与技术标准的提高，直至接近和达到发达国家的水平，将成为中国工业竞争力提升的基本方向，也是我国建设节约型社会的核心内容，是科学发展观的关键。企业领导必须敏锐地把握这种竞争力转变的趋势，使企业在激烈的竞争中获得胜利，使企业得到长足的发展。

第四章 正合奇胜

"三军之众，可使必受敌而无敌者，奇正是也"（《孙子兵法·兵势篇》）。整个部队遭遇敌人的进攻而没有溃败，这是"奇正"战术变化的结果。所以，"凡战者，以正合，以奇胜"（《孙子兵法·兵势篇》）。一般地，战争总是以"正兵"合战，用"奇兵"取胜。"奇正"的内涵十分丰富，用最简洁的语言概括，就是变与常。常法为"正"，变法为"奇"。具体来说，在兵力使用上，用于守备、相持、钳制的为正兵，用于机动、预备、突击的为奇兵；在作战方式上，正面进攻、明攻为正兵，迂回、侧击、暗袭的为奇兵；在战略态势上，两军对峙、正面交锋为正，迂回设伏、侧翼进攻为奇；在战争指导思想上，循规蹈矩、按常理用兵为正，打破常规、克敌制胜为奇。

第一节 正合奇胜的企业谋略

"正合奇胜"实质上是指企业参与商业竞争的战术与谋略，是各种竞争方法与手段的综合应用。企业领导必须运用公司可供资源的配置与不同组合，依据客观市场环境和竞争对手反应等临战状况，灵活、机智、权变地运用"常法"与"变法"的各种策略与谋略，达到竞争制胜的企业目标。孙子说："上兵伐谋，其次伐交，其次伐兵，其下攻城。攻城之法，为不得已。……将不胜其忿而蚁附之，杀士三分之一而城不拔者，此攻之灾也"（《孙子兵法·谋攻篇》）。用兵的上策是用谋略战胜敌人，其次是挫败敌人的外交联盟，再次就是直接与敌人交战，击败敌人的军队，下策就是攻打敌人的城池。选择攻城的做法是出于不得已，那样需要准备和耗费大量的资源。如果将帅难以克制愤怒与焦躁的情绪而贸然攻城，那攻城就要付出牺牲士卒生命的代价。所以，企业领导"正合奇胜"的修炼具有极其重大的意义，是企业经营与商业竞争的重大课题。

一、李靖论奇正及其相互转化

唐代著名军事家李靖在总结前人成果的基础上，全面、系统、深刻地分析和论述了"奇正"的道理。他特别指出，"善用兵者，无不正，无不奇，使敌莫测。故正亦胜，奇亦胜"。"以奇为正，以正为奇，变化莫测。"同时，把奇正与虚实、示形、分合等结合起来。李靖指出，奇正相变的核心是"示形"，奇正相变的目的是致敌虚实；奇正相变的运用在于分合适宜。所以，"奇正在人"，战争中应充分发挥将帅的主观能动性。

奇正理论的灵魂是奇正相变。战场形势瞬息万变，兵法运用当不拘一格。高明的将帅之所以高明，就在于他能根据战场情势，灵活机动，出奇制胜。所以，"奇正"是相对的，"正"在一定条件下会转变成"奇"，"奇"在一定条件下也会转变成"正"。高明的将帅必须善于根据情势运用"奇正相变"的规律，善于"因正而为奇，因奇而为正"，做到"无不正，无不奇"，做到孙子所谓"形人而我无形"（《孙子兵法·虚实篇》），使敌人显露真情而我不露痕迹。

战争是一门艺术，胜利的主宰者永远是那些能够把知识转化为智慧，把实力转化为战斗力，不拘常规、敢于创新、出奇制胜的天才，而不是那些追求万全、因循守常、迷信书本的庸才。所以，"奇正相变"之法，是灵活用兵之法，是克敌制胜之法，是打开胜利之门的金钥匙。能否熟练运用奇正，是将帅能力的试金石。善于运用正兵的将领，适合去防守；善于运用奇兵的将领，适合去进攻；而能熟练运用二者的将领，才是国家的辅佐之才。平时要学习和掌握常法，并在实践中加以灵活运用，战时才能做到奇谋迭出，战无不胜。

奇正变幻莫测、奇正相变、灵活应变、敢于创新的思想内涵，已经超越了时空和军事范畴，在商业竞争和企业经营管理中同样具有不朽的理论价值和恒久的思想魅力，对当今的企业领导具有现实的指导意义。

二、正合奇胜谋略的商业应用

在企业竞争中，企业领导能否熟练掌握和运用奇正谋略是竞争制胜的一个重要条件。在公司通过择人任势、修道保法积累了竞争实力，具备了参与竞争的条件，就需要勇敢地投入到激烈的竞争实践。企业竞争的上策是"不战而屈人之兵"，其次是瓦解对手的竞争联盟。尽量避免与竞争对手的直接对抗，特别要避开与实力强大竞争对手的正面冲突，绕过竞争惨烈的"红海"，寻找"蓝海"领域，追求"双赢"与"多赢"局面。孙子在兵法中提出了大量的战争谋略，这些谋略在企业竞争中同样适用。谋略本身并没有"正"和"奇"的明确划分。此时为正，彼时为奇；我用为正，他用为奇；在某些领域使用为正，在另外领域使用为奇；过程为正，结果为奇；别人正我则奇，别人奇我则正；形式奇则内容正，形式正则内容奇；领导品牌多以正合，挑战品牌多用奇胜。其使用效果、使用环境千差万别，复杂多样，难以统一，关键是要懂得和利用正、奇的组合与巧妙运用。因此，企业领导要具体问题具体分析，依据实际中的临战状况和复杂环境灵活机制、博弈地加以运用，达到"正合奇胜"的战略目的。

"守正"的关键之一是抓住企业最重要的资源，占领战略制高点。每个企业根据其所在行业的不同，均有不同的关键资源，甚至是不可再生和不可替代的自然资源。钢铁行业的铁矿石与焦炭资源，石油化工行业的石油资源，乳品加工行业的牛奶资源，纺织行业的棉花资源，电力行业的煤炭资源等，对相关行业企业的兴衰具有决定性的作用。"得资源者得天下"已成为业界不争的事实。"基础打得好，未来才更好"，资源的争夺及其基础性建设是企业未来可持续发展的根本性所在。

规模经济、专业化经营、合作发展是当今市场的正道和主流。企业靠规模获得价格优势、靠专业服务赢得人心、靠合作实现"共赢"。度量市场需求，权衡市场态势，树立优势品牌，铸造特有的竞争武器，都离不开行业的发展和专业经营。在行业危难之际和市场出现重大变化的时刻，企业凭借丰富的市场经验、深厚的内功与良好的合作关系，不为一己之利，不逞一时之勇，发挥优势，促进合作，引导行业进入良性发展，企业才能在行业发展中逐渐壮大。

苏宁电器是以专业经营、服务至上而获得成功的典型案例。1990年，苏宁电器创业之初从春兰空调专营做起，1993年与华宝空调确立了战略合作关系。20世纪90年代初，苏宁电器就成为春兰空调全国最大的经销商，连续10年一直是华宝空调全国最大的经销商。1996年，苏宁电器以华宝空调6个亿的销量，创下单一经销商单一品牌的全国销售纪录。同时，苏宁电器自建了300人专业安装队伍，并且免费安装，首创了"配送、安装、维修"一体化的苏宁服务模式，这在当时可谓"石破天惊"。这一创举奠定了苏宁电器成功的起点，开创了"以服务为宗旨"的现代商业新模式。对于忙于扩大生产规模的厂家来说，苏宁电器创新的专业自营服务模式，正好解放了厂家在配送、安装方面的不堪重负，自然得到了空调厂家的大力支持。正是依靠这种专业制胜、强化内功和促进行业发展等手段，苏宁电器取得了极大的成功，成为行业中的佼佼者。

苏宁电器空调专营服务模式因势而变，淡季打款、返季节抢购，以资本换取价格空间。精耕细作，建立营销体系，网络营销崭露头角。从1994年开始，苏宁电器建立了辐射全国的批发网络4000多家，包销华宝、三菱的1/3产量和松下一半的国内份额。大规模批发业务培育了苏宁电器开拓大市场的能力，提升了业界地位，使苏宁电器进入了快速扩张期。苏宁电器成为华宝、三菱、松下等众多品牌全国总代理、区域总代理。同时，巨大的销售规模保证了苏宁电器在零售市场的规模和巨大价格优势，在风雨突变、纷繁复杂的市场中进一步得到消费者的认可，抗风险的能力不断增强。

1995年，面对代理模式逆转，市场开始出现供过于求的苗头，苏宁电器从容应对，从1996年起，苏宁电器自建零售网络，实施品牌服务战略，陆续在江苏扬州、镇江、宜兴，以及江苏省外的合肥、上海、广州开设空调专营零售商场，投资 3000 万元兴建物流和售后服务体系，在重点地区市场建立了 50 多家连锁服务中心，在各主要城市建立了 100 多家社区服务网点，提高服务质量，全力以赴建立市场终端，开创了"网络化零售"的新模式，庞大的零售网络体系，最终让苏宁空调笑傲江湖，到 1998 年苏宁电器第 6 次蝉联中国最大空调经销商的桂冠。

分析苏宁电器 15 年的成长历史，给人突出的印象有两点：一是其综合实力不断增强。这种强大的综合实力体现在以规模和服务为立足点的深厚内功上。二是在具有这种实力基础上正合奇胜的应变能力。正是由于内功扎实，所以在面临任何形势变化时，苏宁空调都能够顺应形势的变化而提出切实可行的应对方案，采用"奇正"结合的经营谋略，使企业继续处于行业的领导地位。

奇正之道已经被广泛应用于企业经营、管理、营销组合甚至人力资源选拔的各个环节中。以营销组合为例，产品因素的"正"一般是指产品质量、行业标准、优质服务、品牌形象等常规要求，而"奇"则可以表现为产品定位、对目标群体的新奇区隔、品牌个性等差异化创意。在渠道因素中，"正"一般指的是传统的或扁或长的层级渠道模式的设计和规划。而近年来出现的一些非传统渠道，像关联渠道、联合营销等方式就是渠道方面的"奇"。这些非传统渠道虽然较传统渠道而言相对狭窄，但在与对手的抗衡中，这些新奇的辅助渠道却往往是拉开差距、蚕食对手的有效途径。促销的正统手段一般包括人员推销、销售促进、广告和公关，但促销大战连年升级，结果却是"常打常不更新，屡战屡不奏效"，如节假日的降价促销、会员制促销等。这些现状的原因是手法和工具的雷同与效仿，是"正有余而奇不足"而造成的"形强而神弱"，大笔的促销费用就在正面冲突中相互抵消了。所以，企业必须追求促销手段的"奇"。同一种促销工具，如果信息表达内容不同，发放手段、速度、节奏、时间、地点等有所不同，效果可能有天壤之别。充分利用这些"奇"，才能拉开差距，才能有效地甩开对手。

三星集团的管理者深刻领悟到了"正合奇胜"思想的精髓，并在公司人才管理中广泛应用。三星集团的"人才经营"新战略是：注重吸纳"天才"，善用"个性"人才，敢用奇才、怪才。掌握"天才"或"天才级"人才是人才战略的首位。三星集团目前拥有不少具有世界一流技术水平的"准天才"级人才和一大批企业首脑、技术专家和专业经营者，这些人才支撑起三星集团的大厦。三星集团一直坚持在不同部门大胆任用多种类型的人才，甚至曾经做过电脑黑客的程序高手也因为技术出众而被聘请进公司从事研发工作。这些软件方面的专家们并不像人们想象的那样来自名牌大学，他们大部分都没有接受过正规的大学教育，而是靠在电子一条街搞组装电脑、编程等副业渐渐打出名气，有些甚至成为"黑客"或编程高手。

三星集团是一家包容性非常强的公司。在三星集团中，很多高层管理人员在学校中的专业和最初进入的领域，与其现在的职位并不一样。但是，他们却在公司中得到了新的合适的位置，才能得到充分的发挥。三星集团电子（北美）市场营销策略高级副总裁年轻时是一个音乐厅的钢琴师。但目前他正领导一批天才员工，在北美进行广泛的市场拓展。三星集团还非常善于运用个性很强的人才。这样的人才整体看起来不算十分优秀，通常不合群，在组织内部协调共事方面存在缺陷，但在三星集团的领导者看来，自古才俊大都傲世独立，他们在特定方面兴趣浓厚，才能超人，能够在所在领域独树一帜，一旦扬长避短，便可担当大任，为企业发展作出突出的贡献。

三、变化无穷的奇正战术

孙子指出，"善出奇者，无穷如天地，不竭如江河。终而复始，日月是也；死而复生，四时是也。声不过五，五声之变不可胜听也；色不过五，五色之变不可胜观也；味不过五，五味之变不可胜尝也；战势不过奇正，奇正之变不可胜穷也"（《孙子兵法·兵势篇》）。意思就是说，善于出奇制胜的将帅，其战法变化就像天地那样不可穷尽，像江河那样不会枯竭。终而复始，如同日月的运行；去而又来，就像四季的更替。声音不过五种音阶，可这五种音阶却能变化出听不完的乐章；颜色不过五种色素，可这五种色素却能变化出看不完的图画；味道不过有五种味觉，可这五种味觉却能变化出品尝不完的佳肴；作战运筹不过"奇正"，但"奇正"却能变化出无穷无尽的战法。

奇正之道的精髓就在于把一些司空见惯的传统工具或战术整合、创新，将其压缩、捶扁、拉长、磨利；将其拆开、并拢、叠去；改变其速度、节奏、力度、密度、弹性和技巧，从而达到有别于竞争对手的出奇效果。但创新并非无拘无束、天马行空，必须符合"正"途，在"正"的基础上进行创新，在积累一定的实力上对资源进行创新性组合与整合。所以，"正"是"奇"的基础和条件。缺乏"正"为基础的"奇"就变成了无源之水，最终是要失败的。

家电连锁零售行业的低价竞争是家电巨头发家的资本，但一味的价格战将是一条不归路。然而，在可以预见的未来几年中，价格战仍将是家电连锁企业竞争的主要手段。随着沃尔玛等国际连锁巨头加入战团，价格战将会越来越惨烈。突破价格陷阱，需要的就是"正合奇胜"谋略。国内几大家电连锁巨头开始不约而同地进行战略性调整，国美推出会员制，并成立润鹏电器主攻高端市场；苏宁则在全面考察学习美国百思买（Bestbuy）公司的运营模式后，实行一种新的家电销售模式，打破品牌独立展示格局，产品结构将按照品类全部重新划分，以更好地满足不同消费者的需求；永乐则宣布正式推出永乐小家电自有品牌"YOLO"，进入小家电自有品牌市场。各家电连锁零售巨头纷纷寻求"以正合，以奇胜"的各种方案，从而突破无法避免的价格战。

一是提升供应链管理水平，以低成本战略应对不断下跌的价格。家电连锁企业通过搭建信息化管理平台，改善物流管理水平，整合供应链，取得了很大的成效。但是必须提高供应链管理的战略主动性，供应商以及各个供应环节都要制定成本降低的目标和措施，以推动供应链各环节通过设计创新、技术创新、工艺创新、组织创新等手段，形成持续的成本优势。

二是推出新产品，避免同质化。家电连锁企业必须从源头上重视新产品开发，先人一步，快人一拍，主动投入、舍得投入、长期投入，打造属于自己的明星供应商。从产品管理、供应链管理，发展到供应商网络的开发管理。国际连锁巨头都非常重视与创新型的中小企业合作，不仅为其提供销售的便利，还不遗余力地帮助其提高管理水平和提供产品开发的市场信息，推动其发展，而我国的家电连锁巨头对此关注较少。

三是提高顾客组织化程度。通过顾客的定向化、固定化、组织化实现顾客忠诚。没有市场细分就不可能实现顾客定向化，没有优质服务就不可能实现顾客固定化，没有增值服务就不可能实现顾客组织化。家电连锁企业必须借鉴时尚品牌产品的营销方法，比如路易威登皮具在日本十分畅销，几乎每位女士都有一只，高端消费者对此产生了不满。为此，路易威登及时发行了VIP会员卡，提供特色服务、创新服务、增值服务，路易威登VIP会员成为时尚先锋，VIP会员俱乐部的成功运作使路易威登的高端消费者品牌忠诚度大大提高。

四是提高盈利模式创新能力。目前，我国家电连锁企业盈利模式都是以拖欠供应商货款去开新店的低成本扩张模式，但房产市场波动、价格战、快速扩张导致厂商大面积亏损、现金流链条脱节等问题，已经使这种模式越来越受到行业诟病。因此，必须提高盈利模式创新的能力，依靠创新服务实现盈利。

为突破家电行业的价格陷阱，国内外家电连锁零售商巨头同样在采用"正合、奇胜"战略。提升供应链管理水平，不断降低采购成本和经营成本，是"正合"；积极开拓盈利模式，开发差异化的产品与营销策略，提高顾客组织化的程度，通过创新思维，走在竞争对手的前面占领市场、固化顾客与客户群体，是"奇胜"。紧跟竞争对手的学习与模仿，也可能获得一定程度的成功，这又是"正合"；在学习、吸收、消化别人，并在此基础上加以改进与提高，又形成"出奇"。所以，商战以正为先，在正的基础上运用奇正之术，才能战胜竞争对手。

孙子在兵法中提出大量奇正的竞争手段和工具，其中包括"出其不意"、"避实击虚"、"趋利避害"、"兵以诈立"、"贵胜贱久"等。这些方法本身无"奇正"之分，能够列举的方法很有限。但是一旦掌握奇正之变的道理，就可以常变常新。因此，一个卓越的企业领导必须深谙奇正之道，在深刻了解和熟悉这些竞争战术的基础上，熟练运用各种战术的不同组合，不断发展与创新，达到"正合奇胜"的效果。奇正之道的运用之妙是一个厚积薄发的过程，需要企业领导的知识、阅历和悟性。以下各节分别介绍《孙子兵法》中具有代表性的重大战术谋略——奇正之术。

第二节 兵之情主速，拙速胜巧久

"兵贵胜，不贵久"（《孙子兵法·作战篇》）是军事上的一个重要原则，无论是古代战争还是现代战争，都是一条颠扑不破的真理。所以，用兵打仗贵在速战速决，而不宜旷日持久。"其用战也胜，久则钝兵挫锐，攻城则力屈，久暴师则国用不足。夫钝兵挫锐，屈力殚货，则诸侯乘其弊而起，虽有智者，不能善其后矣。故兵闻拙速，未睹巧之久也。夫兵久而国利者，未之有也"（《孙子兵法·作战篇》）。意思是说，用大规模的军队作战，就要求速胜。旷日持久就会使军队疲惫，锐气受挫。攻打城池，会使得兵力耗竭；军队长期在外作战，会使国家财力发生困难。如果军队疲惫、锐气挫伤、实力耗尽、国家经济枯竭，那么诸侯列国就会乘此危机发兵进攻，那时即使有足智多谋的人，也无法挽回危局了。所以，在军事上，只听说过指挥虽拙但求速胜的情况，而没有见过讲究指挥技巧而追求旷日持久的现象。战争久拖不决而对国家有利的情形，从来不曾有过。所以，"兵之情主速，乘人之不及，由不虞之道，攻其所不戒也"（《孙子兵法·九地篇》）。用兵之理，贵在神速，乘敌人措手不及的时机，走敌人意想不到的道路，攻击敌人没有戒备的地方。

一、速度就是力量

速度就是力量，是内在于事物中的势与节。速度能引起事物的根本性改变。孙子说，"激水之疾，至于漂石者，势也；鸷鸟之疾，至于毁折者，节也"（《孙子兵法·兵势篇》）。湍急的流水迅猛地奔流，能够把巨石冲走，是因为它的流速飞快形成"势"；鸷鸟高飞迅疾，能捕杀鸟雀，是因为短促迅猛而形成"节"。企业要在竞争中走向成功，速度无疑处于第一位置。不论是做"事"、做"市"，还是做"势"，企业都要以速度决胜，就是要快速果断，速战速决，雷厉风行，不能优柔寡断，拖拖拉拉，在竞争对手来不及反应的时候，在市场中已经取得先入为主的优势。企业在激烈的市场竞争中，必须抓住一切有利时机，迅速建立自己的优势竞争地位。抢先一步走在别人前面，便可将经营引向成功。能否抓住市场竞争中转瞬即逝的机遇成为企业成败的分水岭。企业对于变幻莫测的市场，只有作出快速反应，预见市场变化，才能及时调整产品策略，满足购买心理，抢占消费心智，决胜市场终端。

市场竞争是没有硝烟的战争，竞争也是企业人力、财力、物力的巨大消耗。时间拖得越久，消耗越大。只有在竞争中尽快取得领先地位，才有可能补偿企业的消耗。所以，只有迅速确立在市场上的优势地位，企业才能获得立足和发展的空间。"康师傅"这家在我国台湾地区并不出名的企业正是不失时机地预见我国内地的未来方便面需求，及早地进入我国内地市场，赢得了先机。在今天的我国内地，康师傅已经成为方便面的代名词，牢牢占据行业第一品牌的地位。据说，"统一"方便面进入内地市场仅比康师傅晚三个月。十几年来，"统一"曾几度发力，信誓旦旦地要超越康师傅，但始终没有成功。其他挑战者也不得不先后退出这个市场。实际上，统一集团在我国台湾地区和全球市场的实力要远远大于康师傅。从某种意义来说，这种康师傅与统一现象就是速度的效果，是先入为主的效率造成的结果。

用"起了个大早，赶了个晚集"来形容丰田汽车在中国的发展，是再恰当不过的。1964年4月，丰田就首次向中国出口皇冠轿车，1980年7月，在北京成立首家丰田汽车维修服务中心，这是外国汽车公司在中国开设的首家售后服务中心。"车到山前必有路，有路就有丰田车"是当时家喻户晓的广告。但到2005年，丰田在中国的市场份额仅为4.3%，位居第十，列国产汽车品牌吉利之后。2005年丰田开始以"北牵一汽丰田、南携广州丰田"战略布局实施绝地反击，在短短一两年内取得过去40年都未能实现的成绩。这其中充分体现了孙子兵法中"拙速胜巧久"的道理。

要做到拙而速胜，关键是要达到"势险而节短"，用市场营销的语言表达，一是要快速形成巨大的品牌影响力。通用进入中国市场以别克君威开道，本田以在国际上享有盛誉的雅阁为先锋，现代凭索纳塔惊艳登场，都是想用高端产品先声夺人，树立品牌形象。早期丰田车在中国市场有极佳的口碑，特别是皇冠车当时是高级领导的用车，尊贵的品牌形象深入人心。可是丰田在中国市场推出的首款车威驰，却是一款低端产品，这一营销失误大大损伤了丰田的品牌影响力。如今，丰田改变了"轻取"与"巧取"中国市场的幻想，在中国生产凯美瑞、花冠、皇冠、锐志、威驰、陆地巡洋舰、普拉多、柯斯特等多款车型，再加上进口的雷克萨斯等车型，丰田正在树立自己高大的品牌形象。

二是要紧贴消费者的需求变化。在丰田高层看来，差不多近85%的消费者是第一次买车，中国消费者更容易把汽车当做一种身份和生活方式的象征。中国大部分用户并不了解汽车，甚至不了解自己需要什么，很多用户几乎不具有品牌忠诚度。所以，这是一个快速增长而又充满不确定性的市场，尽速建立一个强大的、有说服力的销售终端系统至关重要。丰田正在努力建设自己拥有1000家4S店的销售体系，为第一次购车者提供详细的咨询、比较、体验，竭力消除购车者的后顾之忧。

"拙速胜巧久"是孙子留给后代的又一宝贵财富。速度是竞争制胜的关键所在。所以，"毁人之国而非久也"（《孙子兵法·谋攻篇》），"是故始如处女，敌人开户；后如脱兔，敌不及拒"。（《孙子兵法·九地篇》）战斗打响之前要像处女那样显得深静柔弱，诱使敌人放松戒备；战斗展开之后，则要像脱逃的野兔一样行动迅速，使得敌人措手不及，无从抵抗。不能靠持久的拼搏战胜强大的竞争对手，企业领导应该努力寻找对手的弱势和薄弱环节，化速度为力量，在对手没有意识到的地方，还没有来得及反应的情况下达到战胜对手的目的，取得竞争的胜利。

二、速度是效率和时间的价值

无论是军事战争，还是商业竞争，都是实力的较量和对人力、物力与财力的依靠，即"驰车千驷，革车千乘，带甲十万，千里馈粮……日费千金，然后十万之师举矣"《孙子兵法·谋攻篇》。速度可以代替资源，慢就意味着先机的丧失和资源的无谓消耗。所以，速度是效率，是时间的价值，是时间成本和机会成本。机会稍纵即逝，必须在最短的时间内抓住难得的机会。

速度是效率之源。效率则是企业管理的出发点和落脚点，是企业竞争力的核心内容和企业发展的根本之一。时间和效率构成企业参与市场竞争的关键要素。航空公司的一个关注重点就是速度和周期。某航空公司一架飞机降落后的调头时间仅为 15 分钟，那么其飞行时间即赚钱时间每天就有 11 个小时，比行业中的其他航空公司多 3 个小时，其时间成本就比其他航空公司低 30%左右。

空间领域的角逐始于 1957 年苏联成功发射人造卫星，苏联航天局第一个向外部空间发射的人造卫星比任何一颗美国计划送入轨道的卫星重六倍以上。这使得美国在技术上的自我优越感受到震撼，这一事实也使美国恐慌。作为回应，美国作出了加倍的努力。1961 年 10 月，一个巨大的美制土星火箭升离发射塔，1964 年 1 月，土星火箭将一颗重达 10 吨的卫星送上太空，这是当时送入轨道的最大卫星。从美国意识到问题的存在到将土星火箭送上太空，美国人用了短短的 4 年时间。到 20 世纪 80 年代初期，美国国家航空及太空总署（NASA）的火箭项目在太空竞争中已确保领先于苏联。

但是，通用汽车公司在微型轿车上的反应却非常迟钝。1981 年，当通用汽车公司发现日本汽车厂商生产一台微型轿车的成本比自己低几千美元时，立刻认识到自己必须设法生产一种新型的微型车来取得领先地位。然而，从1981年通用汽车公司意识到问题的存在到1985年1月土星公司成立，一共用了三年半的时间。从那时起，直到第一辆土星汽车在1990年末在田纳西州的春山（Spring Hill）工厂的生产线下线，又过去了大约六年。九年半的时间肯定不是认识问题、制定应对战略并予以执行的最佳时间。假设通用汽车公司知道在微型车的竞技场上该做什么，而花了这么久的时间才把车生产出来，其速度之慢是可想而知的。生产一辆微型车不像空间科学那样涉及众多高深的技术和思想。通用没能迅速行动的结果是，通用汽车公司在美国市场上载客车的市场份额从1980年的40%以上降到了1990年30%以下，失去了大部分源自于微型车的那部分细分市场。在20世纪80年代后期和90年代前期，通用汽车公司北美分部始终处于亏损状态。

这里所反映的问题是创新和应对挑战的时间管理问题。从新观念、新策略、新产品、新理念等问题与需要的产生到产品或解决方案投入市场，这中间的时间跨度对于创新成败是至关重要的。创新周期较短的企业，能够大大缩短项目开始到产品推出之间的时间距离，可以充分适应消费者需求的变化，可以充分利用最新的技术成果。一家欧洲生产显示器的厂商，一种新产品从开发到投放市场的时间需要18个月。在某些国家，这类产品投放市场的时间只要6个月。与欧洲厂商相比，他们在同一时间内就能开发3~4代的新产品，速度使他们处于明显的优势地位。所以，利用速度参与竞争，可以节省资源，弥补资源的不足；可以创造价值，提高时间效益；可以争取主动，化解被动；可以做到"以迂为直"、"以患为利"，把走迂回的弯道变为走直路，把有害变为有利，从而争取先机之利；可以抓住转瞬即逝的机遇，创造冲力。

为了快速行动，企业领导必须迅速收集和分析信息，果断作出决策，然后快速行动。必须缩减所有执行周期，时时做好充分的准备。预测各种可能的"情景"，模拟潜在竞争对手的反应，为竞争性行动和转瞬即逝的机会事先做好准备，在竞争对手反应过来之前快速达到目标。做不到快速高效，可能使企业陷于消耗战，迫使企业投入更多的资源，增加竞争成本与风险。我国国有企业官僚作风盛行，决策程序冗长，机构臃肿，人浮于事，速度意识淡薄，效率低下，在商场竞争中往往处于劣势，把握不住转瞬即逝的市场机遇，从而成为市场的跟随者而失去发展壮大的先机。

三、危机处理中的速度与效率

当企业经营风险转化为现实危机时，如果缺乏决策上的准备，不能及时有效地应对，必然出现决策不集中、信息不对称、交流不充分、反应僵化等现象，从而产生错误或不当危机处理策略，贻误战机，丧失危机处理的主动权，给企业生存和发展带来严重的危机。所以，在危机管理中，快速高效同样是关键因素。企业必须在危机发生后的 24 小时内启动危机管理机制，搜集各方言论，确认基本立场，拟定官方声明，协调相关资源，将危机处理在萌芽中，尽可能减少甚至化解对企业的冲击和影响，甚至将危机转化为契机、胜机。

2004 年 4 月 22 日，安徽阜阳《颍州晚报》刊发文章，指出三鹿奶粉为不合格产品。当时阜阳伪劣奶粉事件正是全国上下关注的焦点。就在《颍州晚报》错误地把三鹿奶粉列入"不合格产品"的当天，三鹿集团副总经理便率工作组抵达安徽阜阳，与当地政府相关部门交涉，双方很快就"政府出面向三鹿道歉"一事达成共识。次日上午，阜阳市政府与三鹿集团同时召开新闻发布会，前者发布声明、诚恳致歉；后者则通报事实、澄清真相。迅疾的反应让三鹿变被动为主动，不仅从根源上"扼杀"了危机，还令后续的"正名"行动取得了事半功倍的传播效果。

2004 年 10 月，河南省郑州煤电集团大平煤矿发生瓦斯爆炸事故，造成人员严重伤亡。在这起"事故危机"中，作为上市公司的郑州煤电股份有限公司因为反应迟缓而遭波及，直至其股票连续跌停，才紧急发布通告：郑州煤电有三个煤矿和一个电厂，分别是超化煤矿、米村煤矿、告成煤矿和东风电厂，大平煤矿属于大股东郑煤集团，与上市公司没有关系。

危机类型各不相同，企业处理危机的思路和方法各有差异。从上述两个案例可见，企业响应危机的速度是关键因素。在网络时代，危机新闻或"丑闻"的传播是全球化、多介质、连坐式扩散的，信息传播具有"菌殖效应"，如同细菌繁殖般呈几何级数激增，甚至可能在极短暂的周期内改变事态的趋向。所以，24小时是个极限的速度和效率，企业必须在24小时内快速、高效地启动危机管理机制，快速反应，争取主动。

需要指出的是，在企业竞争中，企业领导要充分和善于利用竞争对手的危机，"乘人之危"，为我所用。快速高效地捕捉对手的危机，在其危机中削弱对手、壮大自己，是非常难得的机遇。同时，必须把握"速"与"缓"的合理分寸，这是"欲速则不达"的道理。所以，孙子强调"其疾如风，其徐如林，侵掠如火，不动如山……动如雷震"（《孙子兵法·军争篇》）。也就是说，行动迅速时就像疾风骤起，行动舒缓时就像林木森然不乱，攻击敌人时像烈火一样迅猛，实施防御时像山岳一样岿然，冲锋时如迅雷不及掩耳。

第三节　兵以诈立，兵者诡道

"兵以诈立"（《孙子兵法·军争篇》）是孙子军争战略的一个重要思想，强调用兵打仗必须依靠诡诈多变来争取胜利。所以，在兵法开篇中，孙子就明确提出，"兵者，诡道也。故能而示之不能，用而示之不用，近而示之远，远而示之近"（《孙子兵法·始计篇》）。也就是说，用兵打仗是一种诡诈之术。能打却装作不能打；要打却装作不想打；明明要向近处进攻，却装作要打远处；即将进攻远处，却装作要攻击近处。在商业竞争中，正直透明地参与竞争往往是不现实的，欺骗竞争对手就成为一种战术，欺骗人或被欺骗就成为一种智慧的比赛。真实的策略需要隐瞒。如果让对方知道真情实形，暴露我方的弱点或实力，在竞争中就会处于被动而招致失败。所以，"兵以诈立"就是以诡诈的计谋而制胜，是战略欺骗与模糊战术的开发与综合应用。

一、战略欺骗在商业竞争中的应用

　　"兵以诈立"的表现形式是战略欺骗，是一种以智取胜的竞争倾向和谋略型文化。尔虞我诈、钩心斗角、虚假信息、战略欺骗等成为商场竞争的重要手段。市场中充满陷阱，深藏阴谋，稍有不慎就会陷入万劫不复的境地。中航油新加坡公司在石油衍生品期货交易中，就是遭到西方石油期货巨头的围追堵截而自己茫然不知，最后造成5.5亿美元的巨额亏损。在高度信息化的商业市场中，竞争的形态、规模、进程和方法都发生了许多新的变化，现代高新技术为竞争双方实施欺骗提供了更多的渠道和途径，使得竞争的欺骗性增强，成本成倍增长，竞争成为一种谋略的对抗。竞争爆发的突然性大大地压缩了临战动员的有效时间，使得人员、资源跟不上快速竞争的需要，企业常常处于"后敌动员"的被动局面。另外，这种突然性加大了企业领导迅速识诈辨诡的困难，增加了决策的盲目性，提高了准确决策的难度。

　　视线因为迷雾而变得模糊，竞争因为谋略而变得精彩。虚虚实实、真真假假、兵不厌诈的博弈法则在战场和商场上都大行其道。长板桥上，张飞身后扬起的尘沙让曹操疑有伏兵而止步；西城县城门上，孔明弹琴让司马仲达疑而却步；江中大雾影响了曹操的判断使其将船头的稻草人当做了东吴士兵，从而使诸葛亮瞬息之间完成草船借箭……众多事实告诉我们，隐真示假、以假乱真在某些情况下，不失为一种生存的良法、竞争获胜的奇招。即使在技术革新日新月异的今天，先进的科技使得"隐真"变得非常困难，但竞争的迷雾仍然让"示假"这种古老的谋略闪耀着智慧的光芒。战略欺骗仍然是当今企业竞争的一个重要手段和战术。

　　战略欺骗的内容和手段非常丰富，也极大地增加了竞争对手和竞争市场的不确定性。一般情况下，企业很难了解竞争对手的绝对确实性。但是通过大量信息的分析与总结，可以掌握对手某种程度的相对确实性。在尽量欺骗对方、诱惑对手、以假示形，使其难以了解我方确实性的同时，企业需要努力从竞争对手可能出现的征兆、端倪中寻找与考察，通过其前后现象的对比与思索，从而了解竞争对手的相对确实性，为竞争的计划性与胜利奠定客观与现实的基础。如果不能正确辨别真伪，纷至沓来的虚假信息会给企业带来接踵而至的灾难。所以，制敌而不制于敌是求胜的基本法则，骗敌而不受骗于敌则是谋略的最高境界。善于用谋，也要长于识破对手的计谋，这就需要企业领导具有敏锐的观察能力和缜密的逻辑思维与思考能力，具有全面的知识和冷静处事的心态。

二、模糊战术与商业诈骗

在商业竞争中，企业需要千方百计地示假隐真，隐藏自己的全貌和意图，有意或无意地透露一些支离破碎、真假莫辨的模糊信息，以愚弄或迷惑对手，令其无法掌握我方的实力、企图和动态。孙子所说的"藏于九地之下"、"难知如阴"就是指这种诡谲模糊战术的应用。在实践中，似无若有的竞争策略比透明化和实力吓阻的方法更加有效。这是"兵者，诡道"的原则和意境。

生意的战场不需要刀锋相交，真正交锋的就是企业领导的战略思想和智慧。所谓诡道，就是要用出其不意的新型战略，最大限度地隐蔽自己，制胜于战前，先机而动，伺机而行。掌握充分主动，采用博弈的手法克敌于不知不觉之中。企业领导需要形成临场不乱的指挥风格，对竞争对手了然于胸，同时分散对手的注意力。竞争总存在着变数，实力并不决定一切。隐秘、欺诈等模糊战术就是力量，这种力量有时起着决定性的重要作用。

需要指出的是，"兵者诡道"和"无商不奸"是两个不同的概念。前者是竞争战术与谋略的应用，后者则是指商人的劣根性。现代企业经营需要诚实守信。诚实是做人之本，守信是立事之根。见利忘义、以次充好、以劣充优、食品药品造假、商业贿赂、化公为私、以牺牲社会利益和消费者利益而获取不正当的商业利润等都是不道德的商业诈骗行为。商业诈骗行为与瞒天过海、暗度陈仓、实者虚之、虚者实之等诡道之术和竞争之道是有本质区别的。

尽管如此，商业竞争中的诡诈之术还是颇具争议的。战略欺骗者常常被误认为骗子，模糊战术常被认为是骗术。在现实生活中，骗子的骗术与手法的确千变万化，如豪华障眼法、连环设套法、骗吃骗喝法、索要佣金法、时间差招数等花样不断翻新。不少人都有被骗的经历，大到骗钱、骗婚、骗合同，小到骗吃、骗喝、骗物品，这些高明的骗术在社会上大行其道，企业竞争的战略欺骗与模糊战术因而被蒙上阴影。但是，我们所讨论的竞争中的"诡道"是要求企业在竞争中不按常规行事，是与竞争对手斗智、斗法、斗勇的智慧与手段。这和诚信、仁义不是背道而驰的。

第四节　避实击虚，以众击寡

集中兵力、避实击虚、以众击寡是广泛被兵家所推崇的一个战术原则，也是商战中的一个重要竞争原则。"为兵之事，在于顺详敌之意，并敌一向，千里杀将，此谓巧能成事者也"（《孙子兵法·九地篇》）。也就是说，指导战争之事，在于谨慎地观察敌人的战略意图，集中兵力攻击敌人的一部分，可以做到千里奔袭，擒杀敌将。这就是所谓巧妙用兵，实现克敌制胜。

一、避其锋芒，击其薄弱环节

孙子说，"兵形象水，水之行，避高而趋下；兵之形，避实而击虚"（《孙子兵法·虚实篇》）。用兵的规律就像流水，流水的属性是避开高处而流向低处；作战的规律是避开敌人的坚实之处而攻击敌人的弱点。"实而备之，强而避之"（《孙子兵法·始计篇》），"进而不可御者，冲其虚也；退而不可追者，速而不可及也。故我欲战，敌虽高垒深沟，不得不与我战者，攻其所必救也；我不欲战，画地而守之，敌不得与我战者，乖其所之也"（《孙子兵法·虚实篇》）。所以，敌人力量雄厚，就要注意防备；敌人兵势强盛，就要暂时避其锋芒。攻击而使敌人无法抵御的，是由于袭击了敌人懈怠空虚的地方；撤退而使敌人不能追击的，是因为行动迅速而使敌人追赶不及。所以，我军要交战时，敌人即使高垒深沟也不得不出来与我交锋，是因为我们攻击了敌人所必救的地方；我军不想交战时，据扎一个地方防守，敌人无法同我交锋，是因为我们诱使敌人改变了进攻方向。

在企业竞争中，精明的企业领导运用"避实击虚"原则，可以取得竞争制胜的主动权。避实击虚具有三层含义：一是避实。在面临对手实力雄厚，士气旺盛，技术、品牌的竞争力强大，产品处于行业领先地位，人员素质好时，绝不可贸然出手，而需要避开竞争对手力量厚实之处，时刻防备对手的攻击，做到避其锋芒，不与对手硬碰硬。二是击虚，就是寻找对手的盲点或弱点。再强的竞争对手总存在弱点与缺点，有其注意不到或因身在其中而意识不了的问题与机会。"出其所不趋，趋其所不意"（《孙子兵法·虚实篇》），这里"无法急救"和"出人意料"就是竞争对手的盲点。找出对手的盲点，以自己的优势打击对手的薄弱，一举直中要害，取得胜利。正如技艺高超的庖丁解牛一样，绝不可用刀乱砍，而是瞄准关节之处下刀，这样不必费很大力气就可以把牛肢解了。三是调动竞争对手。攻击对手时可以采取围魏救赵、围点打援战略，选择其要害之处，调动其必趋、必救。防守自己要害之处时，要模糊对手的进攻方向，调动对手与自己硬碰硬，或使其攻击对企业影响不大甚至企业想要放弃的领域。

在进入中国市场之初，沃尔沃卡车营销资源捉襟见肘，业绩平平。1997 年，为取得中国市场销售上的突破，沃尔沃卡车中国公司在总公司所给的资源非常有限的情况下，通过市场调查，分析对手的情况、存在的机会、自己的资源、能力与机会之间存在的差距等，果断采取"避实而击虚"的策略，躲开竞争对手所掌控的优势区域，瞄准进口重卡销售极具潜力的"处女地"——深圳，把大部分资源集中投放在深圳。由此开始，沃尔沃卡车在中国市场的销售实现飞跃，在中国市场刮起一次又一次改变行业规则的旋风。2004 年，沃尔沃卡车中国公司的销售收入达到 10 亿元人民币，并连续 7 年名列欧美进口卡车的冠军。

避实击虚也是强攻弱守战术。在经济繁荣时期，企业核心竞争力的培养及其相关的资源整合已经完成，市场需求活跃，这时企业需要抓住机遇做大、做强。必须采取积极行动，仔细选择参与竞争的时间、地点和方向，从容地进行各种竞争活动，达到扩张的目的。反之，在经济衰退时期，企业处在供过于求的市场中，价格处于委靡状态，需求不畅，此时企业需要采取回收战线，剥离低利润部门，盘活存量资产，精简和集权组织结构，重新培养核心竞争力。在经济衰退的条件下，企业应积极实施并购与整合，依靠现金流的优势，整合与并购那些出现经营困难、资金链断裂、低价待售且符合企业整合需要的企业，以最低的成本实现机会整合与信息整合。强攻弱守就像人一样，当天气炎热时，便四肢张开；当天气寒冷时，则四肢畏缩在一起。当没有机会，处于弱势时，收缩防守，伺机反击；当机会出现，企业处于强势时，四面出击，扩大地盘。

二、集中兵力，以众击寡

孙子说，"用兵之法，十则围之，五则攻之，倍则分之，敌则能战之，少则能逃之，不若则能避之"（《孙子兵法·谋攻篇》）。用兵的原则是，拥有十倍于敌的兵力就包围敌人，拥有五倍于敌的兵力就进攻敌人，拥有两倍于敌的兵力就设法分散敌人，兵力与敌人相当就要努力抗击敌人，兵力少于敌人就要退却，兵力弱于敌人就要避免决战。因此，"形人而我无形，则我专而敌分；我专为一，敌分为十，是以十攻其一也，则我众而敌寡；能以众击寡者，则吾之所与战者约矣。吾所与战之地不可知，不可知，则敌所备者多；敌所备者多，则吾所与战者寡矣。故备前则后寡，备后则前寡；备左则右寡，备右则左寡；无所不备，则无所不寡。寡者，备人者也；众者，使人备己者也"（《孙子兵法·虚实篇》）。也就是说，要使敌人显露真情而我军不露痕迹，这样我军兵力就可以集中而敌人兵力却不得不分散。我军兵力集中在一处，敌人的兵力分散在十处，这样我们就能以十倍于敌的兵力去进攻敌人，从而造成我众而敌寡的有利态势。能做到集中优势兵力攻击劣势的敌人，那么同我军正面交战的敌人也就少了；我们所要进攻的地方敌人很难知道，那么敌人所需要防备的地方就多了；敌人防备的地方越多，那么我们所要进攻的敌人就越单薄。因此，防备了前面，后面的兵力就薄弱；防备了后面，前面的兵力就薄弱；防备了左边，右边的兵力就薄弱；防备了右边，左边的兵力就薄弱；处处加以防备，就处处兵力薄弱。兵力之所以薄弱，是因为处处分兵防备；兵力之所以充足，是因为迫使对方处处分兵防备。

集中兵力、以众击寡是企业竞争的一个重要战术，在企业竞争中被广泛应用。根据这一原则，企业需要集中资源，不可将战线拉得太长。要理解这个道理，需要注意以下几个方面：一是优化聚合，功能集中。当代市场的竞争，是整体的综合对抗。要形成高于对手的力量优势，就需要企业上下密切协同，优化聚合，在功能上形成整体合力。聚合不是简单地组合，而是在资源动员的基础上，通过信息流的链接与支撑，将各种竞争力量有机地融为一体，形成多元、协调、一体化的体系和流程，以整体的绝对优势或局部领域的绝对优势，达到以众击寡的目的。二是把握重心，力量与资源的集中。孙子说，"善攻者，动于九天之上"（《孙子兵法·军形篇》）。在当今的商业竞争中，力量的地位作用日渐突出，是"动于九天之上"的必要条件。缺少优势资源的高度集中，将无法有效地战胜竞争对手。三是随机部署，多方式集中。在竞争中，市场透明度不断增高，事先形成的主要方向可变性大，因此需要一案为主，多手准备，充分利用竞争空间和时间上的便利，根据临战状况随机部署与调整。四是全程监控，信息集中。大多数竞争活动需要在信息主导下完成，能否全程全时段监控市场情况至关重要。机会整合、信息整合需要将战略与战术的情报信息网融为一体，克服情报获取的"盲区"，使企业领导做到"知己知彼"。

在商业现实中，有很多的例子可以说明集中资源的重大意义。瑞士是个面积只有 300 平方公里、人口六百多万的山区小国，没有石油，没有自然资源。但在金融、旅游和制造业方面所取得的业绩却是有目共睹的。特别在手表和军刀这种小商品生产上，其指导思想就是集中、做专、做精。他们避开其资源劣势，利用其优良的工艺，专门做小东西。世界上的手表市场每年大约是 96 亿欧元，而瑞士手表就占到 62 亿欧元，达到 2/3 的比例。数量上虽然中国第一，但价值低。瑞士做的手表一年只有三千多万块，但它占的价值比例高，一个劳力士手表就要十几、二十多万元，而且不断增值。这是一个集中优势兵力的典型。

瑞士机械手表曾受到日本和中国电子手表的猛烈冲击，20 世纪 70 年代末 80 年代初，其手表地位有所动摇。为应对危机，瑞士政府就出面组织几个大的、重要的手表厂，邀请很多世界著名的咨询公司，共同研究如何集中优势兵力来保护瑞士的手表行业，最后决定做了一个在世界上颇负盛名的 Swatch 电子表，从而保持了瑞士手表的地位。

瑞士军刀也是世界上非常有名的。这种小刀其实没什么高科技含量，就是一种五金产品。两家小刀工厂，却能做到每年 10 亿美元的营业额。他们就是集中精力专业制刀，把德国、比利时的制刀厂都挤垮了。瑞士军刀制造商维氏公司最流行的产品，并非那些有几十种功能的复杂军刀，也不是一种单刃小折刀。它的功能并非少得只有一个小刀片，但也没有过多的功能。数十年以来，这种经典的多用途工具的实用性，一直是公司品牌形象的基础。这就是集中优势兵力的作用，产品功能也需要相对集中。

可口可乐与麦当劳也是集中优势兵力的典型例子。可口可乐多年以来就只搞饮料，足迹遍布全世界，成为世界的饮料大王。目前，可口可乐每秒全球销售量为 7500 瓶，每天的销售量为 5600 万瓶，每年创利 150 亿美元，其在中国的年销售量也高达 130 亿瓶。

麦当劳以简单的菜单、统一的品牌、企业化经营雄霸世界快餐行业，成为知名品牌。麦当劳只集中做两个半产品：一个薯条，一个汉堡包，半个可口可乐。但是麦当劳坚持把这些简单的产品做好、做精。麦当劳炸薯条的工艺流程，从收购薯条开始，到检验、切片、切丝到油炸，一共有 83 页 A4 纸的说明。虽然只有两个半产品，但它的产品是不含糊的，集中了很大的力量。麦当劳和肯德基每年进口马铃薯两亿多美元，我国农业部曾经出面协调要做这个生意，但因为其要求的土豆的淀粉含量高，上面疤的个数与坑的深度都是有严格要求的，而我们生产的土豆达不到要求而只好放弃。

数量优势是在战略和战术中最普遍的胜利法则，企业领导必须十分看重集中兵力的重大作用。王石"只做减法，不做加法"、华为写入其"基本法"的"永不进入"原则都是企业家信奉这个信条的直接证明。集中优势兵力，与专业化经营密切相关。在实际执行中，要真正做到集中，还往往受环境的影响而显得非常困难。就像毛泽东曾说的那样："集中兵力看来容易，实行颇难，人人皆知以多胜少是最好的办法，然而很多人不能做，相反地每每分散兵力，原因就在于指导者缺乏战略头脑，为复杂的环境所迷惑，因而被环境所支配，失掉自立能力，采取应付主义。"所以，对今天的中国企业来说，以专业化经营为突出特征的集中优势兵力较之多元化战略具有更加深刻的现实意义，集中需要体现在企业产品、营销、经营与竞争的各个方面。

第五节 攻其无备，出其不意

企业通过基础管理的守正，抢占技术、管理和营销的制高点，为企业创造了优势资源和雄厚的实力。企业在此基础上通过扬长避短，集中优势力量，实施资源和策略的不同组合，做到"攻其无备，出其不意"（《孙子兵法·始计篇》）。出奇制胜的实质就是创新，就是打破常规、另辟蹊径，"乘人所不及，由不虞之道，攻其所不戒也"（《孙子兵法·九地篇》），就是乘敌人措手不及的时机，走敌人意料不到的道路，攻击敌人没有戒备的地方，最后获得成功。所以，"趋其所不意。行千里而不劳者，行于无人之地也；攻而必取者，攻其所不守也。守而必固者，守其所不攻也。故善攻者，敌不知其所守；善守者，敌不知其所攻"（《孙子兵法·虚实篇》），即要奔袭敌人未曾预料之处。行军千里而不劳累，是因为行进的是敌人没有防备的地区；进攻而必定能够取胜，是因为进攻的是敌人不曾防御的地点；防御而必能稳固，是因为扼守的是敌人无法攻取的地方。所以，善于进攻的，能使敌人不知道该如何防守；善于防御的，能使敌人不知道该怎么进攻。

攻其无备、出其不意首先需要明确"其"的概念。在商业竞争中，这里所说的"其"一般指竞争对手，特别是对手公司中的企业领导及其智囊和决策团队。因此，"其"是需要企业领导必须时刻关注和了解的一个焦点内容，也是"知彼"的核心之一。只有在"其"无备、不虞、不意、不及、不戒的条件下，企业主动出击和攻击的商业竞争行为才能达到意想不到的效果，提高竞争活动的效率与收获。由此可知，公司竞争的实质是企业领导之间的斗智、斗勇与斗力。

一、有备才能无患

竞争的双方都希望通过"攻其无备"而战胜对手，那么有备就是不可战胜的重要手段。居安思危，思则有备，未雨绸缪，有备才能确保无患。企业领导需要随时跟踪研究各种市场的变化与动向，随时做好应对各种突发事件的准备和预案，时时防备对手在意想不到的地方发起攻击。有良好健全的应对预案，建立一个阵容强大的资深专家组和精心培训的决策队伍，企业就能得到一个有备无患、稳健安全的基础架构，就可以克服和避免措手不及的被动局面。所谓"人无远虑，必有近忧"，远虑就是做到有备的一个重要手段。

远虑是什么？远虑就是企业战略，是企业长远目标的定位，是企业优劣资源的分析与确定，也是"平时"为"战时"做准备的一种观念。"备"的核心就是要做到远虑，就是要针对各种影响企业竞争与经营活动的不可控制与不可预见的因素，如宏观经济政策、法律环境的变化、战略实施过程中可能出现的混乱、竞争对手的信息等，制定一些轻重缓急、有条不紊的应对措施，包括合理库存、网络维护、风险控制、安全隐患与事故处理、企业领导的继任计划、结构调整、原材料供应、危机处理机制等各个重要方面。

并购是产业整合的重要手段之一，能够带来企业的跳跃式发展，已引起企业界的高度重视。但并购并不像人们想象得那样有利可图。一项针对 20 世纪 90 年代 150 个金额超过 5 亿美元并购案的调研结果显示：30%的并购企业在并购后收益严重减少，有20%的企业收益减少，有33%的企业取得了一些边际效益，只有17%的并购企业在并购后取得了明显的增值效益。

大多数并购案的决策和参与者通常只是把注意力集中在并购交易前的事务中。一旦交易完成，他们都认为大功告成，对于交易完成后如何将并购方与被购方融为一个整体却放任自流。那么，影响并购成功与否的关键因素是什么？如何在并购前就能做到有备无患、胸有成竹呢？专业咨询公司的报告指出，决定并购成败的关键因素是领导力评估、文化融合及员工沟通。

第一是文化融合的细节问题。克服被购方员工对并购的抵触情绪非常重要。并购方必须以真正的诚意和深刻的决心，采取一些非程式化的措施努力消除双方的分歧或隔阂，用肯定的方式描述一种融合后的最佳状态，避免被购方员工惶惶不安甚至人人自危的心态。所以，文化融合是极其重要和复杂的，而且已经成为整个企业并购过程中最突出的人力资源问题。

第二是领导力的评估。在并购企业中，由于岗位重合度较高，对两方同一类业务部门的领导人如何评价和选用成了棘手的工作。多数企业只具备基本的领导力评估机制，包括对候选人进行面试或就其个人档案进行考评。在并购过程中，关键岗位和相应的人员能力必须与并购战略意图所隐含的业务模式、业务计划相匹配，这一匹配度将直接影响到并购案是否能够按规划在既定的时间内取得成功。所以，领导力评估问题处理得不好，大批优秀的高层领导会流失，而一些领导力差的员工反而被留了下来。所以，如何挽留关键员工就成了并购调查过程中最重要的人力资源问题。

第三是员工沟通。并购需要个性化的沟通策略。选择合适的信息传递模式将直接关系到沟通的有效性。事实上，在员工沟通问题上，并购企业首先需要做的就是区分哪些是对于员工的关键信息，哪些是根本不必详细了解的信息。对于员工关键信息的充分沟通将最终决定并购战略的切实执行，并关系到并购企业的长期利益。

所以，企业竞争需要在各个方面做到有备，其中包括危机处理、企业并购、安全生产、竞争对手的反应、行业发展趋势、产业技术的革新与突破等。企业的经营与竞争活动，不进则废，不明则罔，不胜则亡，不利则害。所以，企业必须时刻关注市场，了解竞争对手，及时掌握国家政策的变化，随时准备投入有把握的经营，参与胜券在握的竞争。有备才能使企业永远立于无患与不败之地。

二、在不意之处战胜对手

出其不意的关键在"不意"。企业领导需要反复多次的逆向思维、创造性思索与换位思考，在消除我所"不意"的盲点领域的同时，设法做到和形成竞争对手的不意。再强的竞争对手总存在弱点与缺点，有其注意不到或因身在其中而意识不到的"盲点"。在其不及、不虞和不戒的关键领域，以别出心裁、出其不意的市场攻略，取得竞争的胜利。需要注意的是，出其不意能够做到让竞争对手在遭受袭击的那一刻措手不及而使我方占得先机。但在对手反应过来，并立即采取反制措施后，其所导致的效果和影响有时却具有不可预期的不稳定性，给企业的经营造成困难。

在企业管理上，精明的企业领导有时也需要使用"出其不意"的方法，在员工不意之处获取真实的信息并了解真正的企业状况。这时企业领导不必做"好人"，不必标榜"开明"。坚持"疑人不用、用人不疑"，也要一定程度地"用人要疑"。对任何人都要抱一点怀疑，要经常出其不意地检查一下自己公司的营运状况，盘一下库存，查一下账务，检查时不能事先打招呼以避免员工作弊，也不要因为员工的手头工作很急等借口而改变计划。在这里，出其不意可以帮助企业领导获得下属与基层最真实的信息，而不要仅仅靠按部就班的逐级报告，这种报告经过多层次过滤以后所提供的信息往往缺乏真实性。

2004 年前后的中国液态奶市场竞争最为激烈，行业重新洗牌频繁。北京以每年近二十亿元的市场容量及其重要的战略地位，成为 2003 年竞争最为惨烈的市场。除当地品牌三元外，全国性品牌伊利、蒙牛、光明相继在北京投资数亿元建立生产基地，区域品牌三鹿、完达山、海河、恒康等也相继进军北京。各品牌在赢得眼球的同时，也付出了沉重的代价。至 2003 年末，完达山、恒康等品牌相继退出北京市场。三鹿作为中国乳业最大的奶粉品牌，是如同完达山、恒康一样选择退出北京市场，还是继续据守北京？据守北京，是选择价格战，还是寻找一条创新的出路？

为了做到知彼知己，三鹿策划人员对三鹿的优劣势、国内酸奶市场状况、酸奶主要包装状况及趋势等做了充分的了解和认真细致的分析，最终选择"在狼群甚少出没的地方牧羊"的策略。公司确定采用新包装，创造独特的包装形态，以较高的性价比吸引饮用酸奶最为成熟的家庭族群。经过对国内外各种新型包装的比较，筛选出瑞典爱克林立式袋包装。调研显示，消费者认为爱克林包装高档、环保，三鹿将其命名为"新鲜壶"，并在此基础上对爱克林立式袋酸奶作了如下定位：产品介于塑料袋酸奶和"新鲜壶"酸奶之间的独立品类；目标人群为具有良好的酸奶消费习惯、中高收入的家庭消费族群；产品组合为新鲜壶原味酸牛奶（500/1000 g）和新鲜壶高钙酸牛奶（即高钙+膳食纤维 500/1000 g）。"新鲜壶"原味酸牛奶主要承担销量任务，以更高的性价比将消费者从其他品类包装的纯酸牛奶吸引到三鹿"新鲜壶"酸牛奶上来；而"新鲜壶"高钙酸牛奶的任务是获取更高利润。

经过精心策划，三鹿在包装形态上形成了一个独特的区隔。2004年 5 月 1 日，三鹿"新鲜壶"（新包装）酸奶在北京正式上市。上市近三个月，最大单店日销量就达到 1.5 吨，500~1000 ml 规格在所有包装酸奶中销量第一，在北京家庭装酸奶类别中，三鹿成功地实现了从新包装到新品类的跨越，初战告捷。避实击虚、出奇制胜，三鹿在竞争惨烈的北京液态奶市场上开创了一片新天地。

在现代商业市场中，竞争往往在同行业的巨头之间展开。竞争者难以在规模上拉开距离而将竞争对手抛在后面，产品具有高度的同质化而难以在消费者中进行区隔，价格战是一把"双刃剑"。所以，出奇制胜对竞争取胜具有极其重要的意义。三鹿以新包装缔造新市场，就是在酸奶这一细分市场中以包装的改变，出其不意，取得成功。

第六节 夺气攻心

商业竞争的最终胜利并不必然决定于实力的比拼，心和气同样具有极其重大的意义，其中包括士气、心气、志气、勇气和爱心、耐心、恒心、信心等。心被攻、气被夺的一方，竞争焉有不输之理？所以，"三军可夺气，将军可夺心"《孙子兵法·军争篇》，竞争制胜的关键之一就是使对手士气低落，让其决心动摇。善于竞争的企业领导总是在沉重打击竞争对手的士气（夺气）和严重动摇其领导者的决心（攻心）之后，才发动全面进攻。恰当地运用心理战就能达到事半功倍的效果，是不战而屈人之兵的重要途径。

一、夺气攻心与震慑

孙子关于"夺气攻心"的重要战略思想正是现代军事中"震慑"理论的思想根源。震慑理论的主创人哈伦·厄尔曼博士曾经毫不讳言地表示，他的理论正是从《孙子兵法》中获取灵感的。1996年，以哈伦·厄尔曼博士为首的一个研究小组集体创作了题为《震慑：迅速取得支配地位》的研究报告。在这份由美国国防部出版的册子中，哈伦·厄尔曼等详细阐述了震慑理论，明确指出，所谓"震慑"就是以令对手猝不及防的速度，运用压倒性优势的军事力量，借助高技术武器装备，发动有选择、全方位、高强度的外科手术式打击，在短时间内以原子弹爆炸般的震慑效果和最小的伤亡代价，通过削弱对手的战斗能力和统治能力来摧毁对手的斗志，迫使其顺从、投降。从厄尔曼的论述中不难看出，震慑理论的实质就是不再强调消灭敌人的军队和战争潜力，而是把打击的重点集中在摧毁和挫败敌人的战斗意志上，强调通过心理震慑迫使敌人接受我方的战略意图和作战目标。这与孙子"夺气攻心"的思想是一致的。

孙子说，"三军可夺气，将军可夺心。是故朝气锐，昼气惰，暮气归。故善用兵者，避其锐气，击其惰归，此治气者也。以治待乱，以静待哗，此治心者也"（《孙子兵法·军争篇》）。意思是说，三军将士，可以夺去其锐气，军队将领可以使其意志动摇，丧失决心。军队刚投入战斗时士气饱满；过了一段时间，士气就逐渐懈怠；到了最后，士气就完全衰竭。所以善于用兵的将帅，总是先避开敌人的锐气，等到其士气懈怠、衰竭的时候再发起攻击，这是掌握运用军队士气的方法。用自己的严整有序来对付敌人的混乱，用自己的镇静来对付敌人的轻躁，这是掌握军心的手段。在企业的市场竞争中，气就是能量。竞争对手的能量也会经历朝气、昼气、暮气的过程，善于观察对手能量盛衰演变是把握竞争机会进而制胜的根本招数。在商业竞争中，没有实力只有"气"不一定能赢，有实力而缺乏"气"，也常常会输。

所以，对待竞争对手，需要做到"怒而挠之，卑而骄之，佚而劳之，亲而离之"（《孙子兵法·始计篇》），并使得"敌佚能劳之，饱能饥之，安能动之"（《孙子兵法·虚实篇》）。敌人易怒暴躁，就要折损他的锐气；敌人卑怯，就设法使之骄横；敌人休整得好，就设法使之疲劳；敌人内部和睦，就设法离间他；敌人粮食充足，就设法使他饥饿；敌人驻扎安稳，就设法使他移动。通过这些手段，不断地激怒敌人，挫折其锐气，动摇其军心。"攻心夺气"是心战取胜的重要手段。

震慑理论在企业竞争中具有重大的积极意义。企业可以通过其在知识产权、品牌忠诚、技术领先等各方面的优势，展示强大的实力，显示上下统一、拼死决战的信心、决心和勇气，吓阻潜在竞争对手，发挥震慑作用使其望而却步；麻痹竞争对手，激怒对手使其方寸大乱，从而挫其锐气；通过各种手段使竞争对手产生骄傲自满情绪，离间对手使其内部缺乏和睦，不断调动对手使其疲于奔命。

二、养心顺气与激励

在针对竞争对手夺气攻心的同时，企业领导必须做到自我的养气顺心，激励战胜对手的士气和勇气。"谨养而勿劳，并气积力，运兵计谋，为不可测"（《孙子兵法·九地篇》），就是说将帅要注意修整部队，不使其过于疲劳，养精蓄锐，提高士气。运用兵力要精于计谋，使敌人摸不到底细。一般地，只有心理和身体都进入良好状态，士气高昂，充满信心和耐心，竞争才能达到最佳效果。竞争的成功，就如同体育竞技、音乐演奏或棋类比赛一样，要取得成功就需要达到心理和体力的最佳状态，需要注意力高度集中以及具有较强的自我约束能力。不能让外界因素影响干扰企业竞争的注意力，努力做到强身不为俗务所困，养心不为喜怒所扰，处世不为私心所侵，谋事不为利欲所患。

"杀敌者，怒也；取敌之利者，货也"（《孙子兵法·作战篇》）。要使将士英勇杀敌，就必须激励士气；要使部队夺取敌人的军资，就得实行奖励。在企业竞争和经营活动中，要使员工努力工作，就必须从精神上激励，从物质上奖励，将工作成绩与效益直接挂钩。每当取得一场艰难而漫长的商业竞争的胜利，企业领导需要给予有功者一些能带来满足感的精神的和有形的奖励，如比较特殊的晚餐，或一些关键员工向往已久的物品或精神鼓励。这样就可以提高下属的满足感，使员工紧密团结在一起，与公司同呼吸共患难，有效调动员工的积极性与能动性，进而强化其竞争制胜的欲望。

在当今电子行业中，技术和价格并不是 IT 企业的全部。社会责任感和爱心则是企业持续生存发展的灵魂，是产品服务大众的根本态度。GEM 是一家优秀的内存厂商与品牌。作为中国市场的后来者，GEM 以"缔缘结盟、合作共赢"的态度，用爱心和责任心影响合作伙伴、用户甚至竞争对手，联合所有具有同样爱心与使命感的 IT 人，共同打造 IT 影响力，共同建设一片爱心共荣的和谐发展空间。

正是有着这样的以"诚信为本、爱心共荣"的企业理念为依托，以"对所有客户和伙伴负责，共同发展"的信念为出发点，GEM 得到了渠道代理商和公众的认同。在 2006 年 10 月最有影响的渠道媒体《电脑商情》的评奖中，GEM 当之无愧地获得了"最佳渠道支持奖"。今天的 GEM 已经成为大众推崇的、具有亲和力的企业，成为一家以爱心、情感、责任和使命感为生命线的 IT 企业。

GEM 的"企业爱心日"是 GEM 员工最引以自豪的日子，是企业公益活动日，分为三大主题：爱社会，爱他人，爱自己。在"爱社会"的主题中，包括迎奥运英语进社区、环保宣传、电脑城免费 IT 咨询、希望图书募集、义务植树等。在"爱他人"的主题中，包括敬老院义工、智障儿童辅导、照顾孤寡老人等。在"爱自己"的主题中，包括健康类的登山、羽毛球竞赛、棋牌大赛，以及欢乐主题的和谐家庭烹饪赛、卡拉 OK 大 PK 等。GEM 爱心日的设立旨在带领全体 GEM 员工奉献爱心的同时收获更多的健康和快乐，增强企业凝聚力。GEM 未来的目标是要邀请所有 GEM 的合作伙伴、媒体记者、学生爱心大使、用户代表等，共同参与到这个传递爱心的日子中。

靠营造企业凝聚力使企业迅速崛起、长盛不衰的案例非常多。只有采用纵横捭阖的攻心策略，发挥人的作用，注重维系人心，采取精神奖励与物质刺激相结合的方法，使职工紧密聚集在公司周围。注重营造企业凝聚力，重视精神的作用，将企业的经营意图、指导思想、观点、信念灌输到所有员工中，才能创造一种精神，包括爱国报国、公正廉明、团结一致、奋发向上、礼貌谦恭、适应环境、知恩图报等，这样企业就能争取人心，职工对公司就会产生亲切感，形成一种与公司命运患难与共的思想，积极投身于公司的生产、经营与竞争活动中。

三、心理承受力决定战斗力

影响夺气攻心与养气顺心成败的关键指标是心理承受力，心理承受力也是战斗力。在现代信息化商业竞争中，市场态势瞬息万变，需要每个参与者具备过硬的心理素质和良好的心理应变能力。竞争的最高境界是不战而屈人之兵，在对手强大的心理攻势下，一个心理脆弱的企业领导就不可能发挥出应有的高水平。只有具备了较强的心理承受能力，才能够在复杂多变的商场上时刻保持高昂的士气和清醒的头脑，处变不惊，处辱不馁，正确应对和处置各种各样的复杂情况，实现竞争制胜的目标。由此可见，良好的心理承受能力是战斗力的重要组成部分。

有个例子是关于把握"心气"的。1991 年底，一家韩国公司新任的北京首席代表向中国一家进出口公司推销韩国浦项产的大型钢板坯。由于是个 20 万吨的年度大合同，国际市场价格又明显高于国内市场，所以双方都非常谨慎。元旦前一个月，经过多次洽谈协商，谈判进展缓慢，且异常辛苦，最终价格差别仍然高达 10 美元之多。中方抓住韩国公司新任首席代表急于在年内完成此笔交易的心态，策略地告诉韩国公司中方的最后立场：鉴于双方价格差别较大，难以在年内达成一致，建议双方在元旦假期结束后再继续洽谈。经过一天的沉寂，韩方于 12 月 31 日下午 4 点再度紧急约谈中方，希望再次见面协商价格与合同事项。为抓住有利时机，显示诚意和灵活性，中方也同意见面协商，同时将价格上涨 2 美元。双方终于在当天下午 7 点达成交易，在北京西苑饭店签订了合同。在这个案例中，中方之所以取得最后的成功，是心理战的结果。在对方气盛时，果断宣布中止谈判。抓住其急于在年内求成、刚上任求功的心态，在其气竭之际及时应邀回到谈判桌上，并适时把价格作微幅上调，最后达成交易。这是典型的对"气"的把握而获得成功。

所以，心理承受力在企业竞争中具有重大的积极意义。商业竞争是极其复杂多变的。企业领导置身全球市场中，需要不断满足并超越顾客的需求，追求复杂竞争下的企业可持续发展，为员工、企业、社会和股东创造价值。竞争的目的性很强，且充满危险的陷阱与挑战，有时甚至陷于缺少退路的危机之中。在竞争的紧要关头，在即将取得胜利的黎明前黑暗之中，迫切需要企业领导具有良好的心理素质和心理承受力，努力避免"将有五危"（《孙子兵法·九变篇》）的五个方面的性格弱点，克服骄傲、虚荣、自暴自弃的不良心态，在任何情况下都需要做到充满爱心、耐心与信心。很多企业总是在竞争的最后关头丧失信心，缺乏心理承受力，主动放弃已经投入的大量人力、物力、财力和取得最终胜利的机会，拱手让竞争对手因自己放弃而取得成功。商业竞争更是"相守数年，以争一日之胜"（《孙子兵法·用间篇》）的长期过程，即使在逆境中也要以充分的信心、耐心和高度的心理承受力做到"投之亡地然后存，陷之死地然后生"（《孙子兵法·九地篇》），激发员工的潜能和主观能动性，使之"围则御，不得已则斗，过则从"（《孙子兵法·九地篇》），克服心理弱点，与对手拼气力，拼斗志，拼毅力，赢得最后的胜利。

第七节 利而诱之，趋利避害

商场竞争的最终目的是获取商业利益。商业利益所指的范围非常广泛，包括一切可以对企业经营与竞争活动起支持作用的资源，如公共关系、商誉、竞争胜利、市场地位、货币利润、竞争对手实力的削弱等。商业利益有长期与短期、物质与经济、直接与间接之分。孙子非常强调战争活动的求利性，明确提出"军以利动"的战术指导原则。企业竞争也要"合于利而动，不合于利而止"（《孙子兵法·九地篇》），就是有利时就参与竞争，无利时就停止竞争行为。所以，利与害是企业领导在思索正合奇胜战术时必须慎重考虑的重要因素。

一、利与害的辩证关系

孙子说，"智者之虑，必杂于利害，杂于利而务可信也，杂于害而患可解也"（《孙子兵法·九变篇》）。聪明的将帅考虑问题时必须充分兼顾利与害的两个方面。在不利的情况下要看到有利的条件，事情便可顺利进行；在顺利的情况下要看到不利的因素，祸患就能预先排除。做一件事情，考虑利的同时，也要想到可能的危害；在危害的时候，要想到有利的一面，所谓"塞翁失马，焉知祸福"就是这个道理。祸与福是同一事物的两个方面，是同时存在的，相互之间也是不断转化的。

利与害的关系也一样，总是同时存在于事物之中，具有相互依存、相互转化的特性，所以必须辩证地看待利与害。世界上不存在有百利而无一害的好事，也没有百害而无一利的坏事。只是利与害有时是隐性的、朦胧模糊的，利弊纠缠在一起，剪不断、理还乱。只有通过认真分析才能认清利害之所在及其相互关系，才能预见事物发展的方向。要善于预见因果利害，使利的条件正常发展，设法制约害的因素，或使害的因素向利的方向转化，或使害的因素限制在可控的范围之内。危机之中必然潜藏着商机。创造并利用利与害的关系，有取有舍，趋利避害，企业才能在商战中纵横驰骋、所向披靡，才能取得最后的成功。

二、以害为利

现代企业中，商业利益的主要来源将取决于改善内部流程、强化管理水平、提高满足市场需求的速度与降低成本等。许多企业以利润最大化作为企业竞争行为的终极目标，这是极其片面的，因为利润只是商业利益的一个重要方面。过分的利润最大化会削弱其他有价值的商业利益，其长远的市场竞争力必然下降，最终损害企业的盈利能力。孙子说，"军争之难者…… 以患为利"（《孙子兵法·军争篇》）。在军事行动中，争夺制胜条件最困难的地方在于要把不利转化为有利。企业竞争最困难的地方，则在于能否不断提高企业的市场地位，能否通过改善内部系统的效率增强核心竞争力，能否拒绝低利润甚至没有利润的增长，能否不为小利、暂时之利而损害企业的商业资源，如品牌、信誉、公共关系等。因此，精明的企业领导，在目光注意公司利润的同时，还必须关注更为全面与大局的商业利益，特别要关注与利相生的害的一面，做到以害为利。对决策者来说，不可以只见利为利、见害为害，而必须看到利中之害、害中之利。从失败中吸取教训从而积累成功的因素，从竞争对手的失败中认真研究其可利用的资源，在竞争的缝隙中寻求生存与发展之道。万燕的 VCD 市场推广失败，而三年后爱多 VCD 却成为最热销的产品，这正是万燕的失败奠定了爱多成功的基础，因为万燕启蒙了消费者，使消费者接受了 VCD 这一新的娱乐工具。万燕由于没有得天时（电影碟片太少）、失人和（价格居高不下），又没有以改进技术、降低成本等手段主动创造市场及消费，最终以失败告终。爱多则以打开消费者的心理价位防线，提高用户普及率，从而站稳市场，取得成功。这就是利与害相互转化的道理。

有一家国有大型专业外贸进出口公司，早在 20 世纪 80 年代中后期就率先开始走实业化经营道路，先后从工业部门引进一批技术与生产方面的专门人才，在医药、箱包、电子、钢铁冶炼、轧制等领域进行大量实业投资。然而，不到五年的时间，至 90 年代初期，这些实业化投资纷纷以失败告终，公司损失几十亿元人民币。在世纪之交，当包括私人资本在内的各种资本大量进入钢铁行业，不断创造钢铁生产和盈利奇迹之时，该公司却因噎废食，望而却步，失去了大好的实业化发展机遇。到目前为止，该公司仍然停滞于钢铁贸易代理的原地，依靠大额资金、粗放运营的模式延续其微利甚至无利或亏损的恶性增长之中。这是典型的只见其害而不见其利的现象。

目前商场上还普遍存在知利而不避害的行为，如盲目多元化或市场盲目扩张导致管理失控，随意的产品延伸致使品牌核心价值模糊，过度投资陷入现金流匮乏甚至资金链断裂……巨人集团就是这样的例子，但以患为利的史玉柱却以还款还债赢得"诚信"的无价资源，为后来的重新出发奠定了坚实的基础。这是深谙争利之道的典范。"是故军无辎重则亡，无粮食则亡，无委积则亡"（《孙子兵法·军争篇》）。就是说，军队没有辎重就会失败，没有粮食就不能生存，没有物资储备就难以为继。同样，企业无主导业务则亡，无现金利润则亡，无商业资源则亡。

在商业竞争中，企业迫切需要趋利避害，形成企业经营的良性循环，即塑造竞争优势或差别优势形成销售势能；以销售势能扩大市场占有率，形成市场优势；利用市场优势整合企业资源，形成资源优势；而资源优势必然进一步增强竞争优势，甚至形成绝对垄断或相对垄断的优势地位。中国乳制品巨头伊利、光明、蒙牛、三元等对奶源的收购控制，统一在中国台湾向流通领域的成功渗透等，都在形成相对垄断的市场环境，制造较高的进入"门槛"，确保企业的永续经营、基业长青。而上述环节之间的互动具有几何级放大效应，其正确的战略循环一旦形成，将迅速制造市场奇迹，如蒙牛 4 年的销售额达到 50 多亿元，从新生儿迅速成长为前四位的强势品牌。

三、利害因素在竞争中的应用

　　利害因素是重要的军争手段。孙子说，"利而诱之，乱而取之"《孙子兵法·始计篇》。"能使敌自至者，利之也；能使敌不得至者，害之也"《孙子兵法·虚实篇》。敌人贪利，就用利益引诱之；敌人混乱，就乘机攻取之。能够使敌人自动进入我所预定地域的，是用小利引诱的缘故；能够使敌人不能抵达其预定领域的，则是设置重重困难阻挠的缘故。所以，"是故屈诸侯者以害，役诸侯者以业，趋诸侯者以利"《孙子兵法·九变篇》。"善动敌者，形之，敌必从之；予之，敌必取之。以利动之，以卒待之"《孙子兵法·兵势篇》。就是说，要用各国诸侯最厌恶的事情去伤害他，迫使他屈服；要用各国诸侯感到危险的事情去困扰他，迫使其听从驱使；要用小利去引诱各国诸侯，迫使他被动奔走。善于调动敌人，伪装假象迷惑敌人，敌人便会听从调动；用好处引诱敌人，敌人就会前来争夺；用利益引诱敌人上当，再预备重兵伺机打击。

　　孙子多次提出，以利益引诱敌人、调动敌人，再伺机打击敌人，是战争取胜的重要手段。在企业竞争中，"以利动之，以卒待之"也是一项不可缺少的重要手段。例如，在商业谈判中，根据谈判对手的情况，投其所好，施以小恩小惠，促其让步从而最终达成协议。请客吃饭、观光旅游、馈赠礼品等虽然只是商业活动中的家常便饭，实际上这是在向对方传递友好讯号，是一种微妙的润滑剂。面对谈判中在所难免的利益冲突，应设法找出双方实质利益之所在，以小利交换大利，以眼前利益交换长远利益，以局部利益交换整体利益。在此基础上应用一些双方都认可的方法来寻求最大利益的实现，达到双赢和多赢的目的。"两利相权取其重，两害相权取其轻"。又例如，在年底召开的销售会议上，销售总经理采取"利而诱之"的策略，号召大家"如果能在十天内再完成 30 万元，大家肯定都有红包，而且总部也派了推广人员支持"。大伙一听，士气大振。正如所分析的那样，"利诱"的推力与拉力作用使得公司销售在年底短短几天内上了一个大台阶。

运用利害因素调动竞争对手，就是利用自己的有利条件，掌握商场上的主动权，把竞争对手从目标市场引开，诱使对手不去攻击自己所感兴趣的或自己的关键市场。设法隐蔽自己的企图，以小利迷惑、引诱和调动敌人，以便"攻其不意"。企业可以对外宣称发现了一个极具吸引力的市场，而自己却无意进入该市场。企业可以宣称从一个市场上撤退，让竞争对手从该市场获得短期的利益，而将其注意力从另一个更大、更具利润的长期市场上移开。通过利诱与竞争对手建立同盟可以使自己消除一个潜在的对手。

第八节 以迂为直

迂和直是一对含义相反的概念，是指曲线和直线的相互关系。孙子指出，"军争之难者，以迂为直。故迂其途而诱之以利，后人发，先人至，此知迂直之计者也"（《孙子兵法·军争篇》）。意思是说，在战争中争取制胜的困难，在于把表面上看来是遥远而迂回的弯路变为实际上是近便的直路。所以，要使敌人的近直之利变为迂远之患，并以小利引诱敌人，这样就能比敌人后出动而先抵达必争的战略要地。这就是以迂为直的方法。所以，"先知迂直之计者胜，此军争之法也"（《孙子兵法·军争篇》）。懂得以迂为直方法的将帅就能取得胜利，这是争夺胜利的原则和方法。

一、以迂为直的哲学智慧

以迂为直的重点在于"为"，就是用人为的方法改变迂直的状态，从而达到"后人发，先人至"的目的。一般地，以迂为直有三种方法：一是走捷径，变远为近，占得先机；二是以速度为基础的舍近求远，虽然表面上是走冤枉路，实则以超乎寻常的速度在敌人意料不及的情况下先敌而至，给敌人以措手不及；三是采取策略和手段，予敌人以利，使其麻痹而放缓速度和节奏，我方因而占得以迂为直的相对先机。

三国时期，诸葛亮南征平定孟获，并以离间计使得司马懿遭贬以后，首次兵出祁山，北伐魏国。蜀军大破曹真和羌兵，杀得魏军人皆胆落，魏主曹睿不得已而幸长安亲征。时孟达准备以金城、新城、上庸三处军马举事降蜀灭魏。魏主曹睿在危难之时，果断再度起用司马懿。

其时，司马懿远在宛城闲住。闻说孟达欲反一事，司马懿来不及写表申奏天子，随即传令教人马起程，一日要行两日之路，如迟立斩；一面令参军贲檄星夜去新城，教孟达等准备征进，使其不疑。

诸葛亮听说司马懿复职，大为惊慌。孔明曰："吾所患者惟司马懿一人而已。今孟达欲举大事，若遇司马懿，事必败矣。达非司马懿对手，必被所擒。孟达若死，中原不易得也。"赶紧修书告知孟达，"近闻曹睿复诏司马懿起宛、洛之兵，若闻公举事，必先至矣。须完全提备，勿视为等闲也"。但诸葛亮的提醒并未得到孟达的高度警惕，反而认为"司马懿之事，不必惧也：宛城离洛阳约八百里，至新城一千二百里。若司马懿闻达举事，须表奏魏主。往返一月间事，达城池已固。司马懿即来，达何惧哉？"果不出诸葛亮所料，不到十日司马懿兵马就到达新城，孟达措手不及被杀，蜀军伐魏再次以失败而告终。

司马懿克日擒孟达就是以迂为直的典型军事案例。当司马懿知悉孟达谋反后，如果循正常途径表奏天子，得到曹睿许可后再往新城发兵，往返需要一个多月的时间，"若等圣旨，往复一月之间，事无及矣"。所以司马懿一面表奏天子，一面令人马立即起程，加速前进，一天行驶两天的路程。同时派人稳住孟达，使其不疑。结果不到十天就赶到新城，一举挫败了孟达叛变举事的阴谋，以迂为直取得了抗击蜀军的胜利。

《资治通鉴》记载，猛禽在出击的时候，往往将身子缩起来，将翅膀合起来；猛兽将要搏斗的时候，往往俯伏身体；圣人将要行动的时候，常表现出一种愚蠢迟钝的样子。以迂为直，就是强调用一种在形式上与达到目标相反的做法或选择一条与表面上离目标较远的路线去实现目标。最漫长的迂回道路，常常是达到目的的最短途径。从战略指导到具体战法，以迂为直的创新计谋具体表现在，为了前进而后退，为了防御而进攻，为了向正面而向侧面，为了走直路而走弯路，以高度的灵活机动，达到出其不意、攻其不备的目的。

二、以迂为直在商业竞争中的应用

在商场竞争中，以迂为直取得成功的案例也非常多。正大集团以文艺赞助获取强势媒体及其背后的巨大政治资源，从而顺利成为中国养鸡产业的龙头企业。一些以批发业务和中间业务为主要发展立足点的专业型外资银行，在"以迂为直"的曲线战略指导下，通过参股中资银行，不仅得到了靠近人民币零售业务的间接机会，也能充分利用中资银行的网点优势。中国纺织品对美出口开辟新途径，加强与加勒比地区和北美自由贸易区国家的合作，充分利用其输美纺织品无设限要求的优势，通过在国外投资办厂，将制造车间从中国搬到其他国家，减轻"中国制造"过多而造成的贸易压力。这种"以迂为直"的走出去战略，不仅可以减少贸易壁垒的杀伤力，还能缓解简单式耗能生产给中国带来的生态问题，并使中国企业在利润的国际分配中占据更为有利的上游位置。

在塑造企业文化过程中，企业可以采取以迂为直的策略，通过运用绩效考评、薪酬制度和员工日常行为规范这类工具来达到目的。在市场营销中，有时需要采取迂回的策略。虽然东部巨大的市场机会众多，但竞争也激烈，在品牌和实力还不足以参与其中时，企业需要选择消费几乎还是空白的西部，积累实力，最终转战东部。

进军长江三角洲，是金星啤酒集团领导层多年的梦想，因为长江三角洲是我国经济最发达的地区。区域经济的高速增长，为啤酒市场的快速发展提供了强大动力。据最新市场统计，上海啤酒日均消费量突破1500吨，南京的年啤酒消费量也在13万吨左右。长江三角洲地区畅销高档啤酒，价格基本稳定。这诱人的蛋糕令国内外大啤酒企业垂涎。除国内啤酒巨头在长江三角洲地区"跑马圈地"外，国外诸如三得利、朝日、英特布鲁集团、亚洲太平洋酿酒公司也都在此"安营扎寨"，以冀分得一杯羹。作为一个怀有"立足中原、面向全国、走向世界"雄心的金星啤酒集团，焉能不对长江三角洲有所动心？

但是，金星啤酒集团的东进序曲却整整晚了6年。在1998年对外扩张时，金星走进了中西部。金星之所以首先选择中西部发展，是因为啤酒行业的特殊性，决定了啤酒业竞争的核心要素是"品牌＋资本"。国际市场的规律表明，20%的强势品牌占据着80%的市场。在通过并购扩大规模效益的过程中，推动并购的最根本力量就是资本。金星啤酒集团这两个条件当时都相对较弱，还不足以和这些啤酒巨鳄正面交锋。所以，金星不做明知不可为而为之的事，转而实施积极的中西部战略，积蓄力量，最后达到进军东部的目的。

中西部因经济欠发达，市场准入"门槛"较低，以迂为直的战略让金星获得了巨大的发展空间。走出郑州时，金星还只是一个年产啤酒30万吨的省内强势品牌。但是6年的"避实就虚"，金星已在贵州、陕西、河南、云南等中西部地区独资建设了9个分公司，年产销量达120万吨，连续几年进入中国啤酒四强之列，成为一个"一业为主、跨行业、跨省域经营"的现代化大啤酒集团。

经过中西部的发展，金星逐渐拥有了三大竞争优势。一是金星啤酒成为中国名牌产品——钓鱼台国宴特供酒，在全国有着较大的品牌效应；二是西部攻略使金星啤酒集团积累了雄厚的资本实力；三是走"独资建厂、自我复制、小步快跑"的扩张之路，使得金星锻炼了人才，具有丰富的扩张经验和能力。心仪东部已久的金星，在羽翼丰满之后，毅然把战略重点由中西部转向了东部。可以预见，以品牌、资金、人才、经验、独具特色扩张模式，并立志在长江三角洲有所作为的金星啤酒集团，在南京、江南等东部市场必将有所作为。

所以，以迂为直需要企业领导具备认识各种潜力的眼光，很好地处理各种利益与矛盾，懂得以小博大的策略，对利益的冲突有更深刻的领悟。有时需要在竞争度相对较小的区域开辟市场空间，待力量积累到足够强大的时候，再重新夺回市场。在竞争初期，以市场换取技术和资金，以初级产品换取资源优势。在实力积累到一定程度后，及时改变策略，"反客为主"，赢得主动，这就是以迂为直战术的精髓。

第九节 焚舟破釜，死地求生

"聚三军之众，投之于险，此谓将军之事"（《孙子兵法·九地篇》）。集结全军官兵，把他们投置于险恶的环境，这就是指挥军队作战的要务。同样，在企业竞争中，企业领导将企业资源投入到经营与竞争活动中，也是个冒险的过程。如何面对危险、化解危机和利用风险因素是企业领导常常要面对的重大挑战。企业经营与竞争是一个充满风险和危机的过程，风险与利益并存，没有风险的利益是不存在的。企业领导要敢于面对风险，正确分析风险，采取应对措施，超越风险；承担适度的、可承受的和可控制的风险，战胜危机，获取相应的利益，在险中求得生存和竞争制胜。孙子在兵法中也论述了风险的客观存在和险中求生的道理，焚舟破釜、死地求生就是企业领导主动利用风险激发士气和客观面对风险的积极应对措施。

一、过分谨慎与孤注一掷

焚舟破釜是指在战争中主动地断绝生还的念头，以此激发不畏强敌、誓死战斗的意志和精神，是必死则生、贪生则死的哲学内涵。孙子说，"帅与之期，如登高而去其梯。帅与之深入诸侯之地，而发其机，焚舟破釜"（《孙子兵法·九地篇》）。将帅向军队赋予作战任务，要像使其登高而去掉梯子一样，使军队有进无退。将帅率领士卒深入诸侯国土，要像弩弓发出箭一样勇往直前。烧掉舟船，打碎锅子，以示死战的决心。焚舟破釜并非孤注一掷的极端冒险行为，而是在谨慎的原则下，在可承担的风险与可控制的范围内实施一定程度冒险。企业处于学习和追赶阶段时，抓住适当的时机冒险一跃，就有可能实现"超常规、跳跃式"发展，进入新的成长时期。跳跃式发展需要有冒险的心态，但冒险绝不是单纯的赌博，而是把握时机的战略突破。过分谨慎往往导致企业失去发展的大好机遇，所以企业领导需要在过分谨慎和孤注一掷之间寻找适当的定位。

管理理论大师德鲁克曾说，"企业的首要责任是活着"。所以，大多数优秀的企业领导需要优先考虑的不是如何去实现利润最大化，而要考虑企业怎样活下去，如何提高核心竞争力。这正是一个有责任感的企业领导首先应该具备的智慧。一味考虑赚钱，避免亏钱，在实际中一旦亏钱就可能气短心慌，从而自乱阵脚，生存发生危机。所以为了活着，企业必须追求适度利润率。不断追求非现实的高额利润是一种非常危险的亢奋状态，当其耐心、毅力、智慧、财力都达到了临界点之后，企业就会不堪心理和经济上的重负，去寻求快速地突围，甚至为此孤注一掷。这种条件下的孤注一掷就变得非常危险，是不顾死活的自寻短路。焚舟破釜式的竞争是为了增加财富，不是下生死赌注。

焚舟破釜必须是建立在企业杰出经营、完善管理基础上的适度冒险，是一种战术的巧妙运用。在我国当前快速发展的经济环境中，技术变化和创新非常迅速，宏观经济调整加快，这使得企业既难以预测可能突如其来的风险，更难以把握政策的变化。企业兴衰成败、生死存亡都发生在转瞬之间。一些在一夜之间出头崛起的企业，一旦遇到政策调控、经济发展的突然减速或停滞，往往手足无措，纷纷落入突然出现的陷阱或是绝境。正如彼德·德鲁克曾经预言的那样："在迅速扩充的公司里成长起来的人，当企业进入一个巩固和调整的时期时，他们可能恰恰成为毁灭公司的力量。"某一家专业外贸公司在20世纪80年代后期成立了两家专门负责工程材料和国际实业开发的直属子公司，就是这句话的真实写照。两家公司都经历了辉煌的发展历史，很多新手来不及经过培训就被匆匆地塞入到各个岗位上；很多不成熟的人得到提拔重用；很多主管拥有不被约束的权力；工资、奖金和待遇几乎月月增长；管理上的大小漏洞被雪片一样的订单掩盖；不懂业务又缺乏指导就凭热情冒险蛮干，孤注一掷随处可见……两家公司的规模迅速上升，甚至远远超过这家专业外贸公司的传统部门，一度在国内大量投资，在海外纷纷设立分支机构。但好景不长，到世纪之交，这两家直属机构都因为亏损严重而破产。一家为其总公司带来了一百多个官司，一家给总公司造成了3亿多元的亏损。

焚舟破釜是有一定把握的冒险，其风险和危机因素是在可控制、可预测、可操作的范围内。企业领导需要努力避免盲目的、孤注一掷的危险行为，特别要避免赌徒式的疯狂行为。"上帝欲让其灭亡，必先让其疯狂。"止盈、止损是任何经营与竞争都不可缺少的两个基本手段。中航油新加坡公司总裁陈久霖就是在这种疯狂的心态下开展石油期权投机交易的。其石油期权从 2003 年的 200 万桶急剧增加到 2004 年 11 月的 5200 万桶，可谓孤注一掷，不计后果，最后造成了 5.5 亿美元的巨额亏损。总结其中失败的原因：一是违背了投机交易的谨慎原则；二是因小利而忘乎所以，把偶然当成必然；三是己明敌暗而犯下大忌。胜败乃兵家常事，只要不伤及元气，总有成功的那一天。在不损害公司元气或者生存的条件下，在能承受的最大亏损的情况下适度冒险是可以获得成功的。但没有设置亏损底线，先是被小利冲昏头脑，后是面对亏损不能自拔。

所以，大赌才能大赢是有条件的。任何具有前瞻性的战略都会有冒险与赌博的成分。准确地判断并承担风险，是一个成功的企业领导所必备的素质。战略方向正确可避免沉没成本；资源聚焦才能集中优势兵力打歼灭战；大量、长期、不断地努力和投入才能形成差异化的核心能力，保证战略的有效执行。不敢投入和无所作为都是不可能成功的。因此，在战略上突破，集中力量"大赌"是我国企业迈向世界一流的必经之路。这种建立在敏锐的战略观基础上的"大赌"，既不同于企业传统的"拍脑袋"的盲目冒险，也不同于打着"规避风险"名义的四处出击后而浅尝辄止。高层次的战略观和判断力是我国企业领导目前最为欠缺的。焚舟破釜就是在明确的战略指导下，选定面向未来的发展方向，然后倾全力投入，创造和抓住属于自己的机会。企业要想得清、做得到、拼得过，焚舟破釜，激发士气和动力，坚持到底，达到目标。

二、面对危险的压力反弹

在企业经营和市场竞争中，有时客观上会不由自主地陷入十分危险的绝境，甚至面对存亡危机。就是军事上所说的"死地"、"绝地"和"亡地"。照孙子的说法，"疾战则存，不疾战则亡者，为死地"、"去国越境而师者，绝地也……无所往者，死地也"（《孙子兵法·九地篇》）。迅速奋战就能生存，不迅速奋战就会全军覆灭的地区叫做死地。进入敌境进行作战的地区，叫做绝地。无路可走的地区叫做死地。死地和绝地都是难以继续存活之地，所以有时又把它称做"亡地"。

《孙子兵法》的辩证性就在于，死和生并不是截然分开和绝对对立的，它们是相对的、有条件的，在一定条件下可以相互转化。孙子说，"投之无所往，死且不北。死焉不得，士人尽力。兵士甚陷则不惧，无所往则固，深入则拘，不得已则斗。是故其兵不修而戒，不求而得，不约而亲，不令而信，禁祥去疑，至死无所之……投之无所往者，诸、刿之勇也"（《孙子兵法·九地篇》）。将部队置于无路可走的绝境，士卒就会宁死不退。士卒既宁死不退，那么，他们怎会不殊死作战呢？士卒深陷危险的境地，心里就不再存有恐惧；无路可走，军心自然就会稳固；深入敌境，军队就不会离散。遇到迫不得已的情况，军队就会殊死奋战。因此，这样的军队不须整饬就能注意戒备；不用强求就能完成任务；无须约束就能亲密团结；不待申令就会遵守纪律。禁止占卜迷信，消除士卒的疑虑，他们就至死也不会逃避。把士卒投置到无路可走的绝境，他们都会像专诸、曹刿一样勇敢。所以，"投之亡地然后存，陷之死地然后生。夫众陷于害，然后能为胜败"（《孙子兵法·九地篇》）。将士卒投置于危地，才能转危为安，使士卒陷身于死地，才能起死回生。军队陷于绝境，然后才能赢得胜利。

孙子阐述的是人们心理变化和压力反弹的规律。在面对生死、存亡的时候，人们的心态转换对于竞争非常关键。孙子指出，"兵之情，围则御，不得已则斗，过则从"（《孙子兵法·九地篇》）。就是根据人们求生本能的规律而总结出来的，即士卒的心理状态是，陷入包围就会竭力抵抗，形势逼迫就会拼死战斗，身处绝境就会听从指挥。从企业经营与竞争层面来看，企业会经常不由自主地陷入事关生死存亡的危险甚至危机境地，如产品风波、质量问题等。例如，安徽华源制药只因一个"欣弗事件"就造成了两败俱伤的结果，一方面是药品服用者中有

11 人死亡，另一方面是悲剧制造者华源老总裘祖贻顶不住压力而自杀。

再以零售业为例，在对外商全面开放的格局下，外资大量进入，民族零售业受到极大的冲击，处于生死存亡的境地。国有商业更是处于无比危险的状态中。在由计划经济向市场经济转轨的过程中，国有商业发展的轨迹表明，国有商业的衰落是由于其自身的机制缺陷所致，即其适应能力和竞争能力差迫使其不得不被逐步挤出市场。20 世纪 90 年代以来，国内 60% 的国有商业企业都是在亏损经营。由此可见，国有商业的存在、发展或消亡是由其本身的经营机制所决定的。机制是内因，是关键。零售业是生产和销售连接的重要环节，可以根据消费者要求指导生产。谁控制了零售业，谁就可以控制生产控制消费领域。国有商业能否摆脱困境，死地求生，同样需要激发员工士气，从机制改革的根本出发，适应市场经济发展的要求，不断创新，增强活力。做不到这些，国有商业的命运将不可避免地被民营零售业和外资零售业取代，成为改革开放的牺牲品。

所以，精明的企业领导不但不能在面对生死存亡的关键时刻被困难吓倒，反而需要具备优良的性格特质，具有较强的心理承受力，利用事物在经受压力后的反弹效应以及人们的反弹心理，以积极的态度激励士气，以达到竞争制胜的目的。这种心理状态的形成，需要企业领导在平时的经营与管理中经常修炼企业内功，对各种危险情况做好应急准备，未雨绸缪。这样才能做到在灾难来临之际、危机发生之时，能够从容面对，以积极的心态化危机为转机，在危机中发现商机，使企业经营更上一层楼。

第十节　小敌之坚，大敌之擒

商业竞争是"权变"与"博弈"的过程。在现在和将来日益动荡不安的商业环境中求得生存和发展，企业必须持久而快速的博弈。孙子说，"将通于九变之地利者，知用兵矣；将不通于九变之利者，虽知地形，不能得地之利矣。治兵不知九变之术，虽知五利，不能得人之用矣"（《孙子兵法·九变篇》）。就是说，将帅如果精通各种机变的利弊，就是懂得用兵了。将帅如果不能精通各种机变的利弊，那么即使了解地形，也不能得到地形之利。指挥军队而不知道各种机变的方法，那么即便知道"五利"，也是不能充分发挥军队的战斗力的。所以，九变之术是孙子的又一重要战术，必须根据战场情势进行相应的变化或权变，所谓"小敌之坚，大敌之擒"（《孙子兵法·谋攻》）就是这个道理。假如自己的力量不够强大，就不要一味坚守硬拼，在战场上死死纠缠，否则就势必成为强大敌人的俘虏。这种观点就是反对那种既无能力，又不讲策略的用兵行为与竞争行为。

"小敌之坚、大敌之擒"的道理是不要横冲直撞、直面冲突或固执偏执、不知权变，这样就可能成为被人耻笑 3000 年的宋襄公，使竞争归于失败。公元前 638 年，宋与楚战于泓水，楚军正在渡河，襄公之弟目夷说："楚军人多，我们人少，乘他们过河，我们出击吧。"襄公不听。待楚军过完河，目夷又说："现在可以攻击了吧。"襄公说："人家还没排好阵势呢，急什么。"待人家排好阵势，宋军才开始攻击。结果宋军大败，襄公的大腿受伤。宋人皆埋怨襄公，襄公分辩道："君子不重伤，不禽二毛。古之为军也，不以阻隘也，寡人虽亡国之余，不鼓不成列。"意思是说，一个有仁德之心的君子，作战时不攻击已经受伤的敌人，也不攻打头发已经斑白的老年人。古人每当作战时，不靠关塞险阻取胜，寡人的宋国虽然就要灭亡了，但我仍然不忍心去攻打没有布好阵的敌人。后世人总是嘲笑宋襄公过分迂腐，企业领导在商业竞争中必须努力避免迂腐，而需要识机、达变。

一、因小失大

因小失大是企业经营中经常发生而又难以克服的现象。在获取商业利益上是这样，在处理危机和避免亏损时也往往会这样。20 世纪 80 年代中期，某一公司以单价 3400 元人民币的价格购进了 2000 吨钢材。随后钢材市场一直下跌，很快下跌到 3300 元。这时一家客户提出以 3100 元的价格包购全部钢材。公司经理坚持以市场价格销售，不同意客户的价格。两个月后，市场价格进一步下跌至 2900 元，这家客户又提出以 2700 元价格购买全部钢材，公司经理还是不同意，仍然坚持要随行就市，低一分也不卖。半年过去了，该批钢材还在仓库里，市场价格则进一步跌至 2200 元。有客户提出以 2000 元价格收购全部库存钢材，这时公司经理由于库存费用、利息和周转资金的压力实在没有办法最后只得销售了。结果，公司的全部亏损达到 300 多万元。从这个案例中可以看出，如果公司经理在价格开始下跌的时候，果断地以 3100 元的价格销售钢材，亏损只有 60 万元。这是因小失大的典型案例。

所以，企业领导一定要在大利与小利、近利与远利、小害与大害之间及时作出选择，"两利相权取其重，两害相权取其轻"。科学发展观就是要求经济协调发展，注重环境，切不可牺牲环境换取发展，从而贪图眼前的小利，而忽视环境给人类造成的更大威胁，给子孙后代带来更大的灾难。安全生产也是企业必须予以高度重视的，需要把安全生产的事后管理、事中管理变为动态的事前管理、过程控制，实现安全工作的可控、在控、能控，把一切安全隐患消除在萌芽状态。忽视安全方面的正常投资，就是因小失大。改变原来利润非常高的商业经营模式，而导致企业经营受到损害；企业往往为了削减成本、追求竞争力，结果反而丧失了关键核心能力。因此，企业一定要坚持战略思维，优化发展环境，追求长远利益，避免因外部因素影响企业持续健康发展，以品牌实现其真正的"价值"，防止因小失大。企业领导过于算计则难免因小失大，无人能与之合作。过于大方则不明得失，不辨利害，导致亏损甚至破产。抵制不住利益的诱惑，就可能自觉不自觉地重复一些因小失大而看似正确的事。日本三洋电机不投保地震险是因小失大的又一案例。

日本三洋电机株式会社在 2004 年没有对其下属的半导体工厂投保地震险，结果一场地震导致该半导体工厂受到了强烈的影响，无法进行生产，造成了近 10 亿美元的巨额损失。这一损失是造成日本三洋电机 2004 年度亏损 17 亿美元的罪魁祸首，而且导致日本三洋电机的董事会高层出现大换血，对企业的长期发展带来了极大的负面影响。

为什么日本三洋不投保地震险？在企业经营比较困难的局面下，通过削减保险等经营费用，以降低运营成本，保证营业利润，显然是重要原因之一。然而，这看似降低成本的正确举措，却带来了巨额亏损的灾难性后果，这和初衷是背道而驰的。相信在确定不投保地震险之时，总会有人提出万一发生地震怎么办？但是，决策层为了确保眼前"一万"的短期利益，而心存侥幸去搏"万一"，结果因小失大，追悔莫及。

在很多企业的经营管理工作中，或多或少地都存在着这种短视的做法。例如，为降低管理费用，培训部门削减培训费用，总务部门降低报纸杂志费用，但对企业的长期发展会带来一些不良影响；安全部门减少了安全生产教育的投入，少交了相关保险，就有可能增加安全事故发生的概率，而一旦发生了事故也缺乏必要的保障；技术部门片面追求降低设计成本，在没有进行充分的寿命实验的情况下，就匆忙实行国产化，却给若干年后产品在用户处增加了故障的隐患……凡此种种，都提醒我们，千万不能因为只顾及眼前利益而忽视了长远的利益，绝不能因小失大。

因小失大事件的原因就在于人们总存在侥幸心理，抵制不住眼前利益的诱惑，最终得不偿失。更可悲的是，当损失发生时，很少有人正视错误和承担责任，而是把它视为正常的经营成本，从而使相同的错误行为周而复始地反复发生，极大地损害了企业的长期健康。因此，要想使企业真正得到可持续发展，就必须克制追求短期利益的欲望，真正做到在确保长远发展的前提下兼顾短期利益，这才是抑制因小失大的根本之道。

二、大舍大得

企业战略的精髓在于取舍，在于选择什么样的战略定位，制定什么样的差异化竞争策略。做任何事情都需要开放的心态，以变应变。得了要知舍，有舍才有得，舍了才能得。小舍小得，大舍大得，难舍难得，不舍不得。现代企业经营的一个常见弊病就是大而全、小而全，搞多样化经营。结果是主业不突出，资源不集中，蜻蜓点水，什么也搞不好。所以，企业领导需要懂得权衡与放弃。放弃是更大的学问，为了获取就必须学会放弃。

大舍大得的含义是企业必须从传统的机会导向转变为战略导向，清楚判断企业未来的发展方向，作出明确的取舍。要在巨变的市场环境中保持领先地位并获得成功而发展壮大，就必须将资源逐渐集中于有限的主营业务，培养核心竞争能力，断然砍掉那些无关的旁枝附叶。抓住机会完成从多元扩张到专业化经营的转变，是决定企业未来至关重要的一步。只有迅速果断地放弃很多看似诱人的机会，砍掉许多还在盈利的业务，"弃子"争先，企业才能大刀阔斧地前进，取得真正的可持续性发展。1970年以来，随着全球化和市场化程度的不断提高，发达国家的企业集团纷纷将非核心业务出售或剥离，"归核"到以专业领域和优势为主的主导业务。随着我国市场竞争的不断加剧，我国企业也将不可避免地要逐渐提高专业化经营的程度，走向核心业务的道路。1993~2003年，万科开始做减法，由多元化归核到专一的房地产开发，成为一个纯粹的房地产开发商，造就了一个更加强大的万科。

有所为、有所不为，通过有所不为才能做到有所为，这也是典型的大舍大得观念，已被越来越多的企业领导所认同。然而，当机会出现时，绝大部分企业领导仍然抵御不住利益的诱惑而跃跃欲试。目前，大多数企业领导对于项目可行性的判断，都是基于"可不可做"，而非"该不该做"。"可做"是传统的机会导向思维，企业被外部环境的变化所左右；"该做"则体现战略导向思维，企业应充分考虑自身的长期发展需要和外部环境影响的有机结合。"可做"和"该做"的选择体现了企业战略上最本质的区别。

第十一节　佐攻者明，佐攻者强

在商业竞争中，除正面进攻以外，还必须借助于一定的条件，发挥其他力量的辅助作用，从而更加有效、更加迅速地实现竞争制胜的目的。孙子特别强调"佐攻"的重要作用，在兵法中辟专篇论述"火"与"水"的佐攻作用及其重大意义。因此，企业领导需要认真分析、理解各种佐攻的条件及其关系，利用和驾驭这种关系，随时做好准备。一旦时机成熟，就果断采取辅攻手段，从而成就自己的意志，获得竞争的成功。

一、佐攻的重大意义

佐攻对战胜攻取具有极其重要的意义。孙子说，"以火佐攻者明，以水佐攻者强"（《孙子兵法·火攻篇》）。就是说，用火来辅助军队进攻，效果殊为显著，用水来辅助军队进攻，攻势必然加强。佐攻对于企业竞争的重大意义突出表现在可以加强主攻的效果，增强主攻的力量；转移竞争对手对主攻方向的注意力，扰乱从而削弱其应对主攻的能力和资源；激励企业上下战胜竞争对手的勇气和士气，达到出其不意、攻其无备的效果；加速竞争的进程，提高竞争制胜的速度。

以火佐攻、以水佐攻取得胜利的军事案例在《三国演义》中处处皆是，其中以周瑜"火烧赤壁"和关羽"水淹七军"最为著名。曹操在平定北方、统一中原以后，亲自统率号称80万大军（实际为20万）沿长江东进，企图迫降占有江南六郡的孙权，统一中国。时刘备新败，孙权实力也比较弱。为对付强大的共同敌人，孙权和刘备结为联盟，共同抗曹。在赤壁之战中，周瑜、诸葛亮精心策划，仔细盘算，发挥己方善于水战的优势，用庞统巧献"连环计"，得东吴大将黄盖以"苦肉计"骗得曹操的信任。在东南风乍起之时，黄盖驾着十余只载满油和裹有硫磺等易燃物的干草船，在夜幕中迅速接近曹操的战船。点燃干草后，十余艘战船在东南风的劲吹之下，犹如十余条火龙，直扑曹操战船。霎时间，三江口江面上烟火冲天。曹操战船连在一起，一船着火，几十只船跟着着火，曹操的水军士兵大部分被烧死、溺死。大火从江面蔓延到曹操岸边的营寨，岸边的曹营也变成了一片火海。曹操20万大军就这样损失殆尽，孙、刘联军乘势水陆并进，赤壁鏖兵，取得了战争的胜利，为以后的魏、蜀、吴"三国鼎立"奠定了基础。

"关云长放水淹七军"是以水佐攻的典型案例。时曹操封于禁为征南将军，加庞德为征西都先锋，起七路大军，欲解樊城之围，救曹仁之急。于禁将七路军马屯于樊城北十里山谷之内，该谷名叫"罾口川"。当时正是八月秋天，骤雨连绵数日，襄江水势甚急。关羽先差人堵住各处水口，待水发时，蜀军就高放水。罾口川山谷之中，大水骤至，白浪滔天，平地水深丈余。曹魏七军乱成一团，随波逐浪被淹死者，不计其数。七路军马只逃得五六十人。于禁、庞德皆被擒获，蜀军取得了重大的胜利。

佐攻同样也体现在企业经营与商业竞争的各个方面。例如，在向市场推出品牌产品或主导产品时，要尽力避免产品过于单一，缺少助攻产品。推出助攻产品，一方面是为了更好地保护主导产品，避免主导产品竞争压力过大；另一方面，主导产品创造市场机会时，由相关辅助产品及时填充，从而进一步促进主导产品的强大和市场的完善。广告常常被推崇为促销武器，如果辅以媒体客观报道、专家评论、权威机构报告等佐攻手段，其效果将更加深入人心，事半功倍。

上汽通用五菱 N200 微型轿车是 2006 年跃升为微车销量冠军的全新产品，首期规划年产能即达 15 万辆，市场目标直指长安新型微车的代表作 CM8。N200 是上汽通用五菱博士后流动站导入的首项成果，其成功源自其独特的自主研发新模式，即以企业为中心、将众多高校不同的汽车研发技术力量结合起来的一种"本土化共享式"的研发模式。上汽通用五菱的博士后工作站囊括相继进驻的来自湖南大学、上海交通大学以及武汉理工大学的博士。这种研发模式更规范地延续了上汽通用五菱在国内的产学研究，对整车的质量与产能的提高起到很大的辅助作用。

二、佐攻的准备与因应之道

孙子说，"行火必有因，烟火必素具。发火有时，起火有日"（《孙子兵法·火攻篇》)。就是说，实施火攻必须具备条件，火攻器材必须随时准备。放火要看准天时，起火要选好日子。所以，以火佐攻的条件就是天气干燥、起风及风向朝向敌人等，缺乏这些条件实施火攻则是注定要失败的，甚至导致我方军队的损失。

现代商业竞争中的佐攻手段并不限于自然力量（水、火、风）和天然优势（地形、气温），可以用来佐攻的手段非常多，竞争双方都有较多选择。企业领导必须清楚各种佐攻的种类、目的和具体实施方法，特别要明确了解佐攻的条件。火烧赤壁留下一句俗话流传，就是"万事俱备，只欠东风"。由此可见，条件是对佐攻起到决定性作用的。火攻是这样，其他任何辅助策略如水攻、土埋、落石等都是只有在特定条件下才能被使用。忽视佐攻的环境、条件及其适用性，不但达不到预期的效果，反而会严重影响正面竞争的实施，导致商业竞争的失败。一个优秀的企业领导必须懂得根据具体情况来决定采取什么样的佐攻策略。

以开发拥有自主知识产权的创新技术为例，企业是自主创新的主体，发挥院校、研究机构、外部人才的辅助作用对企业科技开发战略的实施具有极其重要的意义，可以加速企业创新的步伐，开拓企业创新视野，提高效率，增强创新活力。所以，精明的企业领导在实施商业竞争时，一定要审慎地选择高度相关性的佐攻手段与使用条件，充分准备，适时加以利用，为企业战略和竞争制胜服务。

孙子提出了佐攻的因应问题。他明确提出，"凡火攻，必因五火之变而应之。火发于内，则早应之于外。火发兵静者，待而勿攻，极其火力，可从而从之，不可从而止。火可发于外，无待于内，以时发之。火发上风，无攻下风"（《孙子兵法·火攻篇》）。也就是说，凡用火攻，必须根据五种火攻所引起的不同变化，灵活机动部署兵力策应。在敌营内部放火，就要及时派兵从外面策应。火已烧起而敌军依然保持镇静，就应慎重等待，不可立即发起进攻。等待火势旺盛后，再根据情况作出决定，可以进攻就进攻，不可进攻就停止。火可以从外面燃放，这时就不必等待内应，只要适时放火就行。从上风放火时，不可从下风进攻。孙子论述的启示是，对佐攻的效果及其后续行动需要事先进行仔细研究并规划因应措施，不可以贸然行事。企业经营与商业竞争的失败往往源于旁枝细节的失误。培育强势品牌，广告的策应力非常有效，但广告设计和投放的失误将可能使品牌创造活动前功尽弃。混合型营销新模式可以实现市场销售的快速增长，但必须注意和重视自建渠道与保留代理商空间的主次分明，并加强两者之间的互相策应。与电子交易手段相比，传统的交易方式速度慢、周期长，但可靠性高，两种方式的主辅关系必须根据企业的具体情况而予以考虑和选择。

第十二节 深入则专

孙子说，"凡为客之道，深入则专，主人不克"、"深则专，浅则散"（《孙子兵法·九地篇》）。意思就是说，在敌国境内进行作战的一般规律是，深入敌国的腹地，我军的军心就会坚固，敌人就不易战胜我们。进入敌国境内越深，军心就越是容易专一、稳定巩固；进入敌国境内越浅，军心就越容易懈怠涣散。去国越境对于企业而言就是发展海外企业，开展国际化经营与竞争。企业实施"走出去"的开放战略，参与国际竞争，更好地利用国内、国外两种资源、两个市场，在更广阔的空间进行结构调整和资源优化配置，服务于企业整体发展战略，对于我国企业具有极其重要的意义。孙子有关"深入则专"的论述是现代企业走向国际化经营所必须采取的谋略与战术之一。

一、我国国际化经营的现状和趋势

世纪之交，党中央高瞻远瞩地提出不失时机地实施"走出去"的开放战略，把"引进来"和"走出去"紧密结合起来，提高对外开放水平，使我国经济再上新台阶。实施"走出去"战略，是从国际市场资源获取和资源配置上实现我国国民经济持续、科学发展的需要。它将极大地促进我国经济结构的战略性调整，推动企业以成熟技术和设备开展对外投资合作，达到产业升级、扩大出口、开拓国际市场的目的。

海外发展战略方式多种多样，包括建立国际营销网络、对外直接投资、境外加工与装配、境外资源开发、对外承包工程、对外劳务合作、设立境外研发中心、提供境外咨询服务、进行跨国并购等。广义"走出去"战略还包括对外援助、技术出口与服务出口、货物出口、对外信贷、人员外移与人才交流等。

海外资源开发是"走出去"战略的一项重要内容。我国资源供应与可持续发展的问题已经比较突出。中国地质科学院最新发表的报告指出，除了煤以外，中国所有矿产资源都处于紧张状态，将在二三十年内面临包括石油、天然气、有色金属、铁矿砂、林业等在内的各种资源严重短缺，对进口的依赖程度将逐步增加。到 2020 年，我国每年需要进口 5 亿吨原油和 1000 亿立方米天然气。我国金属矿产资源保有量不足，今后 20 年我国将短缺 30 亿吨铁、5 亿~6 亿吨铜和 1 亿吨铝。我国森林覆盖率只有 14%，木材供求缺口近 50%。资源短缺和资源安全将严重制约和威胁我国国民经济的发展与安全。

积极实施"走出去"战略，引导优势产业走向国际，开拓和占有国际市场，是我国企业的责任和义务。我国纺织、家电、电子、机械、化工、医药、建材、冶金等行业发展迅速，在大多数国家具有比较优势和互补性，市场潜力巨大。到科技资源密集的国家设立研发机构或高科技企业，开发生产具有自主知识产权的新科技新产品，是利用国外科技资源包括留学生资源的一种有效形式，也是提升我国产业水平、技术创新能力和竞争力的一个有效途径。

我国海外企业的发展是随着改革开放和经济发展而逐步展开的，目前已经进入一个新的发展阶段，面临前所未有的发展机遇。到 2004 年，我国从事跨国经营的各类企业已经发展到 3 万多家。中石油、中石化、华源、海尔等一批骨干企业积极开展跨国经营，取得了较好成绩。万向、远大空调、新希望等民营企业以开展境外加工贸易为切入点，积极开拓国际市场。中建、港湾、机械设备、上海建工等大型专业工程公司在对外承包工程和劳务合作中的优秀和骨干作用日益显著，经营水平不断提高。温州人通过创建海外综合商城，成为中国企业"走出去"的桥头堡。企业国际化道路往往曲折艰辛，机遇与风险并存，挑战无时不在。我国海外企业发展 20 多年的风雨历程就是一个很好的证明。因此，海外企业发展战略与模式的正确与否具有极其重要的现实意义。

二、企业海外战略的目标和功能

"深入则专"是跨国经营的重要理念。在市场营销中，市场越是细分深入，产品占有属于自己小部分市场就越是容易。这就是说，在海外市场开展经营与竞争活动，企业需要特别注意业务范围的严格限制以及与国内总部的紧密联系。从我国海外企业发展的历史和现状来看，海外经营范围限制得越严、与集团总部的联系越紧密，出现危险与危机的可能性就越小。反之，就容易出现亏损的风险和问题，中航油就是个明显的例子。这也充分说明了"深入则专"的重要思想。所以，去国越境开展经营活动，严密的组织和铁的纪律极其重要，只有这样才能提高战斗力，才能应付境外更加复杂的客观环境及其挑战，达到"主人不克"的效果。

根据孙子提出的原则，开发海外资源，维护国家资源安全，是我国企业特别是国有企业应尽的义务和社会责任。应大力发展海外企业，从事矿山、森林、再生金属等矿山与资源的开发。采取海外直接投资、控股或参股、合作、补偿贸易、出口信贷、市场包销、银团贷款、债券及股票发行等多种多样的方式参与国际资源市场竞争，控制关键资源，稳定资源供应，享有资源开发中蕴藏的巨大市场机会和商业机遇，实现市场价值和国家资源安全的有机平衡。

在我国企业开发高科技与高附加值产品、不断提高产品档次、拥有自我知识产权的品牌产品的条件下，海外企业应努力扩大总部产品在所在国的市场推广和销售，不断提高市场占有率。同时，利用海外公司信息畅通、渠道健全的优势，大力捕捉市场机会，开展对外经济合作，实现企业全方位开放格局。以对外工程承包业务带动我国劳务输出，带动工程机械、设备和建筑材料出口，从而促进我国国内生产总值的提高，促进就业，实现良好的企业利益和社会效益。

服务化与信息化是海外企业的两大主要功能。应改变以海外企业为利润中心的经营模式，克服利润中心模式中的各种弊端，强化服务意识和信息意识。服务意识就是顾客至上理念，开展产品售前和售后服务，提高顾客对公司产品的知名度和依赖及信任度。加强在驻在国的公共关系，与当地政府、协会、商会、事业单位、法律机构、工会组织、中介服务机构等建立良好的互信关系，注意对当地的社会贡献，包括依法纳税和雇用当地人员，建立和谐、利益攸关的劳资关系等。

海外企业的信息功能就是了解和收集有关国家的各种信息、政策和法律等，为国内企业服务，为总部决策服务，其所收集的信息包括法律环境、经济环境、市场环境、消费习惯、重大政治和经济事件等。另外，还需要根据总部项目的需要了解和收集某个方面或某些专业方面的信息和资料。

附录 《孙子兵法》原文与译文

一、始计篇

孙子曰：兵者，国之大事，死生之地，存亡之道，不可不察也。

【译文】孙子说：战争是国家的大事，是军民生死安危的主宰，国家存亡的关键，是不可以不认真考察研究的。

故经之以五事，校之以计而索其情：一曰道，二曰天，三曰地，四曰将，五曰法。道者，令民与上同意也，可以与之死，可以与之生，而不畏危。天者，阴阳、寒暑、时制也。地者，远近、险易、广狭、死生也。将者，智、信、仁、勇、严也。法者，曲制、官道、主用也。凡此五者，将莫不闻，知之者胜，不知者不胜。故校之以计而索其情，曰：主孰有道？将孰有能？天地孰得？法令孰行？兵众孰强？士卒孰练？赏罚孰明？吾以此知胜负矣。

【译文】所以，必须从敌我五个方面的情况分析研究，比较双方的谋划，以探求战争胜负的情形。一是道，二是天，三是地，四是将，五是法。所谓"道"，就是使民众与国君的意愿相一致，使得民众在战争中可为国君出生入死而不怕危险。所谓"天"，是指昼夜晴雨、寒冷酷热、四季的变化。所谓"地"，是指征战路程的远近、地势的险峻或平坦、作战地域的宽广或狭窄、地形是否利于攻守进退。所谓"将"，是指将帅的智谋才能、赏罚有信、爱抚士卒、勇敢果断、军纪严明。所谓"法"，是指军队组织编制、将吏的统辖管理和职责区分、军用物资的供应和管理等制度规定。以上五个方面，将帅不能不充分了解。只有深刻了解、确实掌握才能打胜仗。否则，就不能取胜。因此，要从以下七个方面来考核比较，以探求战争胜负的情形，即哪一方的国君政治清明？哪一方的将帅更有才能？哪一方占天时、地利？哪一方的法令能切实贯彻执行？哪一方的军队实力强？哪一方的士卒训练有素？哪一方赏罚严明？我们根据以上七个方面的核查对比，就可以判明谁胜谁负了。

将听吾计，用之必胜，留之；将不听吾计，用之必败，去之。

【译文】 如果能够听从我的计谋，指挥作战就一定胜利，我就留下；如果不能听从我的计谋，指挥作战就一定失败，我就离去。

计利以听，乃为之势，以佐其外。势者，因利而制权也。

【译文】 有利的计策已被采纳，于是就造成一种态势，辅助作战的进行。所谓态势，就是根据情况是否有利而灵活机变地采取相应的行动。

兵者，诡道也。故能而示之不能，用而示之不用，近而示之远，远而示之近。利而诱之，乱而取之，实而备之，强而避之，怒而挠之，卑而骄之，佚而劳之，亲而离之，攻其无备，出其不意。此兵家之胜，不可先传也。

【译文】 用兵打仗是一种诡诈的行为。所以，能攻而装作不能攻，要用某人而装作不用他，要在近处行动而装作要在远处行动，要在远处行动而装作要在近处行动；对于贪利的敌人，要用小利引诱他；对于处于混乱状态的敌人，要乘机攻取他；对于力量充实的敌人，要加倍防备他；对于强大的敌人，要暂时避开他；对于易怒的敌人，要用挑逗的办法激怒他；对于卑怯的敌人，要使其骄傲；对于休整得充分的敌人，要设法使他疲劳；对于内部和睦的敌人，要设法离间他。要在敌人毫无准备的状态下乘机攻击，要在敌人意想不到的情况下突然袭击。这些都是军事家取得胜利的奥妙所在，是不可事先加以具体规定的。

夫未战而庙算胜者，得算多也；未战而庙算不胜者，得算少也。多算胜，少算不胜，而况于无算乎！吾以此观之，胜负见矣。

【译文】 在开战之前，预计能够胜过敌人的，是因为筹划周密，得到的胜利条件多；开战之前，预计不能胜过敌人的，是因为筹划不周，得到的胜利条件少。筹划周密，胜利条件多，就能战胜敌人。筹划不周，胜利条件少，就不能胜敌。更何况不作筹划，没有胜利条件呢。我们从五事七计来考察敌我情况，谁胜谁负就可看出来了。

二、作战篇

孙子曰：凡用兵之法，驰车千驷，革车千乘，带甲十万，千里馈粮。则内外之费，宾客之用，胶漆之材，车甲之奉，日费千金，然后十万之师举矣。

【译文】孙子说：凡兴兵打仗，就出动战车千辆，辎重车千辆，军队十万，还要千里运粮；这样一来，前方后方的费用、外交使节往来的开支、器材物资的供应，以及武器装具的保养补充，每天要耗费千金，然后十万大军才能出动。

其用战也胜，久则钝兵挫锐，攻城则力屈，久暴师则国用不足。夫钝兵挫锐，屈力殚货，则诸侯乘其弊而起，虽有智者，不能善其后矣。故兵闻拙速，未睹巧之久也。夫兵久而国利者，未之有也。故不尽知用兵之害者，则不能尽知用兵之利也。

【译文】用这样庞大规模的军队作战，就要求速胜。旷日持久，就会使军队疲惫、锐气挫伤，攻城就会耗尽力量；军队长期在外作战，会使国家供给费用出现困难。军队疲惫、锐气挫伤，军力耗尽、经济枯竭，诸侯就会乘此危机起兵进攻，那时即使有足智多谋的人，也不能挽回危局了。因此，用兵打仗只听说宁可笨拙而求速胜的，没见过求巧而久战的。军队长期拖在外面而有利于国家的，是从来没有过的。所以，不能完全懂得用兵弊端的人，就不能完全懂得用兵的好处。

善用兵者，役不再籍，粮不三载，取用于国，因粮于敌，故军食可足也。

【译文】善于用兵打仗的人，兵员不一再征集，粮秣不多次运送。武器装备从国内提供，粮秣在敌国就地解决，这样，军队的食用就可以充足供应了。

国之贫于师者远输，远输则百姓贫；近于师者贵卖，贵卖则百姓财竭，财竭则急于丘役。力屈、财殚，中原内虚于家。百姓之费，十去其七；公家之费，破车罢马，甲胄矢弩，戟盾蔽橹，丘牛大车，十去其六。

【译文】 国家因用兵而导致贫困的，远道运输粮秣是个重要原因。远道运输就会使百姓贫困。靠近军队的地方物价飞涨，物价飞涨就会使百姓财物枯竭，财物枯竭急于加征赋役。力量耗尽，财力枯竭，国内家家空虚。百姓的财物，耗去了十分之七。公家的资财，由于战车损坏，战马疲困，战具、兵器的损耗，辎重车辆的损坏，耗去了十分之六。

故智将务食于敌。食敌一钟，当吾二十钟；萁秆一石，当吾二十石。

【译文】 所以，明智的将帅，务求在敌国解决粮秣。就地取给粮食一钟，相当于从本国运输二十钟；就地征集饲草一石，相当于从本国运输二十石。

故杀敌者，怒也；取敌之利者，货也。故车战，得车十乘以上，赏其先得者，而更其旌旗，车杂而乘之，卒善而养之，是谓胜敌而益强。

【译文】 要使士卒勇敢杀敌，就要激起他们对敌人的仇恨；要想夺取敌人的资财，就要用财货奖赏士卒，所以在车战中，凡缴获战车十辆以上的，要奖赏最先夺得战车的士卒，并更换战车上的旗帜，混合编入己方车队之中，对俘虏来的士卒要给予优待和抚养使用，这就是所谓战胜敌人而使自己愈加强大。

故兵贵胜，不贵久。

【译文】 因此，用兵作战最贵速胜，不宜旷日持久。

故知兵之将，生民之司命。国家安危之主也。

【译文】 深知用兵之法的将帅，是民众命运的掌握者，是国家安危的主宰者。

三、谋攻篇

孙子曰：凡用兵之法，全国为上，破国次之；全军为上，破军次之；全旅为上，破旅次之；全卒为上，破卒次之；全伍为上，破伍次之。是故百战百胜，非善之善者也；不战而屈人之兵，善之善者也。

【译文】孙子说：大凡用兵的法则，不待诛杀或少事诛杀，就使敌国屈服是上策，经过交战诛杀去击破敌国就次一等；不待诛杀，就使敌人全军屈服是上策，用武力击破敌军就次一等；不待诛杀，就使敌人全旅屈服是上策，击破敌旅就次一等；不待诛杀，使敌人全卒屈服是上策，击破敌卒就次一等；不待诛杀，使敌人全伍屈服是上策，击破敌伍就次一等；因此，百战百胜不算是好中最好的，不战而使敌人屈服，才算是高明中最高明的。

故上兵伐谋，其次伐交，其次伐兵，其下攻城。攻城之法，为不得已。修橹车，具器械，三月而后成，距堙，又三月而后已。将不胜其忿而蚁附之，杀士三分之一而城不拔者，此攻之灾也。

【译文】所以用兵的上策是破坏敌人的计谋，其次是瓦解敌人的联盟，再次是使用武力进攻敌人，最下策是攻人之城。攻城是不得已而采取的办法。修造大盾和四轮车，准备器械，三个月才能完成；构筑攻城用的土山，又要花费三个月才能完工。将帅因久攻不胜，非常焦躁忿怒，驱使士卒像蚂蚁一般爬梯攻城。士卒伤亡了三分之一，而城还是攻不下来，这就是攻城的灾害。

故善用兵者，屈人之兵而非战也，拔人之城而非攻也，毁人之国而非久也，必以全争于天下，故兵不顿而利可全，此谋攻之法也。

【译文】所以，善于用兵打仗的人，使敌军屈服而不用进行交战，夺取敌人的城邑而不靠硬攻，灭亡敌人的国家而不需久战。务求以全胜的谋略争胜于天下。这样军队就不至于疲惫受挫，而胜利可以圆满地获得，这就是谋攻的法则。

故用兵之法，十则围之，五则攻之，倍则分之，敌则能战之，少则能逃之，不若则能避之。故小敌之坚，大敌之擒也。

【译文】所以，用兵的方法是，有十倍于敌的绝对优势兵力，就要四面包围，迫敌屈服；有五倍于敌的优势兵力，就要进攻敌人；有一倍于敌人的兵力，就要设法分散敌人；同敌人兵力相等，就要善于设法战胜敌人；比敌人兵力少，就要善于摆脱敌人；各方面条件均不如敌人，就要设法避免与敌交战。弱小的军队如果不能逃不能避，只知坚守硬拼，就会成为强大敌人的俘虏。

夫将者，国之辅也。辅周则国必强，辅隙则国必弱。

【译文】将帅是国君的助手，辅助周密，国家就会强盛；辅助有缺陷，国家就会衰弱。

故君之所以患于军者三：不知军之不可以进而谓之进，不知军之不可以退而谓之退，是谓縻军。不知三军之事，而司三军之政者，则军士惑矣；不知三军之权，而司三军之任，则军士疑矣。三军既惑且疑，则诸侯之难至矣。是谓乱军引胜。

【译文】所以，国君贻害军队的情况有三种：不了解军队不可以前进而命令军队前进，不了解军队不可以后退而命令后退，这叫做束缚军队；不知道军队内部的事务，而干涉军队的行政，军士就会迷惑不解；不知道用兵的权谋，而干涉军队的指挥，将士就会产生疑虑。军队既迷惑又疑虑，各诸侯国乘隙进攻的灾难就临头了，这就是所谓扰乱自己的军队而失去胜利的机会。

故知胜有五：知可以战与不可以战者胜；识众寡之用者胜；上下同欲者胜；以虞待不虞者胜；将能而君不御者胜。此五者，知胜之道也。

【译文】所以，从以下五种情况便可预知胜利：知道什么情况下可与敌人打，什么情况下不可与敌人打的，会胜利；懂得根据兵力多少而采取不同战法的，会胜利；上下齐心协力的，会胜利；以预先有准备对待没有准备的，会胜利；将帅指挥能力强而国君不加牵制的，会胜利。这五条，是预知胜利的途径。

故曰：知己知彼者，百战不殆；不知彼而知己，一胜一负；不知彼，不知己，每战必殆。

【译文】所以说，了解敌人，又了解自己，百战都不会失败；不了解敌人而了解自已，胜败可能分半；既不了解敌人，又不了解自已，那就每战必败。

四、军形篇

孙子曰：昔之善战者，先为不可胜，以待敌之可胜。不可胜在己，可胜在敌。故善战者，能为不可胜，不能使敌之可胜。故曰：胜可知而不可为。

【译文】孙子说：从前，善于用兵打仗的人，总是首先创造条件，使自已不被敌人战胜，然后等待和寻求敌人可能被我战胜的时机。使自已不可能被敌人战胜，主动权在于自己；可战胜敌人，则在于敌人有可乘之隙。所以，善于用兵打仗的人，能做到自已不被敌人战胜，而不能使敌人必定为我所胜。所以，从这个意义上说：胜利是可以预知的，但是不可强求。

不可胜者，守也；可胜者，攻也。守则不足，攻则有余。善守者，藏于九地之下；善攻者，动于九天之上，故能自保而全胜也。

【译文】想要不被敌人战胜，就在于采取严密防守；想要战胜敌人，就在于进攻得当。实施防守是由于取胜条件不足，进攻是由于取胜条件有余。善于防守的人，像藏匿于深不可知的地下一样，使敌人无形可窥；善于进攻的人，像动作于高不可测的天上一样，使敌人无从防备。因此，这样既能够保全自己，又可以取得完全的胜利。

见胜不过众人之所知，非善之善者也；战胜而天下曰善，非善之善者也。故举秋毫不为多力，见日月不为明目，闻雷霆不为聪耳。古之所谓善战者，胜于易胜者也。故善战者之胜也，无智名，无勇功，故其战胜不忒。不忒者，其所措必胜，胜已败者也。故善战者，立于不败之地，而不失敌之败也。是故胜兵先胜而后求战，败兵先战而后求胜。善用兵者，修道而保法，故能为胜败之政。

【译文】预见胜利，不超过一般人所知道的，不是高明中最高明的。经过力战而后取胜，天下人都说好，也不是高明中最高明的。这就像能举起秋毫算不得力大，能看见日月算不得眼明，能听到雷声算不得耳灵一样。古时所谓善于打仗的人，总是取胜于看起来容易战胜的敌人。所以，善于打仗的人，他取得胜利，既显不出智谋的名声，也看不出勇武的功劳。因为他的取胜是能见微察隐、没有差错的。之所以无差错，是因为他的制胜之道建立在确有把握的基础上，他所战胜的敌人是已经处于失败地位的敌人。所以，善于打仗的人，总是使自己立于不败之地，同时又不放过任何足以战胜敌人的机会。因此，打胜仗的军队，总是先创造取胜的条件，而后才同敌人作战；打败仗的军队，总是先同敌人作战，而后期求侥幸取胜。会用兵的人，善于从各方面修治不可胜之道，确保必胜的法度，所以他能掌握胜败的决定权。

兵法：一曰度，二曰量，三曰数，四曰称，五曰胜。地生度，度生量，量生数，数生称，称生胜。故胜兵若以镒称铢，败兵若以铢称镒。胜者之战民也，若决积水于千仞之溪者，形也。

【译文】用兵之法：一是"度"，二是"量"，三是"数"，四是"称"，五是"胜"。敌我所处地域的不同，就产生双方土地幅员大小不同的"度"；"度"的不同就产生双方物质资源丰瘠不同的"量"；"量"的不同就产生了双方军事实力强弱不同的"称"；"称"的不同最终决定了战争的胜负成败。所以，胜利的军队对于失败的军队来说，就好比以镒称铢而处于绝对优势的地位；失败的军队对于胜利的军队来说，就好比以铢称镒而处于绝对劣势的地位。胜利者在指挥军队打仗的时候，就像从几千尺的高处决开溪中积水一样，其势猛不可当。这是强大的军事实力的表现。

五、兵势篇

孙子曰：凡治众如治寡，分数是也；斗众如斗寡，形名是也；三军之众，可使必受敌而无败者，奇正是也；兵之所加，如以投卵者，虚实是也。

【译文】孙子说：治理人数多的军队像治理人数少的军队一样，这是分级统辖、严密组织编制的问题；指挥人数多的军队作战，像指挥人数少的军队一样，这是用旌旗金鼓指挥的问题；全国军队之多，要使其遭受敌人进攻而不至失败的，这是"奇正"运用的问题；军队进攻敌人，要像以石击卵那样，所向无敌，这是"虚实"的问题。

凡战者，以正合，以奇胜。故善出奇者，无穷如天地，不竭如江河。终而复始，日月是也；死而更生，四时是也。声不过五，五声之变，不可胜听也；色不过五，五色之变，不可胜观也；味不过五，五味之变，不可胜尝也；战势不过奇正，奇正之变，不可胜穷也。奇正相生，如循环之无端，孰能穷之？

【译文】大凡作战，一般都是以正兵挡敌，以奇兵取胜。所以，善于出奇制胜的将帅，其战法如天地那样变化无穷，像江河那样奔流不竭。周而复始，就像日月运行一样；死而复生，就像四季更替一般。声音不过五种，然而五种声音的变化，却会产生出听不胜听的声调来。颜色不过五种，然而五种颜色的变化，却会产生出看不胜看的色彩来。味道不过五种，然而五种味道的变化，却会产生出尝不胜尝的味道来。作战的方法，不过奇正两种，然而奇正的变化，却是不可穷尽的。奇正相生的变化，就像顺着圆环旋转那样，无头无尾，谁能穷尽呢？

激水之疾，至于漂石者，势也；鸷鸟之疾，至于毁折者，节也。是故善战者，其势险，其节短。势如扩弩，节如发机。

【译文】湍急的流水以飞快的速度奔泻，以致能把石块漂移，这是由于水的流速飞快形成强大的"势"的缘故；凶猛的飞鸟，以飞快的速度搏击，以致能捕杀鸟雀，这是由于短促迅猛的"节"的关系。所以，高明的将帅指挥作战，他所造成的态势是险峻的，他所掌握的行动节奏是短促而猛烈的。这种态势，就像张满的弓弩；这种节奏，犹如触发弩机。

纷纷纭纭，斗乱而不可乱也；混混沌沌，形圆而不可败也。乱生于治，怯生于勇，弱生于强。治乱，数也；勇怯，势也；强弱，形也。故善动敌者，形之，敌必从之；予之，敌必取之。以利动之，以卒待之。

【译文】在纷纷纭纭的混乱状态中作战，必须使自己的部队不发生混乱；在混沌不清的情况下打仗，必须把队伍部署得四面八方都能应付自如，使敌人无隙可乘，无法击败我。向敌人诈示混乱，是由于己方组织编制严整。向敌人诈示懦弱，是由于己方具备了勇敢的素质。向敌人诈示弱小，是由于己方拥有强大的兵力。严整或混乱是由于组织编制好坏所决定的。勇敢或懦弱，是由作战态势的优劣所造成的。强弱是由双方实力大小的对比所显现的。所以，善于调动敌人的将帅，用假象迷惑敌人，敌人必为其所骗；给敌人好处引诱，敌人必然来争夺。以小利引诱调动敌人，以自己预先布置的兵力待机掩击敌人。

故善战者，求之于势，不责于人，故能择人而任势。任势者，其战人也，如转木石。木石之性，安则静，危则动，方则止，圆则行。故善战人之势，如转圆石于千仞之山者，势也。

【译文】所以善于指挥打仗的将帅；他的注意力放在任势上，努力创造有利的态势，而不责成部属，因而他就能选择适当人才，创造和运用有利的态势。善于任势的人，他指挥将士作战，好像转动木头和石头一样。木头石头的特性是放在平坦的地方比较稳定，放在陡斜的地方就容易转动。方形的东西就比较稳定，圆形的东西就容易滚动。所以，高明的将帅指挥军队与敌人打仗时所造成的有利态势，就好像把圆石从几千尺的高山上往下飞滚那样，不可阻挡。这就是军事上所谓的"势"。

六、虚实篇

孙子曰：凡先处战地而待敌者佚，后处战地而趋战者劳。故善战者，致人而不致于人。能使敌自至者，利之也；能使敌不得至者，害之也。故敌佚能劳之，饱能饥之，安能动之。

【译文】孙子说：凡先占据战地而等待敌人的就从容、主动；后到达战地而仓促应战的就疲劳、被动。所以，善于指挥作战的人，总是调动敌人前来而不被敌人所调动。能使敌人自己来上钩的，是以利引诱的结果；能使敌人不得前来的，是以害威胁的结果。所以，敌人休整得好，能设法使他疲劳；敌人给养充分，能设法使他饥饿；敌人安处不动，能设法调动他。

出其所必趋，趋其所不意。行千里而不劳者，行于无人之地也；攻而必取者，攻其所不守也。守而必固者，守其所不攻也。故善攻者，敌不知其所守；善守者，敌不知其所攻。微乎微乎，至于无形；神乎神乎，至于无声，故能为敌之司命。

【译文】 出兵要向敌人无法驰救的地方，奔袭要于敌人意料不到之处。行军千里而不困顿，是因为行进在没有敌兵或敌人防守不严的地区。进攻必然夺取得手的，是因为攻击敌人不注意防守或不易守住的地方；防守必然巩固，是因为扼守敌人不敢攻或不易攻破的地方。所以，善于进攻的，能使敌人不知道如何防守；善于防守的，能使敌人不知道如何进攻。微妙呀，微妙到看不出一点形迹；神奇呀，神奇到听不出一点声音。这样，就能成为敌人命运的主宰。

进而不可御者，冲其虚也；退而不可追者，速而不可及也。故我欲战，敌虽高垒深沟，不得不与我战者，攻其所必救也；我不欲战，画地而守之，敌不得与我战者，乖其所之也。

【译文】 进兵时，敌人无法抵御，是由于冲向敌人防守薄弱的地方；退却时，敌人无法追及，是由于行军很快，敌人追不上。所以，我若求战，敌人即使深沟高垒坚守，也不得不出来与我交战，是由于进攻敌人所必救的要害地方。我若不想交战，即使画地而守，敌人也无法和我交战，是因为我设法改变了敌人的去向。

故形人而我无形，则我专而敌分；我专为一，敌分为十，是以十攻其一也，则我众而敌寡；能以众击寡者，则吾之所与战者约矣。吾所与战之地不可知，不可知，则敌所备者多，敌所备者多，则吾所与战者寡矣。故备前则后寡，备后则前寡；备左则右寡，备右则左寡；无所不备，则无所不寡。寡者，备人者也；众者，使人备己者也。

【译文】 所以，要使敌人显露真情而我军不露形迹，这样就能够做到自己兵力集中而使敌人兵力分散。我军兵力集中于一处，敌人兵力分散于十处，这样我就能以十倍于敌的兵力打击敌人，造成我众而敌寡的有利态势。能做到以众击寡，那么与我交战的敌人就少了。我军要与敌人交战的地方使敌人不知道，不知道，敌人就要处处防备；敌人防备的地方越多，兵力越分散，这样，我所直接攻击的敌人就不多了。所以，防备了前面，后面的兵力就薄弱；防备了后面，前面的兵力就薄弱；防备了左翼，右翼的兵力就薄弱；防备了右翼，左翼的兵力就薄弱；处处防备，就处处兵力薄弱。兵力之所以薄弱，是由于处处分兵防备的结果；兵力之所以充足，是由于迫使敌人分兵防我的结果。

故知战之地，知战之日，则可千里而会战；不知战地，不知战日，则左不能救右，右不能救左，前不能救后，后不能救前，而况远者数十里，近者数里乎？以吾度之，越人之兵虽多，亦奚益于胜败哉？故曰：胜可为也。敌虽众，可使无斗。

【译文】所以，能预知同敌人交战的地点，能预知同敌人交战的时间，这样就可跋涉千里同敌人会战。如果既不能预知交战的地点，又不能预知交战的日期，就会左不能救右，右不能救左，前不能救后，后不能救前，何况在远到几十里、近在数里的范围内做到应付自如呢？依我分析，越国的兵虽多，对于决定战争的胜败又有什么益处呢？所以说，胜利是可以争取的；敌人兵力虽多，也可以使其无法与我较量。

故策之而知得失之计，作之而知动静之理，形之而知死生之地，角之而知有余不足之处。故形兵之极，至于无形；无形，则深间不能窥，智者不能谋。因形而错胜于众，众不能知；人皆知我所以胜之形，而莫知吾所以制胜之形。故其战胜不复，而应形于无穷。

【译文】所以，要通过认真的筹算，来分析敌人作战计划的优劣和得失；要通过挑动敌人，来了解敌人的活动规律；要通过佯动示形，来摸清敌人生死命脉的所在；要通过小型交锋，来探明敌人兵力部署的虚实强弱。所以，佯动示形进入最高的境界，就再也看不出什么痕迹。看不出一点形迹，这样，就是有深藏的间谍也无法探明我方的虚实，即使老谋深算的敌人也想不出对付我的办法来。把根据敌情变化之形灵活运用战法而取得的胜利摆在众人面前，人们也看不出其中的奥妙；人们只知道我取胜的一般战法，但不知道我是怎样根据敌情的变化灵活运用这些战法而取胜的。所以，每一次战胜的策略、筹算都不是简单的重复，而是适应敌情的发展而变化无穷。

夫兵形象水，水之行，避高而趋下；兵之形，避实而击虚。水因地而制流，兵因敌而制胜。故兵无常势，水无常形，能因敌变化而取胜者，谓之神。故五行无常胜，四时无常位，日有长短，月有死生。

【译文】用兵的规律像水，水流动的规律是避开高处而流向低处，用兵的规律是避开敌人坚实之处而攻击其虚弱的地方。水因地势的高下而制约其流向，用兵则要依敌情据而决定取胜策略。所以，用兵作战没有固定的方式方法，就像水流没有固定的形状一样；能依据敌情变化而取胜的，就称得上用兵如神。用兵的规律就像自然现象一样，五行相生相克没有固定的常胜，四季依次更替没有哪个季节固定不变，白天有短有长，月亮有暗有明，永远处于变化之中。

七、军争篇

孙子曰：凡用兵之法，将受命于君，合军聚众，交和而舍，莫难于军争。军争之难者，以迂为直，以患为利。故迂其途而诱之以利，后人发，先人至，此知迂直之计者也。

【译文】孙子说：大凡用兵的法则，将帅受领国君的命令，从组织民众编成军队，到开赴前线驻地扎营与敌对阵，这中间最困难的事情莫过于与敌人争夺有利的制胜条件了。军争中最难的地方在于如何通过迂远曲折的道路变为直路，化患害为有利。故意迂回绕道，并用小利引诱迟滞敌人，这样就能做到比敌人后出动而先到达必争的要地，这就叫做懂得"以迂为直"的计谋。

故军争为利，军争为危。举军而争利则不及，委军而争利则辎重捐。是故卷甲而趋，日夜不处，倍道兼行，百里而争利，则擒三将军，劲者先，疲者后，其法十一而至；五十里而争利，则蹶上将军，其法半至；三十里而争利，则三分之二至。是故军无辎重则亡，无粮食则亡，无委积则亡。

【译文】所以，两军相争既有顺利的一面，也有危险的一面。如果全军携带所有辎重去争利，就会行动迟缓而无法按时抵达预定地域；如果丢下部分军队去争利，则辎重装备就会损失。因此，卷甲急进，日夜不休息，以加倍的行程连续行军，走上百里的路程去与敌争利，则三军将领都有可能被擒，身体健壮的士卒先到了，体弱疲倦的掉了队。采用这种方法，可能只有十分之一的兵力赶到；走上五十里的路程去与敌争利，先头部队的将领就可能遭受挫败，采用这种方法部队也只有半数赶到；走上三十里的路程去争利，部队也只有三分之二能赶到。因此，军队没有辎重无以为战就会覆亡，没有粮食就不能生存，没有物资储备就难以为继。

故不知诸侯之谋者，不能豫交；不知山林、险阻、沮泽之形者，不能行军；不用乡导者，不能得地利。故兵以诈立，以利动，以分合为变者也。故其疾如风，其徐如林，侵掠如火，不动如山，难知如阴，动如雷震。掠乡分众，廓地分利，悬权而动。先知迂直之计者胜，此军争之法也。

【译文】所以，不了解列国诸侯的计谋，不能与其结交；不熟悉山林、险阻、沼泽等地形的，不能行军；不使用向导的，不能得地利。故用兵打仗以诡诈多变为根本，根据是否有利采取行动，分散或集中使用兵力，随情况而变。军队行动快速时，像飘风骤至；行动缓慢时，像严整的森林；进攻敌人时，像迅猛的烈火；驻守时，持重像山岳一样屹立不动；荫蔽时，像阴云蔽天看不见日月星辰那样；动作起来，就像万钧雷霆一样震击。分遣兵众，搏掠敌"乡"的粮食、资财；分守要地，开拓疆土；权衡利害关系，然后相机而动。懂得以迂为直计谋的，就能取得胜利。这就是争夺胜利条件的原则。

《军政》曰："言不相闻，故为金鼓；视不相见，故为旌旗。"夫金鼓、旌旗者，所以一人之耳目也。人既专一，则勇者不得独进，怯者不得独退，此用众之法也。故夜战多火鼓，昼战多旌旗，所以变人之耳目也。

【译文】《军政》里说："用语言指挥听不到，所以用金鼓之声；用动作指挥看不清，所以用旌旗之形。"金鼓旌旗都是用来统一军队作战行动的。军队行动既然统一了，那么勇敢的将士就不得单独前进，怯懦的也不得单独后退。这就是指挥人数众多的军队的方法。所以，夜间作战要多使用火光和锣鼓，白天作战要多使用旌旗。之所以变换这些信号，都是为了适应士卒视听的需要。

故三军可夺气，将军可夺心。是故朝气锐，昼气惰，暮气归。故善用兵者，避其锐气，击其惰归，此治气者也。以治待乱，以静待哗，此治心者也。以近待远，以佚待劳，以饱待饥，此治力者也。无邀正正之旗，勿击堂堂之陈，此治变者也。

【译文】对于敌人的军队，可以挫伤其锐气，使其士气低落；对于敌军的将帅，可以动摇其决心。军队刚投入战斗时士气旺盛；过了一段时间，士气就逐渐怠惰；到了最后，士气就完全衰竭了。所以，善于用兵的人，总是避开敌人的锐气，等到敌人士气松懈衰竭时，才去打击它，这是掌握军队士气的方法。以自己的严整来对待敌人的混乱，以自己的镇静来对待敌人的吵闹，这是掌握军心的方法。以自己的靠近战场来对待敌人的远道而来，以自己的安逸休整来对待敌人的奔走疲劳，以自己的粮足食饱来对待敌人的粮尽人饥，这是掌握军力的方法。不去迎击旗帜整齐，部署周密的敌人，不去攻击阵容严整、实力雄厚的敌人，这是掌握因敌变化的方法。

故用兵之法，高陵勿向，背丘勿逆，佯北勿从，锐卒勿攻，饵兵勿食，归师勿遏，围师必阙，穷寇勿迫，此用兵之法也。

【译文】所以，用兵的方法是：敌人占领山地，不要去仰攻；敌人背靠高地，不要从正面攻击；敌人假装败退，不要去追击；强大的敌人，不要去进攻；敌人以利诱我，不要贪食其饵；正在撤退回去的敌人，不要去拦阻；包围敌人，要留有缺口；对陷入绝境的敌人，不要去逼迫它。这些都是用兵应当掌握的方法。

八、九变篇

孙子曰：凡用兵之法，将受命于君，合军聚众，圮地无舍，衢地交合，绝地无留，围地则谋，死地则战。涂有所不由，军有所不击，城有所不攻，地有所不争，君命有所不受。故将通于九变之地利者，知用兵矣；将不通于九变之利者，虽知地形，不能得地之利矣。治兵不知九变之术，虽知五利，不能得人之用矣。

【译文】孙子说：大凡用兵的方法，主将受领国君的命令，征集兵员编成军队，出征时在沼泽连绵的圮地不可驻扎，在多国交界的四通之地就应结交邻国，遇到危险之地慎勿停留，遇到前有强敌后有险阻之围地就要巧出奇谋，陷入"死地"就要殊死奋战。有的道路不要行军，有的敌军不要攻击，有的城邑不要攻占，有的地方不要争夺，国君命令有的不要执行。所以，将帅能通晓九变的利弊，就是懂得用兵；将帅不能通晓九变的利弊，那么即使了解地形，也不能够得到地形之利。治兵而不知道九变的方法，虽然知道"五利"，也是不能充分发挥军队的战斗力的。

是故智者之虑，必杂于利害，杂于利而务可信也，杂于害而患可解也。

【译文】所以，明智的将帅考虑问题，总是兼顾到利害两个方面。在有利情况下考虑到有害的方面，事情就可以顺利进行；在有害情况下考虑到有利的方面，祸患就可以解除。

是故屈诸侯者以害，役诸侯者以业，趋诸侯者以利。

【译文】所以，能使诸侯屈服的，要用各国诸侯最厌恶的事情去危害他；能役使诸侯的，要用各国诸侯感到危险的事情去困扰他；能使诸侯被动奔走的，要用利益去引诱他。

故用兵之法，无恃其不来，恃吾有以待也；无恃其不攻，恃吾有所不可攻也。

【译文】所以用兵的法则是，不要寄希望于敌人不来，而要依靠自己有备以待；不要寄希望于敌人不进攻，而要依靠自己有使敌人无法攻破的防御力量。

故将有五危，必死，可杀也；必生，可虏也；忿速，可侮也；廉洁，可辱也；爱民，可烦也。凡此五者，将之过也，用兵之灾也。覆军杀将，必以五危，不可不察也。

【译文】将帅有五种致命的危险：只知死拼蛮干，就可能被敌诱杀；临阵畏怯，贪生怕死，就可能被敌俘虏；急躁易怒，就可能被敌凌侮而妄动；方正不苟，过于自尊，就可能被敌设计诟辱而入敌人的圈套；不分情况仁慈爱民，唯恐杀伤士众，就可能被敌出奇烦扰而陷于被动。以上五点，是将帅易犯的过失，是用兵的灾害。军队的覆灭，将帅的被杀，一定是由于这五种致命危险造成的，这是为将帅的人不可不慎重辨析的。

九、行军篇

孙子曰：凡处军、相敌：绝山依谷，视生处高，战隆无登，此处山之军也。绝水必远水；客绝水而来，勿迎之于水内，令半济而击之，利；欲战者，无附于水而迎客；视生处高，无迎水流，此处水上之军也。绝斥泽，惟亟去无留；若交军于斥泽之中，必依水草而背众树，此处斥泽之军也。平陆处易而右背高，前死后生，此处平陆之军也。凡此四军之利，黄帝之所以胜四帝也。

【译文】孙子说：大凡对军队的安顿处置以及对敌情的观察判断，有如下原则：通过山地，须依傍溪谷，面南朝阳，而居隆高之地，不可仰攻居高临下之敌，这是在山地处军的一般方法原则。横渡江河，一定要远水驻扎；敌若涉水而来，切勿在水中迎击，而要等他们渡过一半左右时再攻击，这样较为有利；如果想同敌人交战，则不要傍水而阵，以免陷于被动；要居高面阳而处；勿居下游而面迎水流，这是在江河湖汊地带处军的一般方法原则。通过盐碱池沼地带，一定要赶快离去，不要停留；若在此地与敌人遭遇，则需依傍水草、背靠林木而居，这是在盐碱池沼地带处军的一般方法原则。在开阔的平原地区，亦须择无坎陷之地而居，将主要侧翼倚托高地，前低后高，这是在平原地带处军的一般方法原则。掌握上述四种处军原则，并充分发挥其作用乃是黄帝之所以战胜周围四个部族酋长的原因所在。

凡军好高而恶下，贵阳而贱阴，养生而处实，军无百疾，是谓必胜。丘陵堤防，必处其阳而右背之，此兵之利，地之助也。上雨，水沫至，欲涉者，待其定也。凡地有绝涧、天井、天牢、天罗、天陷、天隙，必亟去之，勿近也。吾远之，敌近之；吾迎之，敌背之。军行有险阻、潢井、葭苇、山林、荟者，必谨复索之，此伏奸之所处也。

【译文】大凡驻军，总是喜欢干燥的高地，而不喜欢潮湿的洼地；重视向阳之地，而避开阴暗之地；傍水草而居以便休养人马，背高依固而处以便军需物资供应。这样，军中疫病不生，必胜才有保证。如遇丘陵堤防，一定要据其南面朝阳之处，而将主要侧翼倚托于它。根据上述原则处军之所以对军队有利，都是由于能充分发挥地理条件的辅助作用所致。上游下雨，水沫流至，要想涉渡，就需等到水势稳定以后。大凡要通过"天涧"、"天井"、"天牢"、"天罗"、"天陷"与"天隙"之地，必须尽快离去，不要接近。我军要远离它，而让敌人靠近它；我军要面向它，而让敌人背靠它。驻军附近若有山险水阻、坑坎沼泽、芦苇丛生、林木茂密、草树蒙笼之处，必须认真地进行全面、彻底的搜索，因为这都是隐藏敌人奸细的地方。

敌近而静者，恃其险也；远而挑战者，欲人之进也；其所居易者，利也。众树动者，来也；众草多障者，疑也；鸟起者，伏也；兽骇者，覆也；尘高而锐者，车来也；卑而广者，徒来也；散而条达者，樵采也；少而往来者，营军也。辞卑而益备者，进也；辞强而进驱者，退也；轻车先出居其侧者，陈也；无约而请和者，谋也；奔走而陈兵车者，期也；半进半退者，诱也。杖而立者，饥也；汲而先饮者，渴也；见利而不进者，劳也。鸟集者，虚也；夜呼者，恐也；军扰者，将不重也；旌旗动者，乱也；吏怒者，倦也；粟马肉食，军无悬，不返其舍者，穷寇也。谆谆翕翕，徐与人言者，失众也；数赏者，窘也；数罚者，困也；先暴而后畏其众者，不精之至也；来委谢者，欲休息也。兵怒而相迎，久而不合，又不相去，必谨察之。

【译文】敌人逼近而安静的，是它有险可恃；离我军较远就来挑战的，是企图诱我前进；不据险而据平地宿营的，其中必有利便之处。林木摇动，是敌人伐木开道，隐蔽来袭；草丛中设有许多障碍物，是敌人搞的疑兵之计；鸟雀惊飞，是下面有伏兵；野兽骇逃，是敌人大举前来突袭。尘埃高起而锐直，是敌人的战车奔驰而来；低矮而广阔，是敌人的步卒正在开来；疏散而呈条缕状，是敌人在砍柴拖薪；稀少而往来移动，则是敌人正在以轻兵安营扎寨。措辞谦卑，但却在加强战备的，是敌人在准备进攻；措辞强硬而又作出要进攻架势的，则是要准备撤退。轻车先出，部署在两翼的，是在布列阵势；敌人尚未受挫，却来请求讲和的，是敌人在搞阴谋；敌人急速奔走而布列战车的，是在期待同我决战；欲进不进，欲退不退的，是在诱我上钩。敌兵斜倚兵杖而立，是饥饿的表现；役卒汲水而先饮，是干渴的表现；敌人见利而不去夺取，是疲劳的表现。乌鹊群集，下面必无敌人；夜间惊呼，是恐惧不安的表现；军士自相扰乱，是将帅威令不重的表现；旌旗摇动不整，是军纪不严队伍混乱的表现；军吏烦怒，是军队疲惫的表现；杀马而食，是军队缺乏粮食的表现；饮具悬置不用，军不归幕而暴露野宿，这就是计穷势极而准备拼死的穷寇了。絮絮叨叨、慢声细语地讲话，是不得人心。频繁赏赐，是处境困迫。动辄处罚，是一筹莫展。先行暴而后又害怕其部众，那就是最不精明的了。敌遣使者前来致礼言好，是想休兵息战。敌若逞怒而来，久不与我交战，而又不退去，就一定要谨慎观察它的举止动向了。

兵非益多也，惟无武进，足以并力、料敌、取人而已；夫惟无虑而易敌者，必擒于人。

【译文】兵众不是越多越好，只要不刚武轻进，并能集中兵力、判明敌情和取得部众的信任支持就行；只有那种没有头脑而又轻敌的人，就一定会成为敌人的俘虏。

卒未亲附而罚之则不服，不服则难用也；卒已亲附而罚不行，则不可用也。故令之以文，齐之以武，是谓必取。令素行以教其民，则民服；令素不行以教其民，则民不服。令素行者，与众相得也。

【译文】士卒尚未亲近归附，就严刑峻法，那么他们就不会心悦诚服；不服，就难以用来作战。士卒已经亲近归附，但若仍不厉行军法军纪，那也不可用来作战。所以，应以政治道义去加强教育而使之悦服，同时也须以刑威去整治部众的行为而使之齐一。这样，就必能取得部众的爱戴和敬畏。法令若于平素就能得到贯彻执行，在此情况下指挥部众作战，部众就会服从；法令若平素就得不到贯彻执行，在此情况下去指挥部众作战，部众就不会服从。只有使军纪法令行之有素，才能与部众和睦相处，并得到他们的支持和拥戴。

十、地形篇

孙子曰：地形有通者，有挂者，有支者，有隘者，有险者，有远者。我可以往，彼可以来，曰通；通形者，先居高阳，利粮道，以战则利。可以往，难以返，曰挂；挂形者，敌无备，出而胜之；敌若有备，出而不胜，难以返，不利。我出而不利，彼出而不利，曰支；支形者，敌虽利我，我无出也；引而去之，令敌半出而击之，利。隘形者，我先居之，必盈之以待敌；若敌先居之，盈而勿从，不盈而从之。险形者，我先居之，必居高阳以待敌；若敌先居之，引而去之，勿从也。远形者，势均，难以挑战，战而不利。凡此六者，地之道也；将之至任，不可不察也。

【译文】孙子说：地形有通形、挂形、支形、隘形、险形、远形六种。我可以去、敌也可以来的，叫通形。在通形地区，要抢先占领隆高朝阳之处驻扎，并确保粮道畅通。这样再与敌交战就较有利。可以前往而难以返回的，叫挂形。在挂形地区，敌若无备，就迅速出击而战胜它；敌若有备，出击而不能取胜，又难以返回，就不利了。我方出击不利，敌人出击也不利的，叫支形。在支形地区，敌虽以利诱我，我也不要出击，而率众撤离，待敌人出来一半时再攻击它，这样有利。在隘形地区，我若首先占领，一定要封锁隘口以等待敌人的到来；如果敌人首先占据，并已封锁隘口，就不要去打它，若还没有封锁隘口，就可以打它。在险形地区，我若首先占领，一定要驻扎在隆高向阳之处，以待敌人到来；敌若首先占领，那就率部离去，不要打它。在远形地区，双方地势均等，难以挑战，战也不利。上述六条，是利用地形的一般原则，是将帅的重大责任所在，不可不认真考察、研究。

故兵有走者，有驰者，有陷者，有崩者，有乱者，有北者。凡此六者，非天之灾，将之过也。夫势均，以一击十，曰走。卒强吏弱，曰驰。吏强卒弱，曰陷。大吏怒而不服，遇敌怼而自战，将不知其能，曰崩。将弱不严，教道不明，吏卒无常，陈兵纵横，曰乱。将不能料敌，以少合众，以弱击强，兵无选锋，曰北。凡此六者，败之道也；将之至任，不可不察也。

【译文】 军队在作战时会出现"走"、"驰"、"陷"、"崩"、"乱"和"北"六种现象。这六种现象，并非是由地理条件造成的祸害，而是由将帅的过失造成的。凡敌我双方力量相当，却以一击十，这叫"走"。士卒强悍而将佐懦弱，这叫"驰"。将佐强悍而士卒懦弱，这叫"陷"。偏裨校佐怨怒而不服主将之命，遇敌怨而擅自出战，主将又不知他的才能，这叫"崩"。将帅懦弱缺乏威严，管理教育无章法，布兵列阵杂乱不整，这叫"乱"。将帅不能正确判断敌情，而以少击众、以弱击强，又无选拔之精锐，这叫"北"。以上六种情况，都是造成战争失败的原因，将帅的重大责任所在，是不可不认真考察研究的。

夫地形者，兵之助也。料敌制胜，计险厄、远近，上将之道也。知此而用战者必胜，不知此而用战者必败。故战道必胜，主曰无战，必战可也；战道不胜，主曰必战，无战可也。故进不求名，退不避罪，唯人是保，而利合于主，国之宝也。

【译文】 地形是用兵打仗的辅助条件。正确判断敌情以克敌制胜，考察地形地势的险厄平易和算计道路的迂远近便，这是高明的将帅所应懂得的道理和应掌握的法则。明白这一点并用于指挥作战，就一定能胜利；不明白这一点，去指挥作战，就一定会失败。按照一般的作战规律，如有必胜把握，即使国君不让打，也应该坚决打；但根据一般的作战规律，没有必胜把握，即使国君要打，也应该坚决不打。所以，身为将帅，进不求战胜之名，退不避违命之罪，只求保全民众的生命财产和符合国君的根本利益就行，这样的将帅才是国家最宝贵的财富。

视卒如婴儿，故可与之赴深溪；视卒如爱子，故可与之俱死。厚而不能使，爱而不能令，乱而不能治，譬若骄子，不可用也。

【译文】 看待士卒如同看待婴儿一样，那就可以和他们一起去共患难；看待士卒如同看待爱子一样，那就可以和他们一起去同生死。但若一味厚养而不能使用他们，一味宠爱而不能使他们听从号令指挥，违法乱纪而不能整治，那就有如娇生惯养的孩子，不能用来打仗了。

知吾卒之可以击，而不知敌之不可击，胜之半也；知敌之可击，而不知吾卒之不可以击，胜之半也；知敌之可击，知吾卒之可以击，而不知地形之不可以战，胜之半也。故知兵者，动而不迷，举而不穷。故曰：知彼知己，胜乃不殆；知天知地，胜乃不穷。

【译文】 只知道自己的部队能打，而不知道敌人不可以打，获胜的可能只有一半；只知道敌人可以打，而不知道自己部队不能打，获胜的可能只有一半；知道敌人可以打，也知道自己部队能打，但不知道地形不利于作战，获胜的可能也只有一半。所以，懂得用兵打仗的人，行动起来不会迷惑，策略措施能变化多端而不会穷竭。所以说，了解对方，也了解自己，克敌制胜就不会出问题；如果再了解天时、地利，那么，胜利的取得就有绝对把握了。

十一、九地篇

孙子曰：用兵之法，有散地，有轻地，有争地，有交地，有衢地，有重地，有圮地，有围地，有死地。诸侯自战之地，为散地。入人之地而不深者，为轻地。我得则利，彼得亦利者，为争地。我可以往，彼可以来者，为交地。诸侯之地三属，先至而得天下之众者，为衢地。入人之地深，背城邑多者，为重地。行山林、险阻、沮泽，凡难行之道者，为圮地。所由入者隘，所从归者迂，彼寡可以击吾之众者，为围地。疾战则存，不疾战则亡者，为死地。是故散地则无战，轻地则无止，争地则无攻，交地则无绝，衢地则合交，重地则掠，圮地则行，围地则谋，死地则战。

【译文】 孙子说：按照用兵作战的一般法则，战地可分为散地、轻地、争地、交地、衢地、重地、圮地、围地、死地九种。在本国境内与敌作战的，叫散地。进入敌境不远之处作战的，叫轻地。我军占领对我有利，敌军占领也对敌有利的，叫争地。我军可以去，而敌军也可以来的，叫交地。有多国交界，先到就能取得多数诸侯援助支持的，叫衢地。深入敌境，背对敌人城邑已经很多的，叫重地。山高水险、林木茂密、水网纵横，凡难以通行的，叫圮地。进军之路狭隘，回归之路迂远，敌人可以少击众的，叫围地。疾速进战就可以存活，不疾速进战就可能败亡的，叫死地。因此，在散地，不宜与敌作战；进轻地，不宜停留；处争地，不要唐突出击；遇交地，慎无贸然断敌通道；逢衢地，则注意结交诸侯；深入重地，则需掠夺以继食；碰上圮地，要迅速通过；陷入围地，要运谋设计以脱困境；若置之死地，那就要奋勇作战以死里求生了。

所谓古之善用兵者，能使敌人前后不相及，众寡不相恃，贵贱不相救，上下不相收，卒离而不集，兵合而不齐。合于利而动，不合于利而止。敢问："敌众而整将来，待之若何？"曰："先夺其所爱，则听矣。"兵之情主速，乘人之不及，由不虞之道，攻其所不戒也。

【译文】 所谓古时善于用兵打仗的人，能使敌人首尾不相策应配合，大部队和小部队不相协同依持，官兵不能相互救援，上下不能收聚合拢，士卒散离不能集中，遇上交战队形也杂乱不整。对于军队的行动，有利就打，不利则停止行动。若敌人众多且部伍严整而前来攻我，用什么办法对付它呢？回答是：先打掉它最重视的有利条件，那它就会乖乖地听从我的摆布了。用兵打仗的原则，主要是靠动作神速，乘敌猝不及防，从意想不到的道路，去攻击它虚懈无备之处。

凡为客之道，深入则专，主人不克；掠于饶野，三军足食；谨养而勿劳，并气积力，运兵计谋，为不可测。投之无所往，死且不北。死焉不得，士人尽力。兵士甚陷则不惧，无所往则固，深入则拘，不得已则斗。是故其兵不修而戒，不求而得，不约而亲，不令而信，禁祥去疑，至死无所之。吾士无余财，非恶货也；无余命，非恶寿也。令发之日，士卒坐者涕沾襟，偃卧者涕交颐，投之无所往者，诸、刿之勇也。

【译文】 大凡进入敌国作战的一般原则是：深入敌境越深，士卒就齐心，敌人就无法战胜我军；要在敌人富饶的乡村进行抄掠，以保证我军人马给养的补充接济；要切实注意部队的保养而不要劳顿，增强士气，养精蓄锐，部署兵力，巧设计谋，使敌人莫测我军虚实及意图。将部众投向无路可走的绝境，他们就会产生一种纵使战死也不败退的心理；既有这样必死的决心，怎么能得不到将士们的奋力作战呢？士卒深陷危亡之境，就不恐惧；走投无路，就心专志固，不会动摇；深入重地，就心坚志齐拘而不散，迫不得已，就会拼命死战。所以，这样的军队不经调治就会自行戒备；不用要求就会积极完成任务；不待约束就能亲和团结；不待号令就能服从；禁止妖祥迷信，消除惑人之言，他们就至死也不会败退。我军将士没有多余的钱财，并不是不爱财物；他们拼命死斗，并不是厌恶生命。当作战命令发布之日，士卒们坐着的泪洒衣襟，仰卧的泪流满面。把他们带入无路可走的绝境，就会像专诸和曹刿那样勇敢杀敌了。

故善用兵者，譬如率然；率然者，常山之蛇也。击其首则尾至，击其尾则首至，击其中则首尾俱至。敢问："兵可使如率然乎？"曰："可。"夫吴人与越人相恶也，当其同舟而济，遇风，其相救也如左右手。是故方马埋轮，未足恃也；齐勇若一，政之道也；刚柔皆得，地之理也。故善用兵者，携手若使一人，不得已也。

【译文】 善于指挥作战的人，能使部队像率然一样。率然是恒山的一种蛇，这种蛇，打它的头部，尾部就来救应；打它的尾部，头部就来救应；打它的腹部，头部和尾部都来救应。请问：可以使军队像率然蛇那样吗？回答是：可以。吴国人和越国人虽彼此相互仇视，但当他们同舟共济时，相互救援就像人的左右手一样。因此，用并联战马和掩埋车轮来表示阵法的严整和稳固是靠不住的；能使三军之众无不齐力同勇，靠的是治理军队方法得当。能使刚强、软弱的士兵都能发挥作用，靠的是合理利用地形。所以，善于用兵打仗的人，能使三军部队携手团结得像一个人一样，这是由于客观环境条件迫使他们不得不这样做的缘故。

将军之事，静以幽，正以治，能愚士卒之耳目，使之无知；易其事，革其谋，使人无识；易其居，迂其途，使人不得虑。帅与之期，如登高而去其梯。帅与之深入诸侯之地，而发其机，焚舟破釜，若驱群羊，驱而往，驱而来，莫知所之。聚三军之众，投之于险，此谓将军之事也。九地之变，屈伸之利，人情之理，不可不察。

【译文】将帅最重要的是要做到沉着冷静，幽深莫测，公正严明。可以蒙蔽士卒的耳目，不使他们知道军政大事；临时变更业已布置的事情，中途改易原来的计划，让人摸不着头脑；经常改换防地，故意绕道行军，使人莫明其妙。对部队下达战斗任务，就如同登高而抽去梯子那样让他们后退无路。将帅统率部队深入敌国，要像击发弩机一样，速战速决。烧掉船只，砸烂军锅，以示死战的决心。把士兵像驱赶羊群一样，驱过来，赶过去，他们不知究竟要到哪里去。聚拢三军部众，将它们投于险境，这就是统帅指挥作战的要务。对各种不同地理环境条件的处置，对攻防、进退等不同策略原则的正确运用，以及对部众在不同环境条件下的心理变化规律的了解掌握，这些都是将帅所不可不审慎考察研究的。

凡为客之道，深则专，浅则散。去国越境而师者，绝地也；四达者，衢地也；入深者，重地也；入浅者，轻地也；背固前隘者，围地也；无所往者，死地也。是故散地，吾将一其志；轻地，吾将使之属；争地，吾将趋其后；交地，吾将谨其守；衢地，吾将固其结；重地，吾将继其食；圮地，吾将进其涂；围地，吾将塞其阙；死地，吾将示之以不活。故兵之情，围则御，不得已则斗，过则从。

【译文】大凡进入敌国境内作战的一般规律是：进入敌境越深，部队就心专志固；进入敌境越浅，军心就易离散。离开本国进入敌境作战的，那是绝地。四通八地的，是衢地。深入敌境的，是重地。进入敌境而不深的，是轻地。后背险固而前阻隘的，是围地。走投无路的，是死地。所以，在散地，要使部队心志专一；入轻地，要使部队急速行进；处争地，要使迟后者快速跟上；遇交地，要谨慎防守；逢衢地，要加强巩固与邻国诸侯的结交；深入重地，要掠敌继食；碰上圮地，要赶快通过；陷于围地，要堵塞缺口，示无所往；置之死地，那就要显示必死的决心，以拼命求活。所以部队心理的变化规律就是：一被围困，就想抵抗；迫不得已，就会狠命死斗；深陷危境，就会言听计从。

是故不知诸侯之谋者，不能预交；不知山林、险阻、沮泽之形者，不能行军；不用乡导者，不能得地利。四五者，不知一，非霸王之兵也。夫霸王之兵，伐大国，则其众不得聚；威加于敌，则其交不得合。是故不争天下之交，不养天下之权，信己之私，威加于敌，故其城可拔，其国可隳。施无法之赏，悬无政之令，犯三军之众，若使一人。犯之以事，勿告以言；犯之以利，勿告以害。投之亡地然后存，陷之死地然后生。夫众陷于害，然后能为胜败。故为兵之事，在于顺详敌之意，并敌一向，千里杀将，此谓巧能成事者也。

【译文】 所以，不了解列国诸侯的战略意向，就不能与它结交；不熟悉山林、险阻、沼泽等地理情况，就不能行军；不用向导，就不能得地利。如上几个方面的事，如果有一项不知道，就不能算是王霸之兵。所谓"王霸之兵"，讨伐大国，能使其惧我而聚拢不起兵众；把兵威加到敌人头上，能使其得不到盟国诸侯的配合策应。所以，即使不争着去与天下诸侯结交，也不在天下诸侯间蓄养自己的权势，只要把兵威加到敌人头上，就可拔取它的城邑，毁灭它的国家。施行超出惯例的奖赏，颁布打破常规的命令。指挥全军部众就像指使一个人一样。只让他们去做具体的事情，而不向他们说明谋略意图；只告诉他们有利的一面，而不告诉他们有害的一面。把他们投入亡地，他们就会拼命求活；让他们陷入死地，他们就会死里求生。军队陷于危亡的境地，就能在极为不利的情况下夺取战争胜败的主动权，化害为利，转败为胜。所以，用兵打仗这种事，关键就在于能审慎考量敌人的意向，集中兵力于主攻方向，纵千里奔袭，也要擒杀敌将。这就是所谓能用妙策成大事。

是故政举之日，夷关折符，无通其使；厉于廊庙之上，以诛其事。敌人开阖，必亟入之。先其所爱，微与之期。践墨随敌，以决战事。是故始如处女，敌人开户；后如脱兔，敌不及拒。

【译文】 因此，作战行动开始之时，就须封锁关口，销毁通行符证，不许敌使往来。同时在庙堂里谋划计谋，研究作战大事。敌人一旦有隙可乘，必须采取迅速行动，趁机而入。抢先夺取其所仗恃的有利条件，而不必同它约期会战。破除成规，因敌变化，灵活决定自己的作战行动。开始时，要像处女一样沉静以等待时机；敌人一旦弱点暴露，就须像脱兔那样采取迅速行动，使它来不及抵抗。

十二、火攻篇

孙子曰：凡火攻有五：一曰火人，二曰火积，三曰火辎，四曰火库，五曰火队。行火必有因，烟火必素具。发火有时，起火有日。时者，天之燥也。日者，月在箕、壁、翼、轸也，凡此四宿者，风起之日也。

【译文】 孙子说：大凡火攻，其形式有五种：一是焚烧敌军人马；二是焚烧敌军储备；三是焚烧敌军辎重；四是焚烧敌军仓库；五是焚烧敌军运输设施。实施火攻必须具备一定的条件，引火之物平时就要有所准备。发动火攻要看天时，放火要选准日期。所谓天时，是指气候干燥的季节；所谓日期，是指月球行经箕、壁、翼、轸这四个星宿位置的时候。当月球行经这四个星宿的时候，就是起风的日子。

凡火攻，必因五火之变而应之。火发于内，则早应之于外。火发兵静者，待而勿攻，极其火力，可从而从之，不可从而止。火可发于外，无待于内，以时发之。火发上风，无攻下风。昼风久，夜风止。凡军必知五火之变，以数守之。

【译文】 大凡实施火攻，就必须根据上述五种不同火攻方式灵活运用并派兵配合接应。若在敌人内部放火，就须及早派兵从外边策应。若火已烧起，而敌人仍然保持安静的，要观望等待，不要贸然进攻；等火势猛烈时，再视情况，可以进攻就进攻，不可以进攻就停止。从外面放火，不必等待内应，只要时机合适就放火。放火要在上风，不可从下风进攻敌人。白天风刮久了，到夜间就会停止。大凡指挥军队作战，都必须懂得上述五种火攻形式的灵活变化，一旦发火的时机到来，就施行火攻。

故以火佐攻者明，以水佐攻者强。水可以绝，不可以夺。

【译文】 所以，用火来辅助进攻，成效就显著；用水来辅助进攻，攻势就能加强。但水却只能阻断敌人，却不能摧毁敌人。

夫战胜攻取，而不修其功者，凶。命曰费留。故曰：明主虑之，良将修之，非利不动，非得不用，非危不战。主不可以怒而兴师，将不可以愠而致战。合于利而动，不合于利而止。怒可以复喜，愠可以复悦；亡国不可以复存，死者不可以复生。故明君慎之，良将警之。此安国全军之道也。

【译文】打了胜仗，夺取了城邑土地，而不能及时论功行赏的，就必定会有祸患。这种情况叫做"费留"。所以，明智的国君要慎重考虑这件事，贤良的将帅要认真对待这件事。没有好处就不要行动；没有取胜的把握就不要用兵；不到危急关头就不要开战。国君不可以因一时的怨忿而发动战争，将帅不可以因一时的恼怒而贸然出战。符合国家利益就行动，不符合国家利益就停止用兵。怨忿可以转变成喜悦，恼怒也可以重新变为高兴；而一旦国家灭亡了就不能重复存在，人死了就不能再生。所以，明智的国君要慎重，贤良的将帅要警惕，这是安定国家和保全军队的重要原则。

十三、用间篇

孙子曰：凡兴师十万，出征千里，百姓之费，公家之奉，日费千金；内外骚动，怠于道路，不得操事者，七十万家。相守数年，以争一日之胜，而爱爵禄百金，不知敌之情者，不仁之至也，非人之将也，非主之佐也，非胜之主也。故明君贤将，所以动而胜人，成功出于众者，先知也。先知者，不可取于鬼神，不可象于事，不可验于度，必取于人，知敌之情者也。

【译文】孙子说：大凡出兵十万，征战千里，百姓的耗费、公家的开支，每天都要花去千金之巨。全国上下骚动不安，人们来往奔波而疲惫不堪，不能从事正常耕作的多达70万户。这样相持数年，就是为了决胜于一旦。在此情况下，若因爱惜爵禄和金钱，不肯重用间谍，以致不了解敌情而导致失败，那就是最不仁慈了。这种人不配充当三军的统帅，不配担任国君的辅佐，也不是胜利的主宰。明智的国君和贤能的将帅，之所以一出兵就能战胜敌人，成功超出众人，就在于事先就能察知敌情。预知敌情，不可从鬼神祈祷那里去获取，不可从求签问卜那里去推知，也不可从对度的简单验算中去求得，而必须从了解敌情的人那里去获得。

故用间有五：有因间，有内间，有反间，有死间，有生间。五间俱起，莫知其道，是谓神纪，人君之宝也。因间者，因其乡人而用之。内间者，因其官人而用之。反间者，因其敌间而用之。死间者，为诳事于外，令吾间知之，而传于敌间也。生间者，反报也。

【译文】 使用间谍有五种方式，即因间、内间、反间、死间和生间。五种间谍若都能使用起来，就可以使敌人无从捉摸我用间的规律，这就是使用间谍的神妙莫测的方法，也是国君克敌制胜的法宝。所谓因间，是利用敌国同乡做间谍；内间是利用敌国的官吏做间谍；反间是利用敌方间谍做我方间谍；死间就是故意制造与散布假情报，通过我方间谍将假情报传给敌间而诱使敌人上当受骗；生间是潜入敌国侦察后能活着返回报告敌情的人。

故三军之事，莫亲于间，赏莫厚于间，事莫密于间。非圣智不能用间，非仁义不能使间，非微妙不能得间之实。微哉微哉！无所不用间也。间事未发，而先闻者，间与所告者皆死。

【译文】 所以，在军队中，没有比间谍更亲信的人；军中的奖赏，没有比间谍更优厚的；军中的事情，也没有比间谍更机密的。不具备超凡才智的人不能使用间谍；不以仁慈慷慨的人不能指使间谍；缺乏谋虑精细的人就不能正确判断所获敌情的真伪。微妙啊！微妙啊！无事无处不在使用间谍啊。间谍工作还未开展，而秘密就泄露出去，那么间谍本人和了解内情的人都得处死。

凡军之所欲击，城之所欲攻，人之所欲杀，必先知其守将、左右、谒者、门者、舍人之姓名，令吾间必索知之。

【译文】 凡是要准备攻击的敌军，要准备拔取的城邑，要准备刺杀的敌方人员，都必须事先就察知其警卫将吏、左右亲信、接待传达的官员、门卫、近侍门客等有关人员的姓名，令我方间谍一定要侦察清楚。

必索敌人之间来间我者，因而利之，导而舍之，故反间可得而用也。因是而知之，故乡间、内间可得而使也。因是而知之，故死间为诳事，可使告敌。因是而知之，故生间可使如期。五间之事，主必知之，知之必在于反间，故反间不可不厚也。

【译文】 一定要搜查出敌人派来刺探我方情报的间谍人员，并用重金收买他，优礼款待他，引诱开导他，然后再放他回去。这样，反间就可以为我所用了。通过反间了解敌情，那么，乡间和内间就可为我所用；通过反间了解敌情，那么，死间就能将假情报传给敌人；通过反间了解敌情，那么，生间也可按预定时间回报敌情。五种间谍的使用，国君都必须亲自过问并了解掌握五间的使用情况。了解情况关键在于使用反间。所以，对反间是不能不给予优厚待遇的。

昔殷之兴也，伊挚在夏；周之兴也，吕牙在殷。故惟明君贤将，能以上智为间者，必成大功。此兵之要，三军之所恃而动也。

【译文】 从前殷商的兴起，是由于重用了曾在夏朝为臣的伊尹，他了解并熟悉夏朝的情况；周朝的兴起，是由于重用了了解商朝情况的吕牙。所以，明智的国君和贤能的将帅，能任用具有高尚智慧的人充当间谍，就一定能成大功。这是用兵作战的关键一环，整个军队都要依靠间谍提供的情报来决定军事行动。

主要参考书目

1. 文武编著：《智读孙子兵法》，中国物资出版社，2005 年 9 月。

2. 陈书凯编著：《孙子兵法》，蓝天出版社，2006 年 4 月。

3. 诸葛慧源编著：《孙子兵法边读边悟》，中国档案出版社，2006 年 2 月。

4. 张文儒著：《孙子兵法与企业战略》，华夏出版社，2006 年 1 月。

5. 上官觉人解译：《孙子兵法现代释用》，中国华侨出版社，2005 年 9 月。

6. 田昌五著：《孙子兵法全译》，齐鲁书社，1998 年 4 月。

7. 郎咸平著：《突围——中国企业战略抉择》，2006 年 8 月。

8. ［韩］W. 钱·金、［美］勒妮·莫博涅著，吉宓译：《蓝海战略——企业如何启动和保持获利性增长》，商务印书馆，2005 年 5 月。

9. ［美］乔治·斯托克、罗伯特·拉舍诺著，文跃然、周禹译，罗佐审校：《硬球战略——强势竞争，王者之道》，商务印书馆，2006 年 8 月。

10. 李朝曙著：《公司权力》，中国档案出版社，2005 年 9 月。

11. 王石、缪川著：《道路与梦想——我与万科 20 年》，中信出版社，2006 年 1 月。

12. 司马哲解译：《辨经的智慧——领导者识人用人的大谋略》，中国长安出版社，2005 年 7 月。

13. 王宇编著：《狼性企业——商战中的企业竞争法则》，中国纺织出版社，2006 年 1 月。

14. 姜戎著：《狼图腾》，长江文艺出版社，2004 年 5 月。

15. 童昌森著：《孙武子谋略类解》，军事谊文出版社，2007 年 1 月。

16. 许凌志编著：《华为的企业战略》，海天出版社，2006 年 10 月。

17. 萧野编著：《智信仁勇严——企业家必备的 5 项成功素质》，中国纺织出版社，2005 年 12 月。

18. 余世维著：《领导商数》，北京大学出版社，2005 年 7 月。

19. 罗贯中著：《三国演义》，岳麓书社，2004 年 6 月。

20. 张治国著：《蒙牛内幕》，北京大学出版社，2005 年 7 月。

21. 张波编著：《中国式管理的 38 个关键细节》，中国言实出版社，2006 年 4 月。

后 记

　　武圣千年宏论，春秋竞霸轩言。破楚兴吴初试晓，百验终成惊世篇，古今中外传。巧借箴言治企，弄潮商海逢源。彼己尽知修道法，奇正无穷争瞬先，择人任势间。

　　这首长短句（破阵子）是本书的高度概括，也是我从企业管理角度研读《孙子兵法》的心得。本书顺利付梓，首先感谢中华人民共和国商务部政策研究室王子先副主任、进出口公平贸易局李智处长、国家开发银行石纪扬分行长等为本书出版提供了无私的帮助。感谢经济管理出版社沈志渔总编和编辑张永美女士等给予的鼎力支持和辛勤付出。在本书写作过程中，我广泛参考、借鉴和吸收了许多学者的论著，在此一并向学者们致以诚挚的谢意。惭愧的是，由于自己水平有限，书中难免存在谬误之处，殷切期盼广大读者予以批评指正。

　　2007 年 7 月，我游览孙武故里，再次思得"破阵子"两阕。现附录于此，谨以此词纪念春秋时期伟大的军事家孙武子：

　　绿树红墙翠瓦，广饶故里寻他。檐下朱门人睡午，砌上高台鼾细叉，千年度此奢。遐想刀光剑戟，蹉跎十万人家。避祸奔吴强破楚，书简兵魂万古沙，功成走倩涯。

徐丁来

2009 年 12 月于青岛